세종의 고백, 임금 노릇 제대로 하기 힘들었습니다

군주 평전 시리즈

04

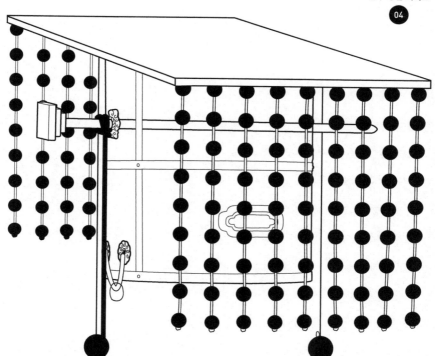

세종의 고백,
임금 노릇 제대로 하기
힘들었습니다

송재혁 지음

푸른역사

박사학위를 막 받았던 2016년의 어느 봄날이 떠오른다. 지
도교수님과 한국학중앙연구원에 연구 과제를 따내러 가는
길이었다. '조선 초기 군주 평전'이라는 주제로 4명의 팀원
이 각각 한 권의 평전을 집필하는 프로젝트였다. 다행히 과
제가 선정되었고, 그로부터 결과물이 세상에 나오기까지 6
년이 넘는 시간이 흘렀다.

　나는 겁 없이 세종 이도 평전을 맡았다. 32년이라는 긴
시간 동안 국왕의 역할을 수행했고, 고금의 지도자들 그 누
구보다 근면 성실했던 인물. 그는 조선을 본격적으로 통치
의 시대로 진입시켰던 통치자였다. 평전을 집필하기 위해
그의 시대와 통치 전반에 대해 세세히, 아주 세세히 살펴야
했다. 햇병아리 정치학도로서는 참으로 버거운 작업이었
다. 더구나 본업인 박사학위 논문의 미진한 점들을 채워 가

면서 진행해야 하는 이중고가 있었다.

한국 역사상 가장 위대한 인물. 세종의 위대함을 찬양하는 연구들은 무수히 많다. '성역과 신화'라는 말로 요약할 수 있겠다. 최대한 비판적인 시각으로 역사의 기록을 읽었다. 통치자 개인과 시대의 민낯을 직시하고, 통치 전반을 담담하게 평가하고자 했다. 젊은 정치학도의 패기로 기존의 신화에 용감하게 도전했다.

이 평전은 정치학의 관점에 서 있다. 전근대의 통치자 이도의 통치 전반을 시간 순으로 구성하여 서술하고 평가했다. 편의상 구분을 시도했다. 통치의 여러 사안이 서로 긴밀하게 연결되어 있기에 무리한 부분도 있다.

다음으로 세종에 대한 총평이다. 크게 두 가지 측면에서 이야기하고 싶다. 하나는 세종에 대한 오늘날의 신화에 대한 것이다. 의도와 관계없이 그는 이전까지의 한반도의 정치적 성취를 집대성하고, 오늘날의 한국이 존재할 수 있는 기반을 마련해 놓았다. 역사 조작과 같은 일부의 사안에서 그가 이전 시기의 성취를 축소, 폄하하고 나아가 왜곡까지 자행한 것은 분명하다. 그러나 이러한 과가 공을 가리지는 못한다.

다른 하나는 평전의 저자로서 세종에 대한 평가다. 그는 왜 위대한 통치자인가? 다양한 대답이 있을 수 있다. 개인적으로는 그가 평생 지니고 있었던 국왕으로서의 책임의식에 한 표를 던지고 싶다. 세종은 역사를 잘 알았고, 평생 자신이 어떻게 역사에 남을지 고심한 인물이었다. 공자도 다음과 같이 말한 바 있다. "사람들의 말에 '임금 노릇 하기도 어렵고 신하 노릇 하기도 쉽지 않다'고 합니다. 만일 임금 노릇 하기가 어렵다는 것을 안다면, 이 한마디 말이 나라를 흥하게 하는 것을 기약할 수 있지 않겠습니까?" 모든 통치자들이 유념해야 할 이 한마디 말을 평전의 제목으로 정했다.

평전을 준비하면서 미국은 짧은 역사에도 불구하고 수많은 평전이 시중에 나와 있는 것을 보고 부러움을 느낀 적이 있다. 최근 한 미국인이 고려 공민왕의 평전까지 썼다. 외교적인 측면에서 공민왕 일대기를 서술한 평전이었는데, 정치학도로서 그 깊이와 진지한 시선에 찬탄을 금할 수 없었다. 나는 통치자로서 세종의 정치적 일대기를 조명한 이 평전 역시 그에 못지않다고 자부한다. 독자들은 이 평전에서 권력의 차원뿐만 아니라 재정, 외교, 국방, 교육, 인사, 의례 등 통치의 다양한 방면에서 입체적으로 그려진 세종을 만나 볼 수 있을 것이다. 앞으로 이 평전이 한국의 다양한 인물을 다룬 평전들이 출간되는 데 기여할 수 있었으면 하는 바람이다.

평전 집필을 끝낼 수 있었던 것은 전적으로 여러 선생님의 가르침 덕분이다. 지도교수 박홍규 선생님은 건강을 해치면서까지 제일 먼저 《태종처럼 승부하라》를 집필해 평전 집필의 방향성을 제시해 주었다. 더불어 한 명의 학자로 성장해 가도록 물심양면으로 지원해 준 은사로서의 은혜는 무엇으로도 갚기 어려울 것이다. 김순남, 방상근 선생님 역시 각각 《세조, 폭군과 명군 사이》와 《성종, 군주의 자격을 묻다》를 써서 평전 서술의 모범을 보여 주었다. 세종 전문가 박현모 선생님은 기꺼이 세종에 대한 모든 것을 전수해 주었다. 이 밖에도 많은 선생님들께서 쌓아 놓은 연구 성과 덕분에 평전을 집필할 수 있었다. 그중에서도 강제훈, 소순규 선생님께는 특별한 감사의 말씀을 전한다. 어려운 학문의 길을 함께 걷고 있는 여러 선생님, 동학들에게도 감사와 위로의 말을 전한다.

이 책의 출간은 전적으로 푸른역사 박혜숙 사장님과 여러 직원 분들의 노고 덕분이다. 오랜 기간 원고를 가슴에 품고 내놓지 않아도 인내를 가지고 기다려 주었고, 꼼꼼하게 출간 작업을 진행해 주었다. 깊이 감사드린다. 마지막으로 학자의 길을 걷는 아들을 묵묵히 지켜봐 주시는 어머님께 이 책을 바친다.

2022년 12월
송재혁

2. 홀로서기

[집권 전반기: 1422~1427]

3. 태평의 시대
[집권 중반기 1 : 1427~1432]

4. 야망과 교착
[집권 중반기 2: 1433~1437]

5. 전환의 모색

[집권 후반기 1: 1436~1442]

6. 국왕 아닌 국왕

[집권 후반기 2: 1443~1450]

천년에 한 번 나올 만한 30여 년의 태평이라고들 했다. 대
신들은 세종世宗이라는 묘호를 올렸고, 새로운 임금은 그
것을 승인했다. 묘호는 임금이 죽은 뒤 살아 있을 때의 공
덕을 기리기 위해 붙인 이름이다. 원래는 중국의 천자만이
사용할 수 있었지만, 조선인들은 무엄하게도 그것을 사용
했다.

세종 이도李裪!

거의 모든 한국인은 우리 역사에서 그를 가장 위대한 통
치자로 꼽는 데 주저하지 않을 것이다. 이유를 물으면 거의
대부분 틀에 박힌 것처럼 언젠가 들었던 것들을 나열할 것
이다. 한글 창제, 영토 개척, 국가 건설 과정에서 그가 창출
한 수많은 업적들 그리고 백성을 위한 정치와 애민정신. 그
러나 그리 충분하지는 않다. 매일 만원권 지폐를 통해 그의

얼굴을 보면서도, 실제로 그의 삶을 들여다보며 그가 왜 위대한 통치자인지 생각해 본 사람은 드물 것이다.

근대 국민국가nation-state 건설에 매진해야 했던 20세기 후반, 우리가 알고 있는 세종의 상이 정립되었다. 한민족의 세종이다. 세종 이도의 삶 속에서 국민국가 건설에 적합한 요소들이 추출되었고 신화로 가공되었다. 이러한 세종 신화는 전문 연구자들조차 벗어나기 어려운 것이었다.

이 책은 이도라는 한 인간의 정치적 삶을 그가 살았던 시대의 맥락에서 서술하고 평가한다. 젊은 정치학도의 눈으로 최대한 쉽고 간결하게 쓰고자 했다. 그는 성공으로 점철된 삶을 살지 않았다. 오히려 무수한 실패를 겪으면서 성장해 간 인물이었다고 말하는 편이 사실에 가까울 것이다. 그는 성실함과 근면함으로 위기와 난관을 돌파하고자 끊임없이 노력한 국왕이었다.

독자들은 한 인간이 국왕이라는 존재가 되어 시대적 과제들을 해결하기 위해 고군분투했던 이야기를 이 책을 통해 확인할 수 있을 것이다. 이를 위해 그의 정치적 여정을 여섯 개 시기로 구분했다. 태어나서 아버지에 의해 국왕으로 선택되고 견습하던 시기(1397~1421), 홀로서기를 해야 했던 집권 전반기(1422~1427), 통치 기반을 마련한 집권 중반 초기(1427~1432), 안정을 바탕으로 자신의 야망을 펼친 집권 중반 후기(1433~1437), 위기에 맞서 전환을 시도한 집권 후반 초기(1436~1442), 세자에게 권력을 이양한 집권 후반 후기(1443~1450)다.

이도의 정치적 삶의 실제에 더 가까이 다가가기 위한 방편으로, 이 책은 권력과 이념의 대립에 주목했다. 쉽게 말하면 정치적 현실과 도덕적 이상의 대립이라고 할 수 있겠다. 인간은 누구나 공적이면서 사적인 존재이지만, 이도는 더욱 특별했다. 그는 왕실의 가장이자 국가의 수장인 전근대의 국왕으로서 32년이라는 시간을 보냈다. 이도가 일생 동안 마주했던 공과 사의 갈등에 주목하는 것은 그의 삶을 이해하는 지름길이 될 것이다.

그러한 갈등 속에서도 그는 '정상화'라는 시대적 과제를 성공적으로 수행해 냈다. 이도의 통치를 통해 조선은 정변의 시대에서 통치의 시대로 전환할 수 있었다. 그는 자신의 할아버지와 아버지로부터 초래된 비정상의 정치를 정상화한 인물이었다.

할아버지와 아버지는 모두 찬탈자였다. 태조 이성계는 여러 공신과 함께 500년을 이어왔던 고려를 멸망시키고 새로운 왕조를 열었다. 그러나 몇 년 뒤 그의 다섯 번째 아들 이방원이 친형제들과 함께 정변을 일으킨다. 이들은 후계자로 내정되어 있던 배다른 두 형제와 아버지를 보좌하던 공신들을 살해하고 아버지를 왕위에서 끌어내렸다. 이후 이방원은 경쟁자인 넷째 형마저 제압하고 그렇게도 꿈꾸었던 왕위에 올랐다.

이방원은 당 태종을 자주 언급했다. 626년 당 고조의 3남 이세민은 장안 궁성의 현무문에서 형제였던 황태자 이건성과 제왕 이원길 등을 살해하고 정권을 장악했다. 이 사건을 계기로 당나라의 창업주 고조가 제위에서 물러났고, 이세민이 즉위해 태종이 되었다. 후대에 "정관貞觀의 치세"라고 불리는 그의 재위 기간은 당나라의 전성기였다. 젊은 이방원은 그를 "참으로 훌륭한 임금[영주英主]"이라고 평가했다. 그는 국왕이 되기 이전부터 이미 당 태종이라는 모델을 염두에 두고 있었다. 당 태종의 치세는 자신이 임금이 된 후 이루어야 하는 목표였다. 이방원에게는 즉위하면서부터 태종이라는 묘호가 암묵적으로 정해져 있었다.

새롭게 권력을 찬탈한 자는 정상화를 시도했다. 태종 이방원은 과거에 급제한 경험이 있었다. 그는 학자군주를 표방했다. 신하들에게 임금의 학문에 대해 묻고 함께 책을 읽으며 역대 왕조들의 통치를 공부했다. 그의 옆에는 열 살의 세자 이제가 있었다. 태종은 세자에게 말했다. "내 나이가 거의 마흔이 되어 귀밑머리가 허옇구나. 그러나 아침저녁으로 조금도 게으름 없이 부지런히 글을 읽는다. 네가 그 뜻을 아는가?" 그러나 아무런 대답이 없었다. 태종은 탄식했다. "딱하구나. 저 아이여! 내가 말해도 어두워 알지 못하는구나. 슬프다! 언제쯤이나 이치를 깨달을 것인가?"

태종은 몇 년 동안은 통치에 열중했다. 그러나 임금의 옷은 그에게 어울리지 않았다. "나는 실은 무가의 자손이다. 어려서부터 오로지 말을 내달리고 사냥하는 것을 일삼았다." 그는 언제나 마음껏 사냥하기를 원했다. 좋은 사냥터는 다 찾아다녔다. 전라도 임실까지 내려갈 정도였다. 그러는 동안 한양에 있는 세자가 태종이 맡긴 정무를 처리했다. 문제는 세자 역시 아버지의 행동을 보고 배우고 있었다는 사실이다.

태종은 일찍부터 맏아들 이제를 세자로 삼고 후계자 교육을 해 나갔다. 그런데 세자의 공부는 시원치 않았다. 세자의 사부 대학자 권근이 훈계를 늘어놓았다. "보통 사람은 비록 한 가지 재주만 있어도 입신할 수 있습니다. 그러나 임금의 지위에 있으면 배우지 않고는 정치를 할 수 없고, 정치를 제대로 하지 못하면 나라가 곧 망하게 됩니다." 그러나 세자는 귀담아듣지 않았다. 그는 또 한 명의 태종이었다.

태종과 작은 태종의 동거가 10년이 넘도록 이어졌다. 1418년 6월 태종이 결단을 내렸다. 맏이 이제를 세자의 자리에서 내쫓고 셋째 이도로 교체했다. 2개월 후에는 아예 이도를 국왕으로 즉위시켰다. 그리고 32년이라는 시간이 흘렀다. 1450년 2월 이도가 기나긴 통치를 끝마쳤다. 그는 아버지 태종이 부탁한 정상화의 과제를 멋지게 수행했다. 건국과 정변을 통해 세워진 권력은 그에 의해 권위로 탈바꿈했고, 그가 제도화한 법과 의례는 후대 국왕들의 표준이 되었다.

이제 600년보다 더 이전 시대 세종 이도의 삶 속으로 떠나 보자.

4월 10일 한양 준수방(현재 서울 종로구 통인동)에서 정안군 이방원과 여흥백 민제의 딸 민씨
　　　　사이에서 태어남.
8월 26일 무인정변(1차 왕자의 난) 발생, 이방과를 세자로 정함.
9월 1일 이방원, 정안군에서 정안공이 됨.
9월 5일 정종 이방과 즉위.
3월 7일 한양에서 개경으로 도읍을 옮김.
1월 28일 2차 왕자의 난 발생.
2월 4일 정안공 이방원을 왕세제로 책봉.
11월 13일 태종 이방원 즉위.
4월 18일 첫째 형 이제(9세), 원자로 책봉.
6월 13일 명나라의 영락제 즉위.
8월 6일 이제(11세), 세자로 책봉.
10월 11일 한양으로 환도.
9월 25일 세자 이제, 조현을 위해 명나라로 출발.
2월 11일 충녕군으로 임명됨.
2월 16일 우부대언 심온의 딸과 혼인.
4월 2일 세자 이제, 명나라 황제 조현을 마치고 한양으로 복귀.
5월 24일 태조 이성계 사망.
8월 22일 세자 이제, 처음으로 조회에 참여.
5월 3일 효령군과 함께 대군에 임명됨.
8월 15일 태종, 폐세자를 처음으로 언급.
10월 3일 첫째 아들 이향(후일의 문종) 탄생.
5월 20일 태종, 세자에게 대리청정 지시.
2월 15일 세자 이제, 곽선의 첩 어리와 간통하고 궁궐로 몰래 들어옴.
9월 24일 둘째 아들 이유(후일의 세조) 탄생.
2월 4일 막내 성녕대군 사망.
2월 13일 태종, 액을 피한다는 명분으로 개경으로 거처를 옮김.
5월 10일 태종, 어리의 일로 세자를 징계하는 명령을 내림.
5월 30일 세자 이제, 손수 편지를 써서 태종에게 올림.

1418년(세종 즉위년) 22세	6월 3일 태종, 세자 이제를 폐하고 충녕대군을 세자로 삼음. 이제는 양녕대군으로 강등.
	6월 9일 세자 책봉을 요청하는 사신 원민생이 명나라로 떠남(8월 22일 승인 칙서를 가지고 귀국).
	7월 27일 태종, 한양으로 돌아옴.
	8월 8일 태종으로부터 국보를 넘겨받음.
	8월 10일 근정전에서 즉위.
	8월 25일 태종, 병조참판 강상인을 옥에 가둠.
	9월 1일 태종, 충녕을 세자로 책봉한 것에 대한 사은사로 심온을 임명.
	9월 8일 태종, 명나라로 가는 심온을 전송.
	9월 14일 태종, 강상인을 노비로 삼고, 박습과 형조의 관련자들을 귀양 보냄.
	10월 7일 첫 경연을 열고 《대학연의》를 읽음.
	11월 3일 태종, 강상인 등을 귀양지에서 다시 압송.
	11월 7일 태종, 새로 조성한 수강궁으로 거처를 옮김.
	11월 8일 태종에게 '성덕신공상왕聖德神功上王'이란 존호를 올림.
	11월 26일 태종, 강상인을 거열형에 처함.
	12월 23일 심온, 사약을 마시고 죽음.
1419년(세종 1) 23세	1월 19일 명나라 사신 황엄이 세종의 계승을 인정하는 황제의 부절과 고명을 갖고 옴.
	5월 7일 충청도 관찰사 정진, 왜적의 침입을 알림.
	6월 19일 이종무, 대마도로 출정.
	7월 3일 원정군이 거제도로 철수.
	9월 26일 정종 이방과 사망.
	12월 12일 집현전 설치를 지시.
1420년(세종 2) 24세	3월 16일 집현전 설치.
	5월 27일 어머니 민씨가 학질에 걸려 건강 악화. 간병에 나섬.
	7월 10일 어머니 민씨가 56세의 나이로 세상을 떠남. 시호를 원경왕후元敬王后로 올림.
	9월 17일 어머니의 상을 3개월장으로 치르고 광주군 대모산 아래에 안장(지금의 헌릉).
1421년(세종 3) 25세	9월 21일 명나라 사신이 말 1만 필을 요구(달달 정벌).
	10월 27일 이향을 세자로 책봉.
	10월 13일 도성수축도감을 설치하고, 한양도성의 보수를 시작.
1422년(세종 4) 26세	1월 한양도성 완공.

5월 10일 태종 이방원 사망. 5개월장으로 장례를 치름.

6월 6일 양녕, 한양을 떠나 경기도 이천으로 내려감.

8월 8일 이방원의 묘호를 '태종'으로 정함.

9월 6일 태종 이방원을 헌릉에 합장.

9월 야인 올적합이 경원부 침입.

10월 야인 오랑캐가 경원부 침입.

3월 13일 양녕을 청주로 옮겨 감시.

6월 동맹가첩목아가 알목하로 돌아옴.

8월 18일 명나라 사신이 와서 세자의 책봉을 승인하고, 말 1만 필을 청구.

9월 16일 동전을 주조하도록 지시.

12월 정종과 태종의 실록을 편찬하게 함.

2월 26일 경상도와 전라도에 동전 주전소를 설치.

2월 18일 양녕을 경기도 이천으로 되돌아오게 함.

3월 13일 국가가 관리하는 각종 불교 사원을 정리, 개혁할 것을 지시.

4월 5일 불교의 사원을 선종과 교종의 36사로 축소.

4월 10일 맏딸 정소공주 사망.

7월 12일 태종 이방원의 신주를 종묘에 모시는 부묘를 거행.

7월 18일 명의 영락제, 몽골 정벌 중에 사망. 장남 홍희제가 제4대 황제(선종)로 즉위.

9월 27일 아버지의 상제로 인해 중단되었던 강무를 재개.

2월 18일 동전을 보급하여 화폐 개혁을 시도.

5월 12일 명의 홍희제 사망. 장남 선덕제가 제5대 황제(인종)로 즉위.

2월 13일 강원도 횡성으로 강무를 떠남.

2월 15일 한양에서 대화재가 발생.

2월 19일 환궁하여 화재에 대처.

10월 26일 경복궁의 각 문과 다리의 이름을 정함.

1월 25일 황희를 좌의정, 맹사성을 우의정으로 임명.

3월 16일 공법에 대한 문과의 책문을 냄.

9월 16일 동전 사용의 폐지에 대해 논의.

10월 25일 세자의 조현을 정지하라는 칙서가 옴.

1428년(세종 10) 32세	8월 7일 각 도에 양전을 지시.
	12월 7일 새로운 쇼군의 즉위를 축하하기 위해 일본의 막부에 통신사를 보냄.
1429년(세종 11) 33세	4월 3일 사정전을 새롭게 완성.
	5월 16일 《농사직설》의 편찬을 지시.
	7월 19일 세자빈 김씨를 폐비.
	7월 25일 종부법에 대해 논의.
	8월 18일 명나라에 금은세공을 면제해 줄 것을 요청.
	12월 3일 일본 통신사 일행이 귀국.
	12월 13일 공녕군 이인이 금은의 세공을 면제한다는 황제의 칙서를 가지고 귀국.
1430년(세종 12) 34세	2월 14일 《농사직설》 반포.
	3월 5일 공법에 대해 전국적인 여론 조사를 지시.
	8월 10일 호조에서 공법에 대한 여론 조사 결과를 보고.
	윤12월 1일 아악보를 완성.
1431년(세종 13) 35세	1월 1일 아악을 처음으로 연주.
	1월 12일 신분별로 주거 제한.
	3월 17일 《태종실록》 완성.
	4월 18일 광화문 완성.
	9월 3일 황희를 영의정으로, 맹사성을 좌의정으로, 권진을 우의정으로 임명.
1432년(세종 14) 36세	1월 19일 《신찬팔도지리지》 편찬.
	3월 26일 양인과 천인의 결혼 금지.
	4월 29일 정초가 비명碑銘을 지어 올림.
	6월 9일 《삼강행실도》 편찬.
	11월 2일 원묘原廟를 경복궁 안에 조성.
	12월 9일 야인이 평안도 여연의 국경 침입.
1433년(세종 15) 37세	1월 4일 《신찬경제속육전》 편찬.
	2월 15일 야인 정벌에 대해 대토론.
	3월 25일 온수현으로 온천욕 떠남.
	4월 19일 최윤덕을 대장으로 파저강의 야인 정벌(1차).
	5월 16일 최윤덕을 우의정으로 임명.

6월 11일 《향약집성방》 편찬.

10월 24일 수령 고소 금지법 개정.

11월 19일 동맹가첩목아 부자가 살해되었다는 소식이 전해짐. 함길도의 영토 확장에 대해
　　　　　 논의.

12월 9일 김종서를 함길도 관찰사로 임명.

2월 14일 영북진을 회령도호부, 경원부를 경원도호부로 승격.

4월 27일 《삼강행실도》 전국에 반포.

6월 16일 《자치통감훈의》 편찬 시작.

10월 12일 선덕제가 칙서를 보내 파저강 야인 정벌에서 획득한 전리품을 돌려줄 것을 지시.

1월 3일 명의 선덕제가 사망. 장남 정통제가 제6대 황제(영종)로 즉위.

3월 27일 김종서를 함길도 병마 도절제사로 임명.

2월 27일 《자치통감훈의》를 활자로 간행.

4월 극심한 가뭄이 찾아옴.

4월 12일 6조 직계제를 의정부 서사제로 전환.

윤6월 15일 조세제도의 개혁을 위해 공법상정소 설치.

9월 26일 함길도 국경에 야인이 대규모 침입.

10월 26일 세자빈 봉씨 폐비.

1월 3일 세자의 대리청정을 처음으로 언급.

7월 9일 공법의 시험안 확정.

8월 6일 김종서와 함길도의 북방 경략에 대한 편지 주고받음.

8월 28일 흉년으로 공법의 시험 중지.

9월 7일 이천을 대장으로 파저강의 야인을 다시 정벌(2차).

12월 11일 파저강의 야인이 벽동에 침입하여 보복.

7월 11일 공법을 경상도와 전라도에 시험하기로 정함.

9월 25일 헌릉 비문의 일부 표현에 대하여 비밀리에 논의. 무인정변의 기록을 수정하기 위해
　　　　　 이숙번 소환.

윤2월 16일 이날을 마지막으로 경연을 정지.

6월 12일 신개를 우의정으로 임명.

5월 8일 경상도와 전라도 모두에 공법 시험.

7월 9일 시험 결과를 토대로 공법을 다시 개정.

11월 26일 온성군 신설.

3월 15일 평안도의 조명간에 행성 완성.

3월 17일 왕비와 함께 온수현으로 온천욕 떠남.

5월 23일 온성군을 도호부로 승격.

6월 28일 정인지 등에게 《치평요람》 편찬 지시.

7월 7일 충청도에 공법을 시행하기로 함.

9월 15일 온성부에 행성 쌓음.

3월 10일 평안도의 국경에 행성과 석보 쌓음.

7월 28일 첨사원 설치 지시.

9월 4일 신개의 건의에 따라 《태조실록》, 《정종실록》, 《태종실록》 수정.

4월 19일 세자에게 여러 업무를 대행하도록 지시.

5월 16일 왕세자가 섭정하는 제도를 정함.

6월 15일 경흥군을 도호부로 승격.

9월 20일 온성과 종성에 행성을 완성.

11월 13일 전제상정소 설치.

12월 언문의 자음과 모음 28글자 만듦.

2월 16일 언문으로 《운회》를 번역할 것을 지시.

2월 20일 최만리 등의 집현전 학사들이 새로운 문자의 창제에 대해 반대하는 상소 올림.

11월 13일 공법을 전분 6등, 연분 9등의 제도로 확정.

1월 24일 신개를 좌의정에 임명.

3월 《치평요람》, 《제가역상집》, 《칠정산내외편》 완성.

4월 5일 《용비어천가》(한문본) 10권 완성.

10월 《의방유취》 완성.

11월 21일 수정한 《태조실록》, 《정종실록》, 《태종실록》을 춘추관의 실록각과 충주, 전주,
          성주 사고에 나누어 보관.

1월 5일 신개 사망.

3월 24일 왕비 심씨 사망.

4월 20일 왕비의 시호를 소헌왕후昭憲王后로 정함.

7월 16일 소헌왕후를 영릉에 장사지냄.

9월 29일 훈민정음 반포.

4월 5일 권제, 정인지, 안지 등이 《용비어천가》(훈민정음 주해 포함) 완성.

4월 9일 《동국정운》 완성.

10월 16일 《용비어천가》 550부를 신하들에게 배포.

4월 3일 원손(후일의 단종)을 왕세손으로 책봉.

7월 내불당을 건립하는 일로 신하들과 논쟁.

10월 17일 《동국정운》을 전국에 배포.

2월 5일 《고려사》를 기, 전, 표, 지의 형식으로 수정할 것을 지시.

7월 7일 부거현을 도호부로 승격. 6진의 설치 완료.

8월 명나라의 정통제가 오이라트 친정을 나섰다가 포로가 됨(토목보의 변).

10월 5일 황희가 치사. 하연을 영의정으로 임명.

12월 10일 취풍형, 여민락, 치화평 등의 신악을 처음으로 연주.

2월 17일 영응대군의 집에서 세상을 떠남.

2월 22일 세자가 문종으로 즉위.

3월 19일 시호를 '영문예무인성명효대왕英文睿武聖明孝大王', 묘호를 '세종世宗'이라 함.

6월 12일 세종을 소헌왕후 심씨가 안장된 영릉의 서실에 합장.

2월 8일 황희 사망.

2월 20일 신도비를 영릉에 세움.

2월 22일 세종의 실록을 편찬하기 시작.

3월 《세종실록》 편찬 완료.

6월 6일 세조, 반역의 혐의로 집현전 혁파.

3월 6일 세종과 소헌왕후를 여흥[지금의 여주]으로 천장.

1부
국왕이 된 셋째 왕자
[출생에서 아버지의 죽음까지: 1397~1421]

1. 정안군 이방원의 셋째 아들

한양에서 태어나다 ____ 새로운 국가의 수도 한양의 건설이 끝
난 지 얼마 지나지 않은 1397년(태조 6) 4월 10일, 이도는 경복궁 서쪽
문인 영추문 근처에서 정안군 이방원의 셋째 아들로 태어났다. 정안군
이방원의 자택인 장의동 본궁이 그곳에 있었다. 학계에서는 현재의 종
로구 통인동을 중심으로 옥인동과 누하동, 체부동의 일부 지역을 포함
하는 넓은 영역을 이방원의 자택으로 추정하고 있다.

　이도는 할아버지나 아버지와는 달리 한양에서 나고 자란 서울 토
박이 왕자였다. 아버지 이방원은 1367년생으로 이도와 서른 살 차이
가 났다. 그는 이성계의 다섯 번째 아들로, 함흥부의 귀주에서 태어났
다. 어머니 민씨는 이방원의 학문적 스승이었던 민제閔霽의 둘째 딸로,
1365년생이었다. 이 둘은 이성계가 황산 전투에서 왜구를 격퇴하고 고

1 ____
세자가 아닌
왕자

려의 중앙 정계에 서서히 이름을 날리던 1382년 무렵에 결혼했다. 이도는 이방원과 민씨가 결혼한 지 15년 만에 얻은 아이였던 셈이다.

후일 이방원은 이도가 태어날 즈음의 시기를 다음과 같이 회고한다.

정축년[1397]에 주상[세종]을 낳았다. 그때는 내가 정도전 일파의 시기로 말미암아 형세가 용납되지 못했으니, 실로 남은 날이 얼마 없다 생각했다. 항상 가슴이 답답하고, 아무런 낙이 없었다.

이도는 세 살 많은 큰 형, 한 살 많은 작은 형에 이어 세 번째 아들이었다. 그런데 이도의 부모는 이전에도 3명의 아이를 더 두었던 모양이다. 불행히도 이들은 요절했다. 그 후 부부는 어렵게 얻은 자식들이 또 죽을까 염려하여 각각 다른 곳에 보내 양육했다. 맏형 이제李褆는 외가에서, 둘째 이보李補는 홍영리의 집에서 키우게 했다. 이도는 윤저의 집으로 보내졌고, 그의 부인 오씨가 맡아 키웠다.

태종은 이도가 태어났던 시기를 "항상 가슴이 답답하고, 아무런 낙이 없었다"라고 회고한다. 배다른 동생이 아버지 이성계의 후계자로 내정되어 있었기 때문이다. 태조 이성계는 조선을 건국한 이후 이미 사망한 신의왕후 한씨 대신 신덕왕후 강씨를 왕비로 책봉했다. 그리고 그녀의 둘째 아들 이방석을 세자로 내정했다. 1396년(태조 5) 강씨가 병으로 죽자, 태조는 그녀를 왕후로 추증했다. 국왕 태조 이성계와 세자 이방석을 보필하던 개국공신 정도전, 남은 등은 사병 혁파의 명목으로 이방원과 같은 신의왕후 소생의 왕자들이 보유한 사병을 없애려 하고 있었다. 이도가 기억할 리는 없겠지만, 그가 태어났던 1397년의 상황은 그러했다.

[그림] 조선을 건국한 태조 이성계의 가계도

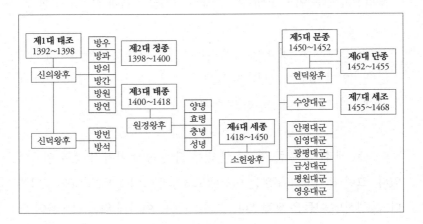

의심스러운 기록들 ___ 이도의 출생이나 초년에 대한 기록은 그다지 많지 않다. 《태종실록》에 포함된 약간의 기사들, 《세종실록》의 머리말인 〈총서總序〉의 일부 그리고 《세종실록》 속 세종의 몇 가지 언급 정도에 불과하다. 《세종실록》의 〈총서〉는 이도의 출생을 다음과 같이 기록하고 있다.

세종의 이름은 도祹이고, 자는 원정元正이다. 태조 6년[1397] 4월 10일 한양 준수방 잠저에서 훗날 조선의 제3대 국왕으로 즉위한 정안공 이방원과 여흥 민씨인 원경왕후의 셋째 아들로 태어났다. 성격은 영명 강과剛果하고, 침의沈毅 중후하며, 관유寬柔 인자 공검恭儉하였다. 또 효성과 우애는 본래 타고난 성품이었다.

좋은 성품은 다 갖추고 태어난 것 같다. 사실이었을 수도 있다. 그러나 이도에 대한 기록을 읽을 때 염두에 두어야 할 점이 있다. 엄밀하게 선택해서 재구성한 기록이라는 사실이다. 태조와 태종은 무력을 통해 권력을 찬탈했다. 이도 역시 왕위에 오른 과정이 정상은 아니었다. 《태조실록》, 《태종실록》 그리고 《세종실록》 편찬자들은 훗날의 시점에서 정당화를 목적으로 기록을 재구성했다. 이도 역시 그러한 편찬자 중 한 명이었다.

"신이 만일 곧게 쓰지 않는다면, 하늘이 저 위에 있습니다." 태종의 개인 집무실에까지 들어와 국왕의 모든 것을 기록하려 했던 사관 민인생閔麟生의 말이다. 그는 태종과 여러 번 마찰을 빚었다. 결국 휘장 안에 숨어서 임금을 엿본 것이 발각되어 귀양을 떠나게 된다. 사관 민인생의 이러한 이야기는 《조선왕조실록》 기록의 정확성을 보여 주는 대표적인 사례로 알려져 있다.

그런 정확성을 인정한다 해도, 조선 초기의 국왕들에 대한 기록은 의심스럽다. 특히 태조, 태종, 세종, 세조가 그러하다. 이도의 경우, 1418년(태종 18)에 와서야 갑작스럽게 세자였던 맏형 이제 대신 세자가 되었고, 그로부터 2개월 뒤에 전격적으로 왕위에 올랐다. 그러한 과정을 기록하고 있는 《태종실록》은 이도의 재위기인 1423년(세종 5)에 편찬을 시작하여, 1431년(세종 13)에 완성되었다. 이도의 왕위가 안정된 시기이다. 그가 왕위에 오른 1418년과 그 이전의 기록 그리고 그 후의 기록까지도 '승자의 기록'이라는 점에 유의할 필요가 있다.

《태종실록》에 등장하는 맏이 이제와 셋째 이도의 이야기는 한 편의 연극 같다. 맏이는 세자의 위치에 어울리지 않는 행동을 벌이다가 사람들의 신망을 잃는다. 반면 셋째 왕자는 행실과 학문에서 점점 두각을 나타낸다. 결말은 아름다운 동화의 완성이다. 성품이 훌륭하고 능력이 탁월한 이도가 국왕의 자리에 오르는 것으로 이야기가 끝이 난다.

이도가 수정한 실록들 ___ 이도는 재위 후반기에 총애하는 신하들을 시켜 할아버지와 아버지 관련 기록들을 수정했다. 《태조실록》은 1392년(태조 1)부터 1398년(태조 7)까지 7년간의 역사를 편년체로 기록했다. 1408년(태종 8) 5월 이성계가 죽은 후 편찬을 시작하여 1413년(태종 13) 3월에 완성되었다. 이 책의 뒷부분에서 다루겠지만, 이도는 《태조실록》을 수정했다. 1438년에 태종의 무덤인 헌릉 비문의 표현 문제를 해결하기 위해 실록을 수정하기 시작했고, 1442년(세종 24) 9월에 작업을 완료했다. 1448년(세종 30)에도 정인지에게 지시해 다시 실록을 수정했다.

이도는 자신의 신하들이 편찬한 《태종실록》 역시 1442년(세종 24)에 《태조실록》, 《정종실록》과 함께 수정했다. 편찬한 지 10년 만이었다. 《태종실록》은 제3대 국왕 태종의 18년간의 통치를 편년체로 기록한 역사서이지만, 이도의 어린 시절도 담고 있다. 이도는 1442년에 그것을 수정한 후, 모두 네 벌을 만들어 춘추관, 충주, 전주, 성주의 사고에 각기 한 벌씩 보관하도록 했다.

이처럼 《태조실록》, 《정종실록》, 《태종실록》은 이도의 손길이 닿은 기록이다. 의심하면서 기록을 읽고 최대한 실제를 유추할 수밖에 없다. 하나의 예를 들어 보자. 《태종실록》 1413년의 한 기사에는 세자 이제가 충녕대군 이도에게 부탁하여 작은 매 한 마리를 궁중에 몰래 두었다는 기록이 있다. 태종은 매나 개를 궁궐 안에 두는 것을 법으로 금지하고 있었기 때문에, 관련자들을 무겁게 처벌했다. 이 기사는 의도적으로 배치한 것이다. 맏형 이제가 세자의 자리에 어울리지 않는 인물이었음을 보여 주기 위한 목적이다. 그러나 관점을 달리해 보자. 이제의 조력자로서 이도의 모습이 눈에 띄지 않는가. 이 둘은 경쟁자였다기보다는 흔하디 흔한 형제관계였다.

정치적 인간 ___ 실록에 기록되어 있지 않은, 이도의 실제 어린 시절은 어땠을까. 그는 왕가의 일원으로 태어났다. 비록 태어날 때는 왕자의 신분이 아니었지만, 이도가 기억하는 어린 시절은 한 나라를 통치하는 국왕을 아버지로 둔 아들로서의 모습일 것이다. 그가 두 살 무렵인 1398년 아버지 이방원은 1차 왕자의 난을 일으켜 둘째 형인 이방과를 정종으로 즉위시켰다. 정종은 1399년에 수도를 개성으로 옮겼고, 이도 역시 살던 곳을 옮겨야 했을 것이다. 그가 네 살이었던 1400년에는 2차 왕자의 난이 일어났다. 역시 아버지가 승리했다. 그리고 그해 11월 아버지는 정종의 선위를 받아 정식으로 조선의 국왕이 되었다.

1405년(태종 5) 10월, 태종은 수도를 다시 한양으로 옮겼다. 이도의 나이 아홉 살 때였다. 열두 살이 되던 1408년(태종 8) 2월에는 충녕군忠寧君으로 책봉되었고, 문하시중을 역임한 심덕부의 아들 심온沈溫의 딸과 혼인했다. 후일 소헌왕후 심씨로, 이도보다 두 살이 많았다. 그로부터 6년 뒤인 1414년(태종 14) 10월 3일, 이도는 열여덟 살 나이에 첫째 아들인 이향李珦을 얻었다. 그리고 1417년(태종 17) 9월 29일, 21세 나이에 둘째 아들인 이유李瑈를 얻었다. 이들이 바로 후일의 문종과 세조이다. 겨우 약관의 나이에 이도는 두 아이의 아버지가 되었다. 그는 당시 무슨 생각을 하고 있었을까.

"군왕의 아들이 누군들 임금이 되지 못하겠습니까?" 남재南在라는 신하는 이도가 학문을 좋아하는 것을 보고, 이방원이 국왕이 되기 전에 자신이 했던 말을 이도에게도 들려주었다고 한다. 물론 이 기록은 의도적으로 삽입된 것으로 추정된다. 그러나 암암리에 왕자라면 누구나 후계자가 될 수 있다는 생각이 퍼져 있던 것은 아닐까. 태종 이방원 역시 이도가 태어나자마자 맡아서 키우게 했던 윤저에게 말한다. "붕당을 만들지 말라." 이도와 작은 형 이보가 겨우 네 살과 다섯 살 때, 김과金科라는 신하는 다음과 같은 말을 해서 태종의 분노를 샀다. "이런 어린 왕자들도 우두머리를 다투는 마음이 있습니다."

1450년 2월 이도의 맏아들 이향이 즉위할 때까지 조선에서 정상적인 왕위 계승이 이루어지지 않았다는 사실을 고려해 보자. 할아버지나 아버지는 권력을 쟁취해 낸 자들이었다. 이도 또한 자라나면서 자연스럽게 권력 지향적인 인물이 되지는 않았을까. 후일 태종은 이도를 세자로 임명하면서, "천성이 총명하고 민첩하며 자못 배우기를 좋아한다"라고 평했다. 이것은 거꾸로 보면 국왕이라는 권좌에 오르기 위한 이도의 노력으로 읽을 수 있다.

적어도 이도는 어린 시절을 보통의 아이들처럼 보내지는 못했을 것이다. 그는 아주 어릴 때부터 만인이 지켜보는 왕자로서 공적으로 행동하고 생각할 수밖에 없었다. 그는 일찍부터 정치적 인간으로 자라났다.

2. 셋째 왕자로서의 삶

형제와 자매 ___ 1408년(태종 8) 5월 24일, 태상왕으로 있던 이성계가 세상을 떠났다. 그는 중풍을 앓고 있었는데, 이날 새벽 병세가 악화되어 이방원이 건넨 청심환을 삼키지 못하고 승하했다. 이도의 나이 열두 살이었다. 이방원은 신유학의 예제를 따라 태조 이성계의 상제를 치르고, 지금의 경기도 구리시에 무덤을 조성하여 묻었다. 이것이 건원릉이다.

태종은 이 무덤에 비석을 세웠다. 비문에 이도의 형제와 자매에 대한 기록이 담겨 있다. 후일 이도의 어머니 민씨가 묻힌 헌릉의 비문에도 비슷한 구절이 있다.

중궁 정비靜妃 민씨는 여흥부원군 민제의 딸이다. 4남 4녀를 낳았다. 맏아들은 세자 이제이고, 다음은 이보 효령군이며, 다음은 이도 충녕군이고, 다음은 어리다. 맏딸은 정순공주로 청평군 이백강에게 출가했다. 당연히 같은 이씨는 아니다. 다음은 경정공주로 평양군 조대림에게 출가했다. 다음은 경안공주로 길천군 권규에게 출가했다. 다음은 어리다.

요절한 형 셋을 제외하면, 이도에게는 세 명의 형제와 네 명의 누이가 있었다. 동생인 이종李褈은 이도보다 8년 뒤인 1405년에 태어났는데, 당시 네 살에 불과했다. 단순히 "어리다"라고 기록한 이유는 막내 이종이 아직 혼인도 하지 않았을 정도로 어리다는 사실을 나타낸 것이다. 후일 성녕대군으로 책봉된 이종은 불행히도 열네 살 나이로 요절했다.

[표] 태종 이방원과 원경왕후 민씨 소생의 자식들

아들	출생과 사망	딸	출생과 사망
양녕대군 이제	1394~1462	정순공주	1385~1460
효령대군 이보	1396~1486	경정공주	1387~1455
충녕대군 이도	1397~1450	경안공주	1393~1415
성녕대군 이종	1405~1418	정선공주	1404~1424

셋째 누나 경안공주는 1393년생으로 맏형 이제보다 한 살이 많았다. 그녀는 이도와 천성과 기품이 닮았다고 칭송받았는데, 1415년(태종 15) 4월 22일에 스물세 살의 나이로 죽었다. 여동생 정선공주는 1404년생으로 이도보다 일곱 살 아래였다. 그러나 그녀 역시 1424년(세종 6)에 스물한 살 나이에 요절했다.

15세기 초반, 이도가 사는 세상에서 죽음은 비일비재한 일이었다. 질병으로 인한 죽음은 물론이고 정치적인 죽음도 빈번했다. 정변을 통해 왕조가 바뀌고 또 국왕이 바뀌는 과정에서 많은 사람이 희생되었다. 이도의 재위기에 정치적인 죽음이 없었던 것은, 그가 성장 과정에서 죽음을 자주 목격했던 영향도 있을 것이다.

대군 시절의 스승들 ___ 1412년(태종 12) 이도는 정식 왕자인 대군大君으로 책봉되었다. 태종은 이수李隨라는 인물을 수원에서 불러 올려서 가르치게 했다. 이수는 자신에게 학문을 가르칠 사람을 구하는 태종에게 성균관의 책임자 유백순柳伯淳이 천거한 인물로, 1411년(태종 11)부터 여러 왕자의 교육을 맡아 왔다.

세자 이제는 하륜, 성석린, 권근 등 당대 최고의 학자들에게 후계자 교육을 받고 있었다. 이것과 비교하면, 이도가 받은 교육은 초라했다. 그런데 이수 이외에도 대군 시절에 이도를 가르친 스승이 있다. 바로 김토金土라는 인물이다. 후일 이도는 다음과 같이 언급하고 있다.

내가 김토에 대해 아는 것은 의술이나 활쏘기, 말타기가 아니라 학술 뿐이다. 내가 임금의 자리에 오르기 전에, 이수는 왔다 갔다 하면서 학 문을 가르쳤다. 그러나 김토는 나와 함께 종일토록 강론하였다.

김토에 대한 기록은 많지 않다. 실록에는 의술에 뛰어나 전의주부, 전의감승 등을 수행했던 인물로 기록되어 있다. 1432년(세종 14) 당시 70세였다고 하니, 그는 50세가 넘는 나이에 왕자 이도를 가르친 것이 다. 이수와 마찬가지로 그 역시 당대의 석학과는 거리가 멀었다.

이도는 왕위에 오른 후 두 스승에게 보답했다. 이수는 황해도 관찰 사, 예문관 대제학, 의정부 참찬 등을 거쳐 이조판서, 병조판서 자리까 지 빠르게 승진했다. 이도의 측근세력으로 기용된 것이다. 그러나 그 는 1430년(세종 12) 취중에 말을 타다 떨어져 죽었다. 김토의 경우는 1432년(세종 14)에 3품의 전농시 판사로 임명해 여생을 편히 살도록 배려했다.

"보통 사람이 아니다" _____ 세자 이제와 비교하면 열악한 수
준의 교육이었다. 그러나 이도의 학문은 하루가 다르게 발전해 갔다.
《태종실록》은 여러 일화를 통해 그의 남다른 학문적 성취를 강조하고
있다.

이 해 겨울에 세자와 여러 대군, 공주가 술잔을 올리고 노래와 시를 바
쳤다. 충녕대군이 임금에게 시의 뜻을 물었는데, 매우 자세했다. 태종
이 가상하게 여겨 세자에게 말했다. "앞으로 너를 도와서 큰일을 결단
할 사람이다." 이에 세자가 대답했다. "참으로 현명합니다."

겨우 열일곱 살 나이에 학문적 성취가 비범하다. 태종은 앞으로 국왕
이 될 세자 이제를 도울 재목으로 이도에게 큰 기대를 걸고 있다. 반면
막상 정작 통치를 이끌어 갈 세자는 불성실하기 짝이 없다. 태종이 말
한다. "요즘 세자가 궁궐로 오면 반드시 효령, 충녕과 함께 경사經史를
강론한다. 그러나 이것은 겉으로만 학문을 좋아하는 것처럼 꾸민 것이
지, 본심은 아니다". 세자는 태종처럼 사냥을 좋아했다. 수업이 있어도
매번 병을 핑계로 빠져나갔다.

이도는 한 권의 책을 수십 번 반복해 읽는 스타일이었다. 예를 들어
《구소수간歐蘇手簡》은 왕자 시절에 이미 서른 번 이상 읽은 책이었다.
이 책은 중국 송나라의 정치가 구양수歐陽脩와 소식蘇軾이 주고받은 편
지들을 모은 것이다. 이도가 병이 나도 책 읽는 것을 멈추지 않자 태종

이 모든 책을 감춰 놓을 정도였다. 이때 그가 병풍 사이에 숨겨 놓았다가 읽은 책이 《구소수간》이다.

품행에서도 이도는 남다른 모습을 보여 주었다. 세자 이제가 큰누나인 정순공주에게 "충녕은 보통 사람이 아니다"라고 말한 적이 있다. 자신과는 달리 똑바르게만 처신하던 이도를 비꼰 것이었다. 이때 세자는 잔치에서 한바탕 놀고 즐기다가 세자로서의 품격을 지키지 않는다며 아버지 태종에게 크게 혼이 났다. 1415년에 요절한 경안공주 역시 이도의 덕과 그릇이 나날이 발전하는 것을 보고, 매번 "보통 사람이 아니다"라고 칭찬했다고 한다. 이도의 학문적 실력과 남다른 언행은 당시 주변 사람들의 주목을 끌기에 충분했다.

이도는 아버지 태종과는 다른 방식으로 후계자 경쟁을 하고 있었다.

세자가 아닌 왕자 ___ 기록을 읽다 보면, 이도가 맏형 이제 대신 국왕이 된 것이 너무나 당연해 보인다. 실제로 그랬거나 그렇게 보이도록 세심하게 기록을 배치한 덕분일 것이다. 이제 '승자의 기록'이라는 관점에서 이러한 기록들을 읽어 보자.

이도의 어린 시절에 대한 《태종실록》의 기사들은 전형적인 구성을 보여 준다. 이도의 뛰어남을 내세우고, 세자 이제를 대비시킨 후, 태종이 세자를 비난한다. 실록 편찬자들은 이러한 기록을 통해 이미 후계자가 바뀔 조짐이 있었음을 강조한다. 대표적으로 다음 기사를 보자.

충녕대군이 의령부원군 남재에게 잔치를 열어 주었다. 남재가 여러 사람이 있는 자리에서 대군에게 말했다. "옛날 주상[태종]께서 왕이 되시기 이전에, 제가 학문을 권했습니다. 주상께서 말하기를, '왕자는 정치에 참여할 수가 없으니, 학문은 해서 뭘 하겠습니까?' 하시기에, 제가 말했습니다. '국왕의 아들이 누군들 임금이 되지 못하겠습니까?' 지금 대군께서 학문을 좋아하는 것이 이와 같으니, 제 마음이 너무 기쁩니다."

《태종실록》 1415년(태종 15)의 마지막 기사다. 남재라는 신하가 학문을 좋아하는 이도를 태종에 넌지시 비유했다는 기록이다. 이 기사의 끝에는 "나중에 태종이 이야기를 듣고 크게 웃으며, '그 늙은이가 참 과감하구나!'라고 말했다"라는 기록을 덧붙여 놓았다. 다분히 의도적이다.

어떤 기록에서는 이도가 세자의 실책에 직언하기도 한다. 종친들이 모여 연회가 열렸다. 이제가 매형인 이백강李伯剛의 기생을 궁궐로 데려가려 한다. 그러자 이도가 만류한다. "친척들이 서로 이렇게 하는 것이 어찌 옳겠습니까." 또 새 옷을 장만했다고 자랑하는 세자에게 이도가 면박을 준다. "먼저 마음을 바로잡은 뒤에 용모를 꾸미시기 바랍니다." 친동생의 입장에서 한 직언이었다고는 하나, 앞으로 지존의 자리에 오르게 될 세자에게 너무나 무례하고 위험한 언행이다. 단점이 있기는 해도, 큰형인 이제는 1418년까지 확고하게 후계자의 길을 걷고 있었다.

태종은 맏이와 셋째의 위치를 확실히 구분했다. 태종은 이도에게 서화, 화석花石, 금슬琴瑟 등과 같은 좋은 예술품을 두루 제공했다. "너는 할 일이 없으니, 편안하게 즐기기나 할 뿐이다." 이 때문에 이도는 다양한 예술 분야에 정통하게 되었고, 세자에게 금슬을 가르쳐 줄 정도의 실력도 갖춘다. 세자가 아니었기에 배울 수 있었던 기예였다. 그러나 아이러니하게도 왕위에 오른 후 다양한 분야의 업적을 쌓는 데 도움을 준다.

3. 우연히 찾아온 기회

확고했던 후계자 ___ 이방원은 두 차례의 정변을 통해 국왕이 되었다. 부끄러움이 있었기에, 이방원은 일찍부터 맏아들 이제를 내세워 후계 구도를 공고히 해 왔다.

이도는 차근차근 후계자의 길을 걷는 맏형을 부럽게 바라보았을 것이다. 그가 기억을 갖기 시작할 무렵, 이제는 국왕의 정식 후계자인 원자元子가 되었다. 이후 원자의 학궁이 성균관의 동북쪽 모퉁이에 지어졌고, 원자를 보좌하는 원자부元子府가 설치되어 '경승부敬承府'라고 불렸다. 이후 열 살이 된 이제는 성균관에 입학하는 의례를 치른다. 신하들 중에는 고려 국왕들이 원나라 황제의 부마로서 권위를 가졌던 전례를 본따, 명나라 황족과 결혼시키려는 움직임도 있었다. 그러나 태종이 반대한다. 아마도 주권의 침해에 대한 염려였을 것이다. 이제는 12세가 되던 해인 1404년 세자로 책봉된다.

3년 후인 1407년(태종 7) 9월, 태종은 세자를 새해 아침을 축하하는 사신으로 삼아 명나라의 황제를 알현하게 한다. 태종은 고려 말과 조선 초에 두 차례나 직접 명나라의 수도 남경에 다녀온 인물이다. 두 차례의 명나라 사행은 훗날 태종에게 중요한 정치적 자산이 되었다. 세자 이제에게도 그러한 자산을 만들어 주고 싶었던 듯하다. 약 반년이 지나 세자가 사행을 훌륭하게 소화하고 돌아오자, 태종은 성대한 연회를 연다. 세자가 성공적으로 명나라 황제를 만나 조선과 명나라의 관계를 공고히 만들었으니, 부왕의 감회는 남달랐을 것이다.

그러한 세자에게 태종은 재위 6년, 8년 그리고 10년까지 세 차례에 걸쳐 왕위를 넘기려 했다. 이후 1410년에는 세자에게 국왕의 역할을 익힐 수 있는 감국監國의 역할을 맡겼고, 1416년에는 국왕을 대신하여 여러 정무를 처리하게 했다. 태종은 착실하게 세자에게 권력을 이양하고 있었다. 태종이 전격적으로 세자를 교체하는 결정을 내리지 않았다면, 이제의 즉위는 그야말로 당연한 미래였다.

태종이 세자를 쫓아 내다 ___ 1418년(태종 18) 6월 3일 태종은 갑자기 이제를 세자의 자리에서 내쫓았다. 그동안 심혈을 기울여 양성했던 후계자를 한순간에 바꿔 버린 것이다. 도대체 왜 그랬던 것일까?

기록은 이제의 자질이 국왕이 되기에 어울리지 않았다는 점을 이유로 내세운다. 그러나 태종이나 세자 이제 그리고 최측근 신료들만 알 수 있는 비밀스러운 기록들이 《태종실록》의 곳곳에 실려 있다. 이제가 세자로서 품위를 실추시키는 행동들을 지속했다고 해도, 그는 확고한 후계자였다. 결국 태종의 개인적 판단으로부터 원인을 찾을 수밖에 없다.

시작은 어리 사건이었다. 세자가 곽선이라는 신하의 첩인 어리를 빼앗아 궁궐로 몰래 불러들였던 일이 발각되었다. 이 사건으로 세자에게 협력했던 구종수 등 구씨 3형제와 악공 이오방이 참형을 당했다. 또 세자의 궁전을 출입하던 진포, 검동 등 무수히 많은 이들이 노비로 강등되어 귀양을 떠났다. 태종과 세자의 관계가 악화되었다. 그렇다고 이 사건으로 태종이 세자의 폐출을 입에 담은 것은 아니다.

태종은 세자에게 근신을 명한다. 그러나 세자는 어리를 다시 궁중으로 몰래 불러들인다. 세자의 장인 김한로가 자신의 부인을 시켜 어리를 시종으로 속여 궁궐로 데리고 왔다. 이후 어리는 아이까지 출산한다. 1년이 지나 1418년 봄이 되었다. 태종이 어느 날인가 중궁에게 들렀다가 시집간 딸 경정공주로부터 이 소식을 들었다. 태종은 이것을 비밀로 하기로 하고, 최측근에게 말한다.

세자가 어려서부터 용모가 장대하여, 앞으로 학문이 이루어지면 종묘 사직을 부탁할 만하다고 생각했다. 그래서 항상 가르치고 깨우치는 일을 부지런히 했다. 이제 그는 이미 수염이 무성하며, 또 이미 자식도 있다. 그런데도 학문을 좋아하지 않고 무도한 행동을 벌이는 것이 날로 심해진다. 역대 임금 중에서 태자를 개인적인 뜻으로 바꾼 자가 있었고, 참언을 써서 폐한 자도 있었다. 나는 일찍이 이것을 거울삼아 이런 짓을 하지 않겠다고 맹세했다. 그러나 세자의 행동이 이와 같음에 이르렀다. 어찌하겠는가! 어찌하겠는가! 태조께서 너그럽고 커다란 도량으로 국가를 세운 지가 얼마 되지도 않았다. 그러나 그 손자에 이르러 이미 이런 놈이 있으니, 장차 어찌하겠는가!

그동안 태종이 후계자를 육성하기 위해 쏟은 노력을 확인할 수 있다. 그는 영의정 유정현과 좌의정 박은을 불러 세자의 장인 김한로의 죄목을 전달했다. 그러고는 세자가 새로운 사람이 되기를 기다릴 것이니, 아직 이 문제를 누설하지는 말라고 당부했다. 그런데 이런 비밀들이 도대체 어떻게 실록에 기록될 수 있었을까. 비밀을 누설하는 편찬자들의 의도가 너무나 뻔하다. 《태종실록》은 1423년(세종 5)에 편찬을 시작하여 1431년(세종 13)에 완성되었다. 폐세자의 정당성을 주장하기 위해 삽입한 기록이다.

부정하기 시작하면 끝이 없다. 다시 실록의 기록을 따라가 보자. 이 문제는 수면 아래로 가라앉는다. 그러나 두 달 뒤 태종이 갑자기 세자를 궁궐 밖으로 내쫓았다. 세자의 장인 김한로도 전라도 나주로 옮겨 가둬 버린다. 세자가 직접 태종을 비난하는 편지를 보냈기 때문이었다.

전하의 시녀들은 모두 궁중에 들이는데, 어찌 다 중요하게 생각하여 이를 받아들이십니까? …… 한나라의 고조가 산동에 살 때 재물을 탐내고 여색을 좋아하였으나 마침내 천하를 평정하였고, 진왕 양광楊廣 (수나라 양제)은 비록 현명하다고들 하였으나 그가 즉위하자 몸은 위태로워지고 나라도 망하였습니다. 전하께서는 어찌 신이 끝내 크게 효도하리라는 것을 알지 못하십니까?

나름의 변명과 개선의 의지를 담은 편지였다. 그러나 태종의 역린을 건드렸다. 자신 또한 아버지처럼 행동했다는 말이 태종의 심기를 거스른 것이다. 편지를 보고 태종이 말한다.

이 아이는 변하기 어렵다. 하는 말의 기세를 보면, 국왕이 되는 날 사람들의 화복을 예측하기가 어렵다. 관용을 베풀어 어리를 돌려주고, 서연에 나오도록 조언하라. 그래도 마음을 고쳐먹지 않는다면, 옛날의 사례를 따라 처리하겠다.

태종의 마음이 세자를 떠나기 시작했다. 그는 세자가 자신에게 쓴 편지까지 신하들에게 공개해 버렸다. 세자 이제의 운명이 바뀌기 시작했다. 태종이 말했다. "만약 뒷날에 생사여탈의 권력을 마음대로 사용한다면 예측하기 힘든 일들이 벌어질 것이다. 재상들은 이를 자세히 살펴서 적절한 조치를 강구해야 할 것이다." 신하들에게 세자를 내치기를 청하라고 신호를 보낸 것이다. 이에 모든 신하가 세자를 폐하기를 청하는 상소를 연이어 올린다. 태종은 이를 받아들여 세자를 경기도 광주로 내려보냈다.

《세종실록》〈총서〉는 태종이 이제를 폐세자한 이유 세 가지를 기록하고 있다. 첫째, 학문을 사랑하지 않고 음악과 여색에 마음이 쏠렸다. 둘째, 세자로서 장인 김한로의 뜻대로 움직였다. 셋째, 원망과 노여움으로 신하의 도리를 지키지 못했다. 첫 번째 이유는 폐세자의 결정적 이유가 아니었던 것으로 보인다. 이제는 외척을 극도로 꺼리는 태종의 성향, 결정적으로는 자신의 권위를 중시하는 태종의 역린을 건드렸다. 그래서 폐세자되었다.

또 한 명의 태종, 양녕 ___ 태종은 자신의 권위에 도전하는 이는 누구든 냉정하게 제거한 인물이었다. 자식이라 해도 마찬가지였다. 세자 이제의 폐위는 전적으로 태종 개인의 판단이다. 그는 이후 셋째 아들 이도를 세자로 삼았고, 얼마 지나지 않아 다시 국왕으로 즉위시켰다. 그리고 자신은 왕 위의 왕, 상왕上王이 되었다.

물론 폐세자의 이유가 이러한 권력적인 요인 때문만은 아닐 것이다. 18년 동안 국왕으로 집권했던 태종은 넓은 시야로 왕조의 미래를 바라보고 있었을 것이다. 그는 고려 말에 과거에 급제했던 독서인이었고, 역사를 보았기에 역대 군왕들의 통치를 잘 알았다. 그가 읽었던 유학과 신유학의 경전은 국가를 다스리는 데 필요한 도덕과 이념의 세계를 제시하고 있다.

태종은 자신과는 다른 정치를 이끌어 갈 후계자로 이도를 선택했다. 이도가 국왕으로 즉위한 후 태종은 신하들에게 다음과 같이 공언한다. "주상은 참으로 문을 지켜 태평을 열어 갈 임금[守文太平之主]이로다." "주상은 문을 지켜 나갈 임금[守文之主]이니, 경들은 마음을 다해 보좌해야 할 것이다." 태종은 자신 이후의 시기를 "수문守文", 즉 아버지와 자신이 이제까지 건설해 온 국가를 지켜 나갈 수성守成의 시대로 규정하고 있었다. 자신이 권력정치를 통해 구축한 비정상의 정치를 학문과 이념의 정치로 정상화할 수 있는 후계자를 원했던 것이다.

1418년 6월 5일, 태종은 이제를 양녕讓寧대군으로 강등시켰다. 양녕은 이제 평범한 한 명의 왕자가 되었다. 그의 미래는 불투명했다. 태종의 후계자에 의해 죽을 수도 있었다. 양녕이 세자에서 폐위되는 일련의 과정을 보면, 그의 성격은 신중함과는 거리가 있었다.

양녕은 동생이 국왕이 되었는데도 많은 문제를 일으켰다. 이도의 신하들은 양녕의 존재를 잠재적인 위협으로 간주했다. 그가 다시 임금이 되기라도 한다면 그들은 죽은 목숨이었다. 이들은 태종의 유훈을 들어 그를 제거해야 한다고 강력하게·주장했다. 그러나 이도는 자신이 죽을 때까지 양녕을 비호했다. 양녕은 장수를 누리다가 1462년(세조 8) 69세의 나이로 세상을 떠났다.

18세기 후반의 국왕 정조는 양녕을 다음과 같이 변호했다.

일찍이 양녕대군이 한 일에 대해 의논하고 생각해 보았다. 그는 옛날의 현자인 태백을 흠모한 것이다. 그러나 그런 증거를 찾는 일은 태백보다 더 어렵다. …… 대군께서 폐위되었고, 세종께서 세자의 자리를 지키다가 결국 대위에 오르셨다. 세종은 예악을 말끔히 정비하여 우리나라 억만년의 공고한 기반을 다져 놓았다. 이는 태백이 계력에게 자리를 양보함으로써 주나라의 왕업을 이루었던 것과 어찌 보면 서로 비슷한 점이 있다(《홍재전서》〈지덕사기〉).

공자는 위대한 주나라의 건국이 태백太伯의 공덕 때문이었다고 칭송했다. 태백은 동생 계력季歷에게 왕위를 양보했고, 계력의 아들 문왕이 주나라를 세웠다. 정조는 이제를 그런 태백에 비유했다. 태종이 세자를 바꿔 세울 뜻이 있음을 알았고 동생의 뛰어난 자질을 알아 보았기 때문에 국왕의 자리를 양보했다는 것이다. 그러나 진실은 알 수 없다.

서울 동작구 상도동에는 양녕대군을 모신 사당인 지덕사至德祠가 있다. 사실 계력에게는 중옹仲雍이라는 형이 한 명 더 있었다. 공자는 태백을 "지덕至德", 중옹을 "청권淸權"이라는 말로 칭송했다. 이러한 고사를 바탕으로 양녕대군 이제를 모시는 사당을 지덕사, 효령대군 이보를 모시는 사당을 청권사라고 했다.

1. 세자가 되다

경쟁자들 ___ 1418년 6월 3일, 태종은 양녕을 경기도 광주로 추방했다. 태종은 신하들에게 "천명이 이미 떠났으니, 이제 그것을 따르겠다"라고 말하며 세자를 교체하겠다고 선언했다. 이제 문제는 누구를 세자로 삼을 것인가였다. 태종이 지시를 내린다.

적실嫡室의 장자를 세우는 것은 고금의 변함없는 법칙이다. 이제는 두 아들이 있는데, 큰 아이는 다섯 살이고 작은 아이는 세 살이다. 나는 이제의 아들로 대신하고자 한다. 맏이가 문제가 있다면, 동생을 세워 후계자로 삼을 것이다. 왕세손이라 부를 것인지, 왕태손이라 부를 것인지 옛날의 제도를 조사하여 의논해 보고하라.

2___
태종이 선택한
국왕

태종은 이제의 두 아들 중에서 적당한 아이를 세자로 세우겠다고 말한다. 그러나 이러한 태종의 지시를 반대하는 신하들이 나왔다. 과연 가능한 일이었을까? 태종은 자신에게 반기를 드는 이들을 반드시 숙청했던 임금이다.

논의에 대한 기록은 다양한 의견이 제시되고 이를 조정하며 최후의 결론으로 향하는 과정을 보여 주고 있다. 태종은 최측근의 인물들과 세자 교체의 건에 대해 미리 조율했을 가능성도 있다. 기록을 자세히 살펴 보자.

기사를 통해 볼 수 있는 신하들의 반응은 제각각이지만, 하나의 경로로 수렴한다. 우의정 한상경 등은 태종의 지시대로 이제의 아들을 세자로 세우는 것에 찬성한다. 그러나 영의정 유정현이 포문을 연다. "일에는 권도權道와 상경常經이 있으니, 어진 사람을 고르는 것[택현擇賢]이 마땅합니다." 좌의정 박은이 여기에 동의했고, 심온 등 15인도 "어진 사람을 고르소서"라고 찬성했다. 심온은 이도의 장인이었으니, 어진 사람이 누군지는 뻔했다. 이조판서 이원은 "옛사람들은 중요한 일이 있을 때마다 반드시 거북점과 시초점을 쳤으니, 점을 쳐서 정하소서"라고 청했다.

이러한 의견을 듣고, 태종의 부인 민씨가 나선다. "형을 폐하고 아우를 세우는 것은 재앙을 불러오는 씨앗입니다." 이제의 두 아들 중에서 후계자를 고르라는 이야기였다. 그러나 태종은 어진 사람을 골라 아뢰라고 지시한다. 태종의 이러한 말에 유정현 이하의 신하들이 이구동성으로 말한다. "아들을 알고 신하를 아는 것은 군부君父와 같은 이가 없습니다." 마치 미리 짠 것처럼 다시 칼자루가 태종에게 넘어왔다.

태종은 다음과 같이 말하고 있다.

옛사람이 말했다. '나라에 훌륭한 임금이 있으면 국가의 복이 된다.' 효령대군은 자질이 미약하고, 또 성질이 매우 곧아서 일을 상세하게 처리하지 못한다. 내 말을 들으면 그저 빙긋이 웃기만 할 뿐이므로, 나와 중궁은 효령이 항상 웃는 것만을 보았다. …… 효령대군은 술을 한 모금도 마시지 못하니, 이것 또한 불가하다.

태종은 둘째 효령대군 이보를 후보에서 제외했다. 이보는 이도보다 한 살이 많았다. 그는 효성이 지극하여 아버지 태종으로부터 많은 사랑을 받았음에도 태종의 선택을 받지 못했다. 후일 그는 성종시대까지 91세의 천수를 누리며 왕실의 어른으로 활동한다. 불교에 대한 믿음이 독실하여, 당시의 억불정책 속에서 불교를 보호하는 수호자의 역할을 담당했다고 한다.

맏아들 이제의 두 아들에게 후계자를 넘겨줄 수 없다면, 둘째 이보는 당연히 첫 번째 후보자였다. 그러나 그는 태종과 여러 신하의 논의에 전혀 나타나지 않다가 최후의 순간에서야 잠깐 언급되고 후보자에서 제외되었다. 통치자에 어울리지 않는다는 것이 이유의 전부였다. 신하 중에서도 그를 지지하는 사람은 없었다.

태종은 셋째 아들 이도를 세자로 지목한다. 유정현 등이 나서서 "신등이 어진 사람을 고르자는 말 역시 또한 충녕대군을 가리킨 것입니다"라고 대답한다. 이렇게 다시 천명이 정해졌다.

세자로 낙점되다 ___ 1418년 6월 3일 이도는 세자가 되었다. 태종은 셋째 이도를 선택한 이유를 다음과 같이 말한다.

충녕대군은 천성이 총명하고 민첩하다. 또 학문을 매우 좋아하여 춥거나 덥거나, 밤이 새도록 글을 읽는다. 나는 그가 병이 날까 두려워 항상 밤에 글 읽는 것을 금지했다. 그러나 나의 큰 책은 모두 청해서 가져갔다. 또 정치의 핵심[치체治體]을 안다. 매번 중요한 일이 있을 때마다 의견을 내는 것이 진실로 합당하고 기발하다. 중국의 사신을 접대할 일이 있으면, 몸가짐과 언행이 두루 예에 부합했다. 술을 마시는 것은 무익하다. 그러나 중국의 사신을 대접하면서 주인이 한모금도 마실 수 없다면, 어찌 손님에게 권하여 그의 마음을 즐겁게 할 수 있겠는가. 충녕은 비록 술을 잘 마시지 못하지만, 적당히 마시고 그친다. 또 그 아들 가운데 장대한 놈이 있다. …… 충녕대군 이도가 국왕의 자리를 맡을 만하니, 그를 세자로 정하겠다.

네 가지를 거론하고 있다. 태종이 생각하는 훌륭한 국왕의 조건들이다. 이도는 학문을 좋아하고, 정치의 핵심을 알고 있으며, 관계 지향적인 인간형이고, 앞으로 후계자가 될 수 있는 두 아이의 아버지라는 것이다. 태종은 아버지가 아닌 한 나라의 국왕으로서 그동안 이도의 말과 행동을 관찰해 왔다.

태종은 그의 학문을 향한 태도 역시 일찍부터 눈여겨보고 있었다. 며칠 뒤 태종이 말한다.

세자의 유모가 일찍이 궁중에 들어와서 왕비에게 아뢰기를, '일이 없을 때는 책을 읽고, 늦은 밤이 되어서야 그만둡니다'라고 했다. 이런 이유로 내가 일찍부터 세자가 학문을 좋아하는 줄 알아, 학문을 권장하는 걱정을 덜게 되었다.

여기까지가 실록이 말하는 1418년의 세자 교체 사건의 전말이다. 그러나 곰곰이 따져 보면, 태종이 이제를 세자의 자리에서 쫓아 내고 충녕을 후계자로 선택한 것은 모험이었다. 무책임했다고도 할 수 있겠다. 이제는 태종이 왕위에 오른 이후 온갖 노력을 다해 양성해 온 후계자였다. 그는 태종의 후계자로서 명나라의 황제를 만나고 오기까지 한 인물이었다. 1418년에 태종과 마찰을 겪을 당시, 이제가 보여 준 모습은 국왕 태종과 거의 대등한 위치에 서 있는 느낌을 준다. 그는 황희, 이직과 같은 대신들이 보좌하고 있을 정도의 거물이었다.

1418년에 이르러 태종은 자신을 거역할 정도로 커 버린 후계자 이제를 제거하는 판단을 내렸다. 그리고 아무런 경험이 없는 셋째 왕자를 후계자로 선택했다. 그가 좋은 자질을 지니고 있었다고 해도, 좋은 결과가 뒤따를지는 알 수 없었다.

2개월을 채우지 못한 세자생활 ___ 세자 교체 작업은 착착 진행되었다. 이도가 세자로 결정된 다음 날, 세자 책봉을 준비하는 임시 기구가 설치되었고, 세자를 교육하는 서연 자리가 정식으로 열렸다. 세자의 장인 심온을 이조판서로 발령하는 등 세자를 보좌할 인물들에 대한 인선도 진행되었다. 세자의 부인 심씨는 왕세자빈에 봉해졌다. 이튿

날 태종은 세자를 호위하는 익위사를 확장하여 수백 명의 정예 무사들이 세자 이도를 호위하게 했다. 6월 9일에는 세자 책봉을 청하는 표문을 명나라에 보냈다.

보름 후 이도가 정식으로 세자에 책봉되었다. 책봉 의식이 열렸다. 태종이 세자를 임명하는 교서를 내렸다.

세자를 세워 근본을 확정함은 무궁한 미래를 위한 것이다. 옛날 주나라 문왕이 백읍고를 놔두고 무왕을 세자로 삼은 것은 오직 그가 현명했기 때문이었다. 모든 신하에게 자문하여 비로소 아들 이도를 왕세자를 삼고, 이제 온나라에 선포했다. …… 아! 원량元良을 세워 귀신이나 사람의 바람을 위로하게 하니, 비로소 때와 먼지를 씻었다. 널리 용서하는 은혜를 베푼다.

주나라는 중국 고대에 있었다는 최고의 이상적인 국가이다. 창업주 문왕은 맏아들 백읍고를 제쳐 두고 무왕을 후계자로 삼았다. 이후 무왕은 은나라를 멸망시키고 천하를 통일하여 주나라의 전성시대를 연다. 여기서 무왕을 세운 이유로 제시되는 것이 바로 어진 사람을 선택한다는 의미의 '택현擇賢'이다. 태종은 무왕의 정치가 이도를 통해서도 펼쳐질 것이라고 선언한다. 태종이 이도에게 부여한 임무이며, 이도가 앞으로의 통치를 통해 증명해야 하는 과제였다.

겨우 보름 만에 모든 것이 바뀌었다. 6월 20일 이도는 세자의 자격으로 처음으로 서연을 열었다. 쟁쟁한 인물들과 함께 자신을 가르쳤던 이수가 서연관으로 시종했다. 21일 아침에는 조정의 신하들이 국왕에게 정사를 아뢰는 조회에도 참여한다. 태종은 이 자리에서 자신이 병이 있어 매일 정사를 볼 수 없으니, 세자가 대신 정사를 듣고 익히는 방안을 마련하라고 지시했다. 국왕의 자리를 비워 놓고 세자 이도가 동쪽 벽에 앉아 대신 정사를 듣게 되었다. 물론 반드시 태종에게 보고하는 것을 전제로 했다.

7월 2일에는 수도 한양으로 되돌아가는 안건이 논의되었다. 지금까지의 일들은 모두 개성에서 벌어진 일들이다. 본래 왕위에 오른 태종은 1405년에 한양으로 복귀했었다. 그런데 한양도성의 내부 시설을 새롭게 정비하는 과정에서 1410년과 1418년 두 차례 개성으로 거처를 옮겼다. 특히 1418년에는 개성의 궁궐에 정무를 보는 곳까지 세워 두고 거주하고 있었다. 태종은 7월 19일에 먼저 이도를 한양으로 보낸 후, 7월 29일에 자신도 한양으로 돌아왔다.

세자 이도가 명나라 황제에게 조회하는 방안이 논의되었다. 1407년에 태종은 당시 세자였던 이제를 직접 남경의 영락제를 조회하는 사신으로 보낸 적이 있다. 이도가 직접 명나라 황제를 만나고 돌아온다면, 후계자 지위를 국내외에 확고히 할 수 있었다. 세자가 황제를 만나기 위해 출발하는 날짜가 8월 18일로 정해졌다. 적어도 석 달 이상이 걸릴 여정이었다. 그러나 이도가 명나라로 떠나는 일은 일어나지 않았다. 8월 10일에 이도가 갑자기 국왕으로 즉위했기 때문이었다. 세자로 책봉된 지 두 달이 지나지 않아서였다.

2. 국왕의 자리에 오르다

태종의 전격적인 양위 ___ 1418년 8월 8일 태종은 지신사 이명덕 등에게 다음과 같은 말을 신하들에게 전하게 했다.

> 내가 왕위에 있은 지 벌써 18년이다. 비록 덕과 인망은 없으나 불의한 일을 행하지는 않았다. 그러나 위로 하늘의 뜻에 보답하지 못하여, 여러 번의 물난리, 가뭄 그리고 병충해의 재앙이 이르렀다. 또 묵은 병이 있어 근래에 더욱 심해지고 있다. 이에 세자에게 왕위를 넘겨주고자 한다.

그는 이미 한 달 전에도 수행원들에게 양위 의사를 밝힌 적이 있다. 다만 세자가 명나라 황제를 만나고 돌아온 뒤 실행할 예정이었다. 국왕의 신분으로 명나라 수도에 간다면, 명나라 황제들이 선례를 따라 마음대로 조선의 국왕을 소환할 것이라는 염려 때문이었다. 그러나 그는 아예 세자의 조현을 취소하고 임금 자리를 넘겨 버렸다.

태종은 왜 이렇게 급하게 이도에게 국왕의 자리를 넘겼을까. 자신에게 남은 시간이 얼마 없다고 판단한 것일까. 태종이 양위하려는 표면상의 이유는 거듭되는 자연재해와 자신의 지병이다. 이도를 세자로 결정하고 임명하는 시기를 전후로 심한 가뭄이 들었다. 또 태종의 등에 난 종기가 점차 심해지고 있었다.

태종이 양위를 언급한 것은 처음이 아니다. 1406년에도 있었고,

1409년과 1410년에도 있었다. 1409년에 전위 의사를 표명할 때는 다음과 같이 말하기도 했다.

홍무황제(명나라 창업주 주원장)가 천하를 다스리기를 30여 년이나 하였으니, 오래지 않은 것이 아니다. 또 향년 70세이니 장수하지 않은 것도 아니다. 그때 건문(명나라 건문제)이 이미 장성했다. 만약 일찍부터 황제의 자리를 바르게 하여 세력을 굳히고, 번왕의 병권을 회수하여 수도에 두어 편안히 부귀를 누리게 하였다면, 지금의 일[연왕 주체가 쿠데타를 일으킨 일]은 없었을 것이다. 또 우리 태조께서도 을해(1395) 연간에 이방석에게 전위하고 물러나서 뒤에 계셨다면, 우리가 결코 움직이지 못했을 것이다. 어찌 무인년(1398)의 변이 있었겠는가?

자신이 왕위를 찬탈한 때문인지 태종은 항상 정변의 가능성을 의식하였다. 태종은 나중에 일어날지도 모르는 정변을 예방하기 위해 자신이 양위하여 이도의 왕위를 안정화하는 작업이 필요하다고 판단하고 있었다. 아마도 자신에게 남은 시간이 얼마 없다고 생각했던 것 같다.

그렇다고 태종이 자신의 권한을 모두 넘겨준 것은 아니었다. 태종은 왕 위의 왕, 상왕이 되었다. 그는 국왕의 의무에서 벗어나 자유를 만끽하면서도 여전히 권력을 움켜쥐었다. 이도가 국왕으로 즉위하던 날 있었던 태종과 신하들의 대화는 태종이 양위한 의도를 잘 보여 준다.

태종이 의정부 대신들에게 하교했다. "주상이 장년이 되기 전까지 군사에 관한 일은 내가 직접 듣고 판단할 것이고, 또한 국가에 결단하기 어려운 일이 있을 때마다 정부와 6조가 함께 그 가부를 의논하게 할 것이며, 나도 함께 의논할 것이다."

박은 등이 대답했다. "임금께서 전위하려 하시니, 신들은 편안히 쉬시려는 것으로 생각하였습니다. 이제야 임금의 뜻을 알았으니, 교서를 내려 전위하시는 뜻을 밝혀 신하와 백성의 마음을 편안하게 해 주시길 청합니다."

이미 여러 번 전위 파동을 경험했던 신하들은 태종의 양위에 의심의 눈초리를 풀지 않았다. 태종은 권력을 놓지 않았다. "병조의 고위 신하들은 모두 나를 시종하고, 여러 대언은 주상에게 가서 시종하라." 규칙에 따르기보다 자의적으로 권력을 행사하는 것을 좋아했던 태종에게 국왕이라는 지위는 오히려 그를 옭매는 족쇄였을 것이다.

경복궁에서 즉위하다 ___ 1418년 8월 8일 태종은 세자 이도에게 국왕의 상징인 국새를 넘겼다. 이도의 나이 스물 둘이었다. 세자 이도와 신료들은 태종이 여전히 건강하다는 이유로, 눈물을 흘리면서까지 양위 의사를 번복할 것을 간청한다. 그동안 태종의 양위라는 말에 속아 숙청을 당한 사람들이 얼마나 됐던가. 이번에도 그러지 않으리란 보장이 없었다. 그러나 이번에는 태종이 진짜 양위의 뜻을 굽히지 않았다. 그는 손수 임금의 모자인 익선관을 아들 이도에게 씌워 주고, 국왕을 상징하는 의장을 준비하여 경복궁에 가서 즉위하게 한다.

드디어 이도가 태종과 만남을 끝내고 나왔다. "내가 어리고 어리석어 큰일을 감당하기가 어려워, 지성으로 사양하기를 청했다. 그러나 마침내 윤허를 받지 못하고, 어쩔 수 없이 경복궁으로 돌아간다." 여러 신하가 조용히 익선관을 쓴 세자의 모습을 바라보았다. 그러고는 울음을 멈추고, 꿇어앉아 혹은 땅에 엎드려 서로를 돌아보았다. 세자는 임금이 쓰는 홍양산을 쓰고 경복궁으로 돌아갔다. 그러자 박은이 나서서 말했다. "세자는 우리 임금의 아들이다. 굳이 사양하였으나 임금께서 윤허하지 않았고, 이미 임금의 모자를 쓰셨다. 우리가 굳이 다시 청할 이유가 없다." 여러 신하가 이제 이도가 즉위하는 일을 논의하기 시작했다.

경복궁은 조선의 정식 궁전이다. 법궁法宮이라고 했다. 그러나 이방원은 그런 경복궁에서 아버지의 신하들을 살해하고 아버지의 왕위를 빼앗았다. 이후 태종은 개경의 수창궁에서 즉위했다. 그는 몇 차례 다시 경복궁으로 복귀하긴 했지만 자신이 일으켰던 정변의 기억 때문인지 오래 머물지는 않았다. 태종이 이도에게 경복궁에서 즉위하라고 지시한 것은 그동안의 정치를 정상화한다는 상징적인 의미를 지니고 있었다.

익선관을 쓴 이도가 경복궁으로 복귀했다. 여러 신하가 예복을 입고 순서대로 궁전 뜰에 늘어섰다. 교서가 반포되고 이도의 즉위가 선언되었다. 국가의 중대사는 태종이 맡는다는 조건이 달려 있긴 했지만, 이제 태종은 정말로 왕위를 양보했다. 이로써 이도는 조선의 네 번째 국왕이 되었다. 겨우 두 달 만에 한 명의 왕자에서 세자로, 세자에서 임금이 되었다. 정신없는 나날들이었다.

즉위교서를 발표하다 ___ 이도의 즉위는 새로운 국가의 창업 이후 처음 있는 평화적인 정권 교체였다. 태조의 건국, 정종과 태종의 즉위는 모두 정변을 바탕으로 한 왕위의 찬탈이었다. 그러나 이도의 즉위 역시 비정상적인 것은 마찬가지였다. 그는 맏아들이 아니었고, 태종의 선택을 받아 국왕의 자리에 올랐다는 한계가 있었다.

이도는 비정상의 정치를 정상화해야 하는 임무를 부여받았다. "창업에서 수성으로"가 이도가 앞으로 이루어 내야 할 과제였다. 다음 날 이도가 과제에 부응하는 즉위교서를 발표한다.

태조께서 큰 사업을 처음 이루시고, 부왕 전하께서 큰 사업을 이어받으셨다. 삼가고 조심하여, 하늘을 공경하고 백성을 사랑하며, 충성이 천자에게 이르고, 효도하고 공경함이 신명에 통했다. 이에 온나라 안이 다스려져 평안하고, 나라의 창고가 넉넉하고 가득하며, 바다의 도적들이 와서 복종하고, 문치와 무위가 융성하다. …… 아! 임금 자리를 바르게 하고 처음부터 조심해서 소중한 종묘를 받들 것이다. 인을 베푸는 정치를 해서[시인발정施仁發政], 이제부터 땀 흘려 이루어 주신 은택을 밀고 나아가리라.

교서는 두 가지를 제시한다. 하나는 선대의 사업을 잘 계승하겠다는 것이다. 이도는 할아버지 태조와 아버지 태종이 이루어 놓은 위대한 업적을 자신이 이어가겠다고 선언했다. 사실 후계자로서 선대의 사업을 계승하겠다는 말은 그야말로 당연하다. 그러나 제대로 된 후계자 교육도 받지 못한 이도에게는 버거운 과제였다.

다른 하나는 유학 이념을 구현하는 정치를 펼치겠다는 것이다. 이도는 "시인발정施仁發政"이라는 말을 통해 신민들에게 좋은 정치를 펼칠 것을 약속했다. "시인발정"은 유학 경전인 《맹자》에 나오는 말이다. 맹자는 주나라의 문왕이 펼친 왕도정치를 이상적인 사례로 설명하면서 "발정시인發政施仁"이라는 용어를 사용했다. 태조 이성계와 태종 이방원은 국가 창건과 제도 정비에 힘을 기울여야만 했다. 이에 따라 지금까지는 조선이라는 국가의 제도화 작업만 이루어졌다. 앞으로는 그것에 내용을 채우는 것, 즉 이념적인 정체성을 불어넣는 작업이 필요했다.

국왕으로서의 삶 ___ 일개 왕자에서 지존의 국왕으로 삶이 바뀌었다. 이도는 이제 국왕으로서의 삶을 살아가야 했다. 국왕의 모든 것은 공적이다. 말과 행동 하나하나가 정해진 예법을 따라야 한다. 만형 이제가 국왕이 되지 못했던 이유다. 이도는 즉위교서를 발표하고 난 후, 자신을 국왕으로 즉위시킨 아버지 태종에게 감사하는 글을 올리러 궁궐을 떠나야 했다. 예조에서 국왕이 상왕의 궁전에 감사의 글을 올리는 의식 절차를 보고했다. 이것을 통해 국왕의 삶을 부분적으로나마 엿보도록 하자.

그날에 이르러 북을 쳐서 엄嚴(정숙하도록 경계하는 것)을 삼고, 통례문通禮門(예식을 관장하는 관청)이 문무백관의 자리를 대궐 문밖에 설치해 놓는다. 문관은 동으로, 무관은 서로 서로 상대하게 겹줄로 항렬을 이루고, 북쪽을 위로 한다. 문무백관은 각각 조복을 갖춘다. 북을 쳐서 2엄嚴을 삼는다. 판통례判通禮가 꿇어앉아 중엄中嚴을 아뢰면, 문무의 모든 관원이 궐문 밖에 모이고, 병조兵曹가 대가大駕와 노부鹵簿를 궐문 밖에 진열한다. 북을 쳐서 3엄嚴을 삼고는, 모든 위衛의 소속원이 각각 자기 대隊를 감독하여 전정殿庭에 들어와 정렬하고, 봉례奉禮가 문무백관을 인도하여 문밖의 자리에 나아간다. 시위하는 관원들은 각기 자신의 관복을 입는다. 총제摠制 이하 좌우 시신侍臣들은 모두 근정전 서쪽 섬돌에 나아가 봉영奉迎하고, 판사복判司僕이 근정문 앞에 상로象輅를 대령하여 남향하고, 천우장군千牛將軍 한 사람이 큰 칼을 잡고 상로 앞에 북향하여 서고, 지통례知通禮는 판통례 앞에 자리하고, 통찬通贊과 사인舍人은 지통례 앞에 자리한다. 그리고 판통례가 꿇어 엎드려 납시라고 아뢰면, 판사복이 옷자락을 걷어 올리고 올라가 바로 서서 고삐를 잡는다. 전하는 면복冕服을 입고 여輿를 타고 나와서 서쪽 섬돌로부터 내려온다. 그러면 풍악이 연주되고, 천우장군이 앞에 나아가 고삐를 잡는다. 전하는 여에서 내려 상로에 오르고, 판사복이 서서 수綏(붙잡고 오르는 줄)를 드린다. 총제 이하의 시신들은 상례常禮대로 옆에서 모시고, 지통례가 상로 앞에 나아가 꿇어 엎드려 거가車駕가 앞으로 나아가기를 아뢰어 청하고 엎드렸다가 일어나 물러가 제자리로 돌아간다(지통례가 아뢰어 청하면 모두 어가 앞에 나아가 꿇어 엎드리고, 그 아룀이 끝난 뒤에 엎드려 있다가 일어난다).

현대인은 읽기조차 힘들 정도로 위엄과 기품이 서린 옛 단어들이 가득하다. 어쨌든 이제 국왕이 경복궁을 떠날 준비가 막 끝났다. 이제 국왕이 탄 어가가 움직이는 절차가 이어지고, 임금이 상왕의 거처에 도착하여 어가에서 내려 상왕에게 글을 올리는 절차가 남았다. 그리고 다시 돌아오는 절차가 기다리고 있다. 이처럼 국왕의 모든 행동은 정해진 절차를 따라야만 하고, 모든 사람에게 공개된다. 이것이 이도가 살아갈 국왕으로서의 삶이었다.

《세종실록》을 보면 유독 의례에 대한 기록이 많다. 이도의 시대에 이르러 국가 의례가 정비되었다. 그의 시대는 건국과 정변을 통해 획득한 권력을 권위로 바꿔 가던 시대였다. "누가 국왕이 되어야 하는가?"라는 문제는 애초에 해결할 수 없었다. 그래서 이도와 같은 국왕들은 "국왕은 어떻게 살아야만 하는가?"라는 문제에 집중했다. 그 결과가 국가 의례이다. 국가 의례의 표준안들이 《세종실록》 안에 실려 있다. 이것이 성종시대에 《국조오례의》를 편찬하는 바탕이 된 《세종실록》 오례다. 이도는 후대 국왕들의 표준을 확립한 국왕이었다.

이도는 즉위한 후 매일 사야四夜(사경으로 1~3시를 말한다)가 되면 일어나 옷을 입었다. 이후 날이 환히 밝으면 인정전에 나아가서 조회를 받고, 편전에 나아가 정사를 보았다. 다시 여러 신하를 접견하는 일이 이어지고, 다음에는 경연에 나아가 성학聖學을 공부했다. 이렇게 이도는 국왕으로서 주어진 일과를 성실히 수행해 나간다.

3. 첫걸음을 딛다

준비되지 않은 국왕 ___ 맏형 이제가 세자였던 시절, 이도는 현실정치의 세계를 어깨 너머로 본 외부인이었다. 세자로 보낸 2개월은 준비 기간으로는 너무나 짧았다. 학문적으로 남다른 성취가 있었다 해도, 국왕의 역할을 맡아 수행하기 위한 준비는 전혀 되어 있지 않았다. 국왕으로서 필요한 정치적 기술, 식견 그리고 비전 등은 이론적인 지식과는 전혀 다른 차원의 것이다. 깊은 학문이나 좋은 인성을 지녔다고 해서 발휘되는 것이 아니었다.

이도는 현실정치의 안건들을 전혀 몰랐다. 그것들을 함께 논의할 신하들조차 제대로 파악하지 못했다. 국왕의 자리에 걸맞은 자격을 갖추기 위해 그가 해야 할 과제가 곳곳에 산적해 있었다. 다행인 것은 아버지 태종의 존재였다. 상왕에 의지해 국왕의 역할을 익혀 나가야 했다. 태종 역시 공식적으로 이도가 국왕으로서 숙련을 쌓을 수 있도록 스승의 역할을 자임했다.

즉위한 다음 날 이도는 자신이 국왕이 되었음을 종묘에 고했다. 이후 그는 고위직 신하들과 의논하여 관직을 담당할 만한 몇몇 인물을 정했다. 임금이 지신사 하연河演에게 말한다. "내가 인물을 잘 알지 못하니, 좌의정, 우의정과 이조, 병조의 당상관과 함께 의논하여 벼슬을 제수하려고 한다." 하연이 대답한다. "상왕께서도 일찍이 경덕궁에서 정승 조준 등과 상서사尙瑞司의 관리들과 함께 의논하여, 벼슬을 제수했었습니다. 이제 전하께서 처음으로 정사를 행하심에 있어, 대신들과 함께 의논하는 것이 매우 합당합니다."

옆에 있는 신하들조차 제대로 알지 못한다. 그런 그가 등용할 만한 인재들을 파악하고 있을 수 있었을까. "의논해서 벼슬을 제수하고자 한다"라는 말을 이른바 세종식 통치 방식인 '공론정치公論政治'의 시작으로 해석하는 견해도 있다. 그러나 아무런 준비 없이 갓 국왕이 된 이도다. 당연히 신하들의 의견에 따를 수밖에 없다.

이 시기 이도는 매일 태상왕 정종과 상왕 태종을 비롯한 궁중의 어른들을 문안하고, 청정聽政, 경연, 방문訪問으로 이어지는 국왕으로서의 일과를 소화한다. 그러나 그는 이름뿐인 국왕이었다. 그는 모든 것을 상왕에게 보고하여 지시를 받아 처리해야 했고, 일이 있을 때마다 상왕이 있는 수강궁으로 가야만 했다.

"상왕께 아뢸 것이다" ___ 최고의 권력자인 국왕의 통치는 교지教旨를 통해 행사된다. 교지를 신하들에게 내리는 것을 전지傳旨라고 한다. 상왕이 비록 국왕보다 높은 위상을 갖고 있지만, 국왕의 권력을 행사하는 방식을 사용할 수는 없다. 그러나 태종은 이도에게 왕위를 물려주면서 교서에 이렇게 밝혀 놓았다. "군국軍國의 중요한 일만은 내가 직접 듣고 판단하겠다." 상왕 이방원이 중요한 일들에 대한 명령을 임금을 통하지 않고 직접 하달하겠다는 뜻이다. 어떻게 하겠다는 것일까?

상왕 태종은 자신의 명령을 독자적으로 집행하는 형식을 별도로 만들었다. 8월 15일 예조에서 국왕 이도에게 다음과 같이 요청했다. "상왕의 전지를 선지宣旨로 하고, 선지에 좇지 않는 자는 임금의 명령을 어긴 죄목으로 논하고자 합니다." 이도는 그것을 그대로 따를 수밖에 없었다.

상왕 이방원은 수강궁에서 정사를 보았고, 이도는 매일 수강궁에 가서 주요 사안을 보고했다. 당시 임금의 일상은 매일 수강궁에 가서 상왕을 문안하는 것으로 시작된다. 임금이 창덕궁에서 수강궁으로 걸어서 간다. 비서 격의 대언들, 병조의 관리, 기타 하급 관리까지 모두 임금을 따라서 시종한다.

이도는 견습국왕이었다. 그는 형식상의 국왕이었고, 실권자는 상왕 태종이었다. 곁에 있던 신하들도 태종과 함께 잔뼈가 굵은 이들이었다. 이도는 신하들의 말에 "다시 의논해야 할 것이오"라며 유보하거나, "상왕께 아뢸 것이다"라고 대답할 수밖에 없었다. 인내하며 자신의 역량을 키워 가야 했다.

이러한 견습 기간에 대해 이도가 자신의 생각을 밝힌 기록이 남아 있다. 상왕이 세상을 떠나고 2년쯤 지나 《태종실록》을 편찬할 즈음의 기록이다.

기해년(세종 1)부터 임인년(세종 4)까지 내가 비록 임금의 자리에 있기는 했다. 그러나 그 기간에는 국정을 모두 태종에게 말한 뒤에 시행하였고, 내 뜻대로 한 일은 없다. 그러므로 그 4년 동안의 사초를 모두 모아서 《태종실록》에 싣는 것이 어떠한가.

임금의 주장에, 자리에 있던 신하들은 모두 옳다고 대답했다. 물론 이 기간의 국정은 나중에 《세종실록》에 실렸다. 그러나 이도는 실질적인 국왕을 상왕 이방원으로 지목하고 있고, 태종시대부터 정치를 경험해 온 신하들 역시 그렇게 생각하고 있었다. 이 시기 이도는 태종의 의사와 관계없이 독단으로 일을 처리할 수 없었다.

제왕학의 교과서《대학연의》 ___ 그에게는 아직 익혀야 할 것이 많았다. 세자 시절에 서연조차 제대로 연 날짜가 드물었다. 즉위교서를 발표한 날, 세자 때 서연을 맡았던 신하들이 곧바로 경연의 담당관으로 임명되었다. 좌의정 박은, 우의정 이원이 영사로, 예조판서 변계량, 예문관 대제학 유관이 지사로, 예조참판 탁신, 호조참판 이지강이 동지사로, 이수, 윤회, 정초가 시강관으로 임명되었다. 이도의 정치적 우군들이다.

10월 7일 첫 번째 경연을 열었다. 경연관은 겸직이다. 경연관들은 본래의 업무가 있기에 순번을 정해 돌아가면서 경연에 참여했다. 그러나 이날은 첫 번째 경연이었기에 많은 신하가 참가했다. 이도가 질문을 던진다. "과거를 설치하여 선비를 뽑는 것은 실력이 있는 인재를 얻기 위한 목적이다. 어떻게 하면 선비들이 겉만 화려하고 실속은 없는 풍속을 버리게 할 수 있을까?" 정치적으로나 학문적으로 연륜 있는 신하들 앞에서 한껏 위세를 높였다. 과거시험과 인재를 거론하고 있지만, 화려함보다 내실을 쌓는 학문을 하겠다는 선언으로 보아야 한다.

새로운 국왕의 첫 번째 경연 교재로는《대학연의大學衍義》가 채택되었다. 《대학연의》는 중국 남송시대의 대학자 진덕수가 편찬한 책으로, 유학의 기본교재인《대학》의 이론적 바탕 위에 역사적 사례들을 결합한 제왕학의 교과서다. 그는 이듬해 7월까지 두 차례에 걸쳐 신하들과 함께《대학연의》를 독파한다. 이도의 많은 말과 행동이 이 책에서 나왔다.

신유학의 정치론은 개인의 수양을 공동체를 다스리는 정치로 확장한다. 남송시대의 대학자 주희는 신유학을 집대성했다. 그는 여덟 개의 조목, 즉 격물, 치지, 성의, 정심, 수신, 제가, 치국, 평천하로 이어지는 정치론을 제시했다. 《대학연의》는 신유학의 이러한 정치론을 역대 왕조의 사례들을 통해 설명한 제왕학 교재였다.

이도는 햇병아리 국왕이었다. 경연관들은 스승의 자세로 임금을 대했다. 경연관 탁신이 대표적인 인물이다. 그가 말한다. "《대학연의》란 책은 선과 악이 분명하니 경계가 되기에 충분합니다. 진실로 군주의 거울이 되는 책입니다. 전하께서는 등한시하지 마시고 항상 익숙하게 보십시오." 국왕 이도가 마치 제자처럼 대답한다. "그렇다. 내가 어려서부터 학문에 독실한 뜻을 품고 일찍이 조금도 게을리하지 않았다. 《대학연의》는 마땅히 다시 자세히 읽겠다."

이도는 자신의 말을 행동으로 옮겼다. 밤늦게까지 혼자서 공부한 사실이 공공연히 나돈 모양이다. 탁신이 스승의 자세로 임금을 칭찬한다. "전하께서 손에서 책을 놓지 않고 밤이 깊어야 주무시는 모양입니다. 신이 일찍이 대궐에 나가 이 말을 듣고 무엇보다 기뻤습니다. 전하께서는 이 마음을 지키셔서 게을리하지 마시길 바랍니다. 사람의 마음은 무상합니다. 지키면 그대로 있고 놓으면 없어져 버립니다. 정사를 처결하고 학문에 힘쓰는 일 외에 다른 생각이 움트지 않게 하시면, 총명함이 날로 깊어질 것입니다."

1. 견습의 시기

왕위의 왕, 태종 ___

> 민무구, 민무질, 민무휼, 민무회의 처자에게 외방으로 가서 편할 대로
> 살게 하고, 김한로는 청주로 옮겨서 거주하게 하라.

이도는 즉위한 지 얼마 지나지 않아 양녕과 관련된 인물들에 대해 지시를 내렸다. 신하들이 반발하자 이도가 말했다. "상왕께서 명령하신 것이니, 따르지 않을 수 없다." 이런 식으로 견습국왕 이도는 사안마다 부왕 태종의 뜻을 내세워 일을 처리해 갔다. 아버지는 문자 그대로 왕위의 왕, '상왕上王'이었다. 상왕이 된 태종은 "내가 더욱 높아졌다[오익존吾益尊]"라는 표현을 자주 사용했다. 왕위는 넘겨주었지만, 그는 여

3___
입지를
구축하다

전히 인사권과 군사권을 비롯한 중대사들을 처리하고 있었다. 상왕의 지시는 절대적이었다.

태종은 말했다. "내가 병권을 내놓지 않은 것은 왕위를 마음에 두고 잊지 못하는 것이 아니다." 이 말은 분명 사실일 것이다. 그는 형식상의 지위에 얽매이지 않는 인물이었다. 이 시기에 그는 새로운 권력체계를 만들었고, 왕 위의 왕으로 군림했다. 그러나 형식상이라 할지라도 국왕은 이도였다. 미래의 실권자가 될 이도와 왕 위의 왕 태종의 동거는 처음부터 문제가 발생할 소지가 있었다.

태종의 음모 ___ 즉위한 지 2주가 지날 무렵, 하나의 음모가 시작된다. 그 결과는 국왕 처가의 몰락이었다. 발단은 아주 작은 일이었다. 병조참판 강상인이 군사와 관련된 일들을 태종이 아니라 국왕 이도에게 먼저 보고하는 일이 몇 차례 있었다. 군사에 관한 일은 직접 챙기겠다는 태종의 말이 있었음에도 그렇게 했다. 그때마다 이도가 경고했다. "어찌하여 부왕께 말하지 않는가."

이 소식이 결국 상왕의 귀에 흘러 들어갔던 모양이다. 태종은 크게 분노했다. 병조의 실무자들인 강상인과 채지지를 의금부에 가두고 심문하기 시작했다. 다음 날에는 병조의 책임자 박습을 비롯하여 병조의 모든 관리가 의금부로 압송됐다. 다행히 이 사건은 8월 27일에 박습이 풀려나고, 8월 29일에 강상인이 고향으로 추방되는 것으로 마무리되는 듯했다. 그러나 두 달 후인 11월 3일, 의금부 관리들이 다시 강상인, 박습, 채지지 등을 잡아 왔다. 혹독한 고문이 이어졌다. 11월 22일 고문을 이기지 못한 강상인의 입에서 마침내 주모자가 나왔다. 국왕 이도의 장인 심온이었다. 그는 세자의 교체를 승인한 명나라 황제에게 감사의 뜻을 표시하는 사신으로 길을 떠나 있었다. 사신으로서의 품격을 높이기 위해 상왕은 그를 영의정으로 임명했다.

이방원은 자신이 국왕으로 재위하는 동안 외척이 정치에 관여하는 움직임은 철저히 차단했다. 이도의 외삼촌인 민무구, 민무질, 민무휼, 민무회 4형제는 모두 태종에 의해 죽었다. 이방원이 외척에 대해 가진 생각은 다음과 같은 그의 말에 잘 나타난다.

가정과 국가를 다스리는 관점에서 논하자면, 외척을 궁중에 가깝게 두는 것은 인군의 원대한 계책이 아니다. 이제 국가가 한가하고 안팎에 근심이 없으니 조금도 의심하고 꺼릴 것이 없다. 그러나 그 폐단이 후일에 일어날지 어찌 알겠는가? 마땅히 싹이 트기 전에 제거하는 것이 좋다.

외척이 국정에 개입할 싹이 트게 두어서는 안 된다는 것이 태종의 생각이었다. 조금이라도 가능성만 있다면 태종은 누구라도 제거할 인물이었다. 이 같은 태종의 신념은 이제 새로운 임금의 외척에게로 옮겨갔다. 태종은 이도의 장인을 경계하고 있었다. 《세종실록》은 심온이 사은사로 중국에 갈 때의 상황을 다음과 같이 적고 있다.

상왕이 환관을 보내 문밖까지 심온을 전송하게 했다. 임금과 중궁도 각각 환관을 보내 연서역에서 심온을 전송하게 했다. 심온은 임금의 장인으로서 나이 50세가 못 되어 수상의 지위에 올랐다. 영광과 세도가 혁혁하여 이날 전송 나온 사람으로 서울 안이 거의 텅 비게 되었다.

태종의 눈에 비친 심온의 위세는 충분히 우려할 만한 것이었다. 심온이 사행을 떠나고 보름 정도가 지났을 때 그는 신하들에게 넌지시 의미심장한 말을 던졌다. "내가 근심을 잊고자 하면서도 아직도 잊지 못하고 있는 것은 간사한 사람이 있기 때문이다." 태종의 음모가 시작되었다.

처가의 몰락을 막지 못하다 ___ 1418년 12월 25일, 심온이 감옥에서 사약을 마시고 죽었다. 상왕은 평소 이도의 장인 심온에게 충고했다. "선비들을 널리 접촉하지 말고 조심하여 법도를 지켜라." 후일 이도가 세자가 되자 심온이 말했다. "지금 사대부들이 저를 보면 모두 은근한 뜻을 보내니, 매우 두렵습니다. 사람 만나는 것을 모두 끊고 조용히 여생을 보내야만 하겠습니다." 실록 편찬자들은 심온이 처신을 똑바로 하지 않아 이방원의 분노를 샀다고 적었다. 외척을 극도로 경계하는 이방원의 성격상 심온은 본래부터 위태로웠다.

심온을 죽인 것은 전적으로 상왕의 뜻이었다. 강상인이 처절한 고문 끝에 자백했다. "'군사에 관한 일은 마땅히 한 곳으로 돌아가야 한다'는 말을 했더니, 심온 또한 '옳다'고 했습니다." 드디어 퍼즐이 맞춰졌다. 다음 날 상왕은 대신 박은을 불러 종용했다.

저번에 강상인의 죄는 대간과 나라 사람들이 두 번이나 청했다. 그러나 내가 그 정상을 모르는 것이 아니었다. 그러나 일단 윤허하지 않고,

다만 외방으로 내쫓기만 했다. 그러나 그 후에 생각해 보니, 나의 남은 일생은 많지 않고 경험상 이런 큰 간흉[대간大姦]은 제거하는 것이 마땅했다. 그러므로 다시 그 일을 심문하여 지금의 사태에 이른 것이다. '군사가 한 곳에 모여야 한다'라는 말을 심온이 듣고 '군사가 반드시 한 곳으로 모이는 것이 옳다'라고 대답했다고 한다. 경은 이것을 알아야 할 것이다.

자신이 마무리된 사건을 다시 들고 나온 이유가 커다란 간흉을 처단하기 위한 것임을 주지시켰다. 박은이 동조했다. "심온이 말한 '한 곳'이라는 말은 상왕전[태종]이 아니라 주상전[이도]을 가리킨 것입니다. 그 뜻은 묻지 않아도 알 수 있습니다." 다음 날 상왕은 심온을 반역의 주동자로 규정하고, 심온 일파를 처형하라고 지시했다. 명나라에서 돌아온 심온이 할 수 있는 일은 없었다. 그는 결코 역모를 꾸미지 않았음에도 "반드시 벗어나지 못할 것이다"라는 말과 함께 체념해 버렸다.

이도는 상왕에게 장인에 대한 선처를 부탁했다. 그러나 상왕의 대처는 냉혹했다. 귀국하는 길에 의금부로 압송된 심온은 12월 25일 사약을 마셨다. 불과 마흔넷의 나이였다. 왕비의 어머니와 형제자매는 노비가 되거나 먼 지방으로 유배당했다. 이도가 할 수 있는 일이라곤 세 아이 어머니였던 자신의 아내를 지킨 것이 전부였다.

당시 이도의 심경은《세종실록》12월 24일 자 기록에서 확인할 수 있다. 장인 심온은 감옥에 갇혀 죽음을 기다리고 있었다. 이도는 꿈자리가 사납다며 자신이 주관해야 하는 제사를 신하인 박은이 대신하게 했다. 그날 저녁 상왕의 수강궁에서는 잔치가 벌어졌다.《세종실록》은 이

상황을 다음과 같이 기록하고 있다.

임금이 수강궁에 문안하고 술잔을 올렸다. 박은, 이원, 최이, 정역, 맹사성, 허조, 조말생, 조연, 변계량, 이징, 허지, 이명덕, 원숙, 김을현, 임밀 등이 연회에 참석했다. 술이 거나하게 취하니, 여러 사람이 한 구절씩 읊어 한 편의 시를 완성했다. 상왕이 말했다. "주상이 나를 성심으로 위로하니, 내 어찌 매우 즐기지 않겠는가. 다만 주상의 몸이 편안하지 못한 것이 염려될 뿐이다." 임금이 아뢰었다. "신이 비록 술은 마시지 못하오나, 몸은 이제 괜찮습니다." 상왕이 일어나서 춤을 추고, 여러 신하도 따라서 춤을 추었다. 밤이 2경에 이르러서야 연회가 끝났다.

간신 심온 일당의 처리를 축하하는 연회였다. 이도의 처가를 멸문시켜 놓고 신하들과 함께 잔치를 즐기고 있는 냉혹한 정치가 태종의 모습이 엿보인다. 이방원과 그의 신하들이 술을 마시고 즐겁게 춤을 추던 연회 자리에는 이도 역시 참석해 있다. 이도는 비정하고 잔혹한 아버지의 행동에 맞서지 않았다. 아니, 그러지 못했다는 말이 적절할 것이다.

이도는 아버지가 죽은 후에도 아버지의 결정을 바꾸지 않았다. 태종의 계승자로서의 행동이다. 후일 태종이 죽고 난 후, 심온의 무죄를 청하는 상소들이 이어졌다. 상왕이 아니라 신하 유정현의 농간 때문에 심온이 죽었다는 주장도 나왔다. 그러나 이도는 자신의 재위 기간 내내 심온과 관련하여 어떠한 조치도 취하지 않았다. 심온의 복권은 외손자인 문종이 즉위하고 나서야 이루어진다.

허수아비 국왕 ___ 이도는 신하들에게도 제대로 된 국왕 대접을 받지 못하는 국왕이었다. 신하들은 국왕 앞에서 개인적인 논쟁을 벌이거나 국왕을 가르치려 들었다. 만약 국왕이 태종이었다면 절대 그렇게 하지 못했을 것이다.

즉위한 지 1년도 지나지 않은 시점에서 이도를 앞에 두고 김점과 허조 두 신하가 언성을 높였다. 군주의 권력 행사 방식에 대한 논쟁이었다. 사실 이것은 국왕이 판단할 영역이었다.

논쟁을 촉발한 김점은 태종의 후궁의 부친으로 위세가 등등했다. 사신으로 명나라에 다녀온 경험이 있던 그는 자신의 경험을 토대로 말했다. "전하께서 펼칠 정사는 마땅히 금상황제(명나라 영락제)의 법도를 따라야 합니다." 이에 예조판서 허조가 답했다. "중국의 법은 본받을 것도 있고, 본받지 못할 것도 있습니다." 국왕을 앞에 두고 둘은 계속해서 논쟁을 벌였다.

김점과 허조 두 중신 사이에 벌어진 이 논쟁의 초점은 당시 명나라 황제가 시행하고 있던 절대적 군주권과 위임을 통해 권력을 분점하는 군주권 가운데 어느 것이 더 이상적인가 하는 것이었다. 김점은 시왕지제, 즉 당시 중원을 차지하고 있던 명의 영락제가 직접 국가 행정 전반을 관장하는 통치 방식을 채택해야 한다고 주장했다. 반면 허조는 유학과 신유학의 서적들 속에 기록되어 있는 요와 순과 같은 고대의 성왕들이 펼쳤던 위임의 정치를 주장했다. 사관은 이날의 논쟁에 대해 임금이 "허조를 옳게 여기고 김점을 그르게 여겼다"라고 기록하고 있다. 사실 이도의 본심은 알 수 없다. 그는 이러한 신하들의 논쟁을 바라보고 있을 수밖에 없는 견습국왕이었다.

관직에 임명된 관료들이 국왕 앞에서 옛날의 원한으로 다투는 일도 있었다. 이번에도 김점이 문제를 일으켰다. 형조판서로 임명된 김점이 궐내로 들어와 한성부윤이 된 서선을 만났다. 임금이 앞에 있는 자리였다. 김점이 서선을 비난했다. "너는 간사하고 불충하여 두 마음을 품은 자이니, 오늘날 이 조정에 있을 수 없다." 서선이 응대했다. "그렇지 않다. 네가 도리어 남을 모함한 죄를 받아야 마땅하다." 주위 신하들의 만류에도 김점은 큰소리로 꾸짖으며 조금도 꺼리는 바가 없었다. 서선과 김점이 모두 임금에게 호소했다. 임금은 두 사람을 타일렀다.

군사훈련을 진행하면서 제물을 사냥하는 강무와 같은 중요한 안건에도 이도는 자신의 의견을 내놓지 못했다. 1419년 봄 강무에 상왕만 갈 것인지, 상왕과 임금 둘 다 갈 것인지 논란이 있었다. 영의정 유정현은 흉년과 농번기를 이유로 상왕만 나서자고 주장한다. 좌의정 박은은 둘 다 가도 무방하다고 반박했다. 이에 대해 상왕 이방원이 말했다. "나는 주상과 서로 떨어지고 싶지 않다. 주상이 정지한다면 나도 정지하고, 주상이 간다면 나도 가겠다." 상왕과 대신들의 논의 속에 이도가 나설 틈은 없었다. 이도는 이 해의 봄 강무에 따라나설 수밖에 없었다.

2. 인내하며 역량을 기르다

집현전과 경연 ___ 이도는 하루빨리 국왕의 자리에 걸맞은 역량을 확보해야 했다. 우선 그는 국왕의 학문 성학聖學에 매진했다.

1419년(세종 1) 2월 12일 이도는 경연을 하는 청사를 새로 짓도록 지시했다. 신하들보다 경연에 열의를 보였다. 업무에 바빠 경연에 나오지 않은 신하들을 나오도록 독려하기도 하면서, 경연에 매진했다.

12월 12일 이도는 아예 경연을 전문적으로 담당하는 기관인 집현전을 설치하라고 지시한다. 사실 집현전 설치에 대한 논의는 그가 처음이 아니다. 정종과 태종시대에도 있었지만 실행되지 않았고, 이 해 2월에도 좌의정 박은이 언급했다. 이도는 일찍이 집현전을 설치하려는 의논이 있었는데 어째서 다시 아뢰지 않느냐며, 유학에 정통한 선비 10여 인을 모아 날마다 모여서 강론하게 하라고 지시를 내렸다. 이에 집현전 설치 작업이 본격화되었다.

집현전은 고려의 한림원을 계승한 것이다. 당나라 현종시대에 왕립학술기관으로 한림원이 설치된다. 고려는 이것을 본따 국왕의 자문을 담당하는 기관으로 한림원을 설치했다. 원元간섭기에 이르러 고려의 관제가 격하된다. 1308년(충렬왕 34) 충선왕은 예문춘추관을 세우고 우문관, 진현관, 서적점을 여기에 병합시켰다. 그러다가 1356년(공민왕 5)에 이르러 공민왕이 다시 한림원을 설치했다. 그러나 이것은 다시 유명무실한 기관으로 전락했다.

국가의 통치는 전례나 원칙을 따라야 한다. 국왕이라고 자의적으로 통치할 수 없다. 특히 조선은 유교국가를 표방했다. 그러나 태종은 학자로서 자신의 학술적 지식에 의존했고, 별도의 자문기구를 두지 않았다. 이러한 측면에서 이도가 재위 초기에 학술 자문기구인 집현전을 설치한 것은 정상화의 의미를 지닌다.

이도는 집현전 관리들에게 경연을 담당하게 했다. 경연은 국왕이 신하들과 통치에 도움이 될 만한 지식을 넓히는 자리다. 조선을 건국한 태조 이성계는 무인이었기 때문에 경연을 개최할 만한 학술적 소양이 없었다. 태종은 고려 말 과거에 급제했을 정도로 학문적 소양을 지니고 있었지만, 재위 기간 내내 경연을 거의 열지 않았다.

이도는 집현전의 관사를 궁중에 설치하고 관원들에게 경연을 맡겼다. 문관 가운데 재주와 행실이 있고 나이가 젊은 사람을 선택해 경전과 역사의 강론을 맡기고 임금의 자문에 대비시켰다. 1420년(세종 2) 3월 16일 집현전의 편제와 인원이 확정되었다. 이도는 이후 경연을 꾸준히 열고 집현전의 학사들과 함께 경전과 역사를 토론했다. 이도의 행장은 이것을 다음과 같이 기록하고 있다.

비로소 집현전을 두고 글 잘하는 선비를 뽑아 고문으로 삼았다. 국왕은 경서와 역사를 열람할 때 즐거워하여 싫증을 낼 줄 모르고, 희귀한 문적이나 옛사람이 남기고 간 글을 한 번 보면 잊지 않았다. 증빙證憑과 원용援用을 살피고 조사하여, 처음부터 끝까지 힘써 정신을 가다듬어 정치를 도모했다.

군사의 중요성을 터득하다　　　태종은 군국의 중대사를 자신이 맡겠다고 선언했다. 그는 직접 병조를 통제하며 견습국왕 이도에게 군사에 관한 사안을 가르쳤다. 태종은 여러 차례 강조했다. "주상이 비록 현명하지만, 춘추가 아직 어려 군사에 익숙하지 못하다. 그러므로 내가 부득이하게 오늘날 이처럼 하는 것이다."

권력은 무력을 통해 유지된다. 극단적인 현실주의자 태종은 누구보다 이 사실을 잘 알고 있던 인물이다. 태종은 이도에게 무력의 중요성을 가르쳤다.

주상은 사냥을 좋아하지 않고 몸이 비중하시다. 마땅히 때때로 나와 돌아다니면서 몸을 적절하게 하셔야 하겠다. 또 문과 무에 어느 하나를 치우쳐서 폐할 수는 없으니, 나는 주상과 더불어 무사武事를 강습하려 한다.

주상의 몸이 너무 무겁다. 내일은 주상과 함께 노상왕[정종]을 모시고 동쪽 교외의 광진廣津으로 가고자 한다.

스물둘 무렵의 이도는 뚱뚱했다. 태종은 문과 무의 겸비를 강조하며, 이도를 데리고 자주 사냥에 나갔다. 당시 사냥은 단순한 놀이가 아니었다. 강무講武, 즉 무예를 익히는 군사훈련이었다. 이도는 내키지 않았지만 태종을 따라나섰다. 후일 이도는 신하들의 반대를 무릅쓰고 강무에 나갈 정도가 되었다.

1419년(세종 1) 6월 9일 상왕은 대마도를 정벌할 것을 대내외에 선포했다. 왜적의 배 50여 척이 충청도와 황해도 해안에 침입한 것에 대한 대응이었다. 보고가 올라왔을 때, 이도는 상왕과 함께 한강 상류에서 화포 시험을 구경하고 있던 참이었다. 상왕과 이도는 대신들을 불러 대응책을 논의했다. 신하들은 적이 다시 침입할 것을 기다려 대응해야 한다고 주장했다. 조말생만이 허술한 틈을 타서 공격해야 한다고 주장했다. 이에 상왕이 말했다. "물리치지 못하고 항상 침략만 받는다면, 중국의 한나라가 흉노에게 치욕을 당했던 것과 무엇이 다르겠는가." 그는 대마도를 공격하여 본때를 보여야 한다고 결정했다. 이 자리에서 이도는 한마디도 꺼내지 못했다.

상왕의 말대로 이도는 아직 군사 방면에 미숙했다. 이는 이도 자신의 말에서도 드러난다. "각 도와 각 포구에 비록 병선이 있으나, 그 수가 많지 않고 방어가 허술하다. 혹 뜻밖의 변을 당하면 적에 대항하지 못하고 도리어 변방의 화만 불러일으킬까 염려가 된다. 이제 전함을 두는 것을 폐지하고 육지만을 지키고자 한다." 이도는 전함을 없애 버리고 육지에서의 수성에 전념할 것을 언급하고 있다. 누가 보아도 실언이었다. 신하들이 바로 반박한다. "우리나라는 바다에 접해 있으니, 전함이 없어서는 안 될 것입니다. 만약 전함이 없으면 어찌 편안히 지낼 수 있겠습니까." 신하들은 삼면으로 바다에 둘러싸인 조선의 지리적 형세를 말하고, 고려 말년에 왜적의 침입을 전함을 건조해 막았던 것을 이도에게 상기시킨다. 이도의 처음은 이처럼 미숙했다.

1419년 6월, 상왕은 이종무를 대장으로 삼아 대마도의 왜구를 공격하라는 명령을 내렸다. 경상·전라·충청 3도의 병선 200여 척이 동원되었다. 그러나 정벌의 결과는 좋지 않았다. 군사 180명이 전사하였고, 병선도 다수 파괴되었다. 그러나 10월 18일 대마도의 수장이 자세를 낮추고 포로들을 돌려보낼 것을 청하여 강화가 성립된다. 이후 왜구의 준동은 급격히 줄어들었다.

대마도 정벌은 반복되는 왜구의 침입에 경종을 울리기 위해 태종이 실력 행사를 감행한 것이었다. 정벌은 이외에도 다양한 목적에서 추진되었던 것으로 보인다. 명나라가 직접 일본을 정벌하는 것을 막기 위해서라는 해석도 있다. 혹은 상왕으로 물러난 이방원이 자신의 권위가 아직 살아 있다는 점을 증명하기 위한 것이었을 수도 있다. 새롭게 국왕이 된 이도의 국방 관련 교육 목적일 수도 있다. 18년의 재위 동안 결코 정벌을 감행하지 않았던 태종이다. 대마도 정벌은 이도에게 군사동원, 대외정책, 국방 등의 측면에서 큰 자산이 되었을 것이다.

후일 이도는 매년 강무를 열고 군사를 훈련한다. 그리고 여진인들의 침입에 맞서 두 차례 정벌도 감행한다. 꾸준히 전함을 만들고, 요새와 성을 쌓고, 무기도 개선한다. 그 시작에는 견습 시절 상왕의 훈육이 있었다.

국왕의 대권을 배우다 ___ 상왕은 이도에게 임금만이 쓸 수 있는 대권大權도 가르친다. 이양수라는 자가 잘못이 있었는데, 회양의 지방관으로 임명되었다. 간관들은 이양수가 직임에 어울리는 인물이 아니라는 이유를 들어 관직에서 파면할 것을 요청했다. 여러 번 요청이 반복되었음에도 이도는 우유부단한 태도를 보였다. 그러는 동안 사헌부에서는 그 도에 공문을 보내 이양수가 공무를 집행하지 못하도록 조치했다. 상왕 이방원은 이러한 정황을 뒤에서 지켜보고 있다가 말을 꺼낸다.

이제 회양부사 이양수는 주상이 이미 부임하라고 지시하였는데도, 사헌부에서 공문을 보내 공무를 집행하지 못하게 했다. 지극히 불경한 일이다. 원숙은 국왕을 가까이서 모시는 신하가 되어서, 어찌하여 옳고 그른 것을 말하지 않았는가?

원숙은 당시 비서실장 격인 지신사의 관직을 맡고 있던 신하였다. 그는 상왕의 말에 고개를 숙일 뿐이었다. 상왕이 이 말을 하고 낙천정에 가자, 대신 박은과 이원이 문안하고 말한다. "사헌부가 매우 무례했습니다. 이제 의금부에 하옥하고 국문하는 것이 마땅합니다." 다음 날 상왕이 의금부에 지시를 내린다.

전 왕조의 말년에 귀양 보내는 모든 자를 대간이 관리를 보내어 가는 길에서 구속하고, 다시 그 죄를 탄핵해 국문할 것을 청했다. 이는 임금이 약하고 신하가 강해서 그런 폐단이 있던 것이다. 최근 대간이 회양 부사 이양수가 그 직임에 합당하지 못하다 하여 그 관직을 파면하기를 청했다. 그러나 주상이 허락하지 않았는데, 사헌부에서 그 도에 공문을 보내어 공무를 집행하지 못하게 했다. 벼슬을 주고 녹을 주는 것은 인주의 대권[人主之大權]이지, 신하가 감히 제 마음대로 못하는 것이다. 신하는 임금이 사람 쓰는 것이 비록 부당하더라도, 세 번 간하였다가 듣지 않으면 물러가는 것뿐이다. 이제 사헌부의 거동은 특히 신하의 도리에 어긋남이 있을 뿐 아니라, 앞으로 뒷날의 근심을 열어 놓을 것이다. 그것을 함께 국문하여 보고하게 하라.

이도는 관리들의 의견을 최대한 청취하고, 신하들과의 논의를 통해 일을 처리해 나가는 통치 리더십을 보여 준 군왕이다. 그러나 그렇다고 해서 그가 신하들의 모든 의견을 따른 것은 아니다. 사안에 따라서는 신하들이 계속 반대해도 "세 번 간해도 듣지 않으면 곧 떠나는 것이 옛날의 도이다"라는 말로 자신의 의견을 관철하기도 했다. 여기에도 상왕 이방원의 훈육이 있었다.

군주의 대권 중에는 외교 분야 사안들에 대한 결정권도 있다. 이도는 명나라 황제의 요구 혹은 그러한 요구를 청하러 와서 횡포를 부리는 사신들을 상왕이 어떻게 처리하는지 보고 배운다. 예를 들어 여러 차례에 걸쳐 말을 요구했던 영락제가 말 1만 필을 다시 조선에 요구하는 일이 벌어졌다. 당시 북만주의 몽골세력과 결전을 치르는 데 사용하기 위한 것이다. 상왕은 이듬해 1월 13일까지 말을 정성스레 나누어 보낸다. 금은세공에 대한 면제를 요청했지만 실패하는 경험도 보고 배운다. 이런 경험들은 후일 이도가 성공적인 외교를 펼치는 자산이 된다.

3. 어머니와 아버지의 죽음

태종의 이궁을 오가다 ___ 상왕이 주로 머물던 곳은 수강궁이었다. 위치는 창덕궁 동쪽의 현재 창경궁 자리이다. 그는 이곳에 머물면서 국가의 중대사를 처리했다. 창덕궁에 머물고 있던 이도는 수강궁으로 가서 모든 사안을 상왕과 상의했다. 대신들 또한 수강궁에 가서 상왕의 지시를 받았다.

상왕은 각지에 새로운 궁전을 건설해 나간다. 왕이 머물 수 있는 별궁을 이궁이라고 했다. 1419년(세종 1) 2월에는 한강이 바라보이는 자리에 낙천정을 세우고 그 근처에 이궁을 세웠다. 1420년(세종 2)에는 풍양[현재 남양주시 진건읍]에도 궁전을 건설한다. 상왕이 이궁을 지었던 목적은 풍양궁을 지으면서 한 말에 잘 나타나 있다.

> 지난날 술사가 말하기를, '액운을 당하면 마땅히 피해서 있을 곳이 있
> 어야 한다'라고 했다. 두 번이나 개성에 행차할 때, 지공을 운반하는
> 데 경비가 적지 않았다. 그러므로 남쪽에는 낙천정을 짓고, 동쪽에는
> 풍양 이궁을 건축하고, 서쪽에는 무악에 궁을 지어 때에 따라 행차함
> 으로써 왕래할 때의 폐해를 덜 것이다. 또 무악은 혹자가 '도읍할 만한
> 곳이라'고 말하니, 역시 궁궐을 짓는 것이 옳을 것이다.

후일 재위 후반기의 이도는 피방이라고 해서, 액운을 막기 위해 여러 왕자의 집을 전전했다. 태종과 이도가 살던 당시는 풍수와 도참에 관련된 각종 미신이 유행했다. 정변으로 많은 사람을 해쳤던 상왕은 액운을 피한다는 이유로 자주 거처를 옮겼다. 상왕은 낙천정, 풍양궁, 무악궁을 차례로 건설하여 돌아가며 거처했다. 추가로 1421년(세종 3)에는 연화방에, 1422년(세종 4)에는 천달방에 새로운 궁전을 건설한다.

이도는 상왕을 만나러 이러한 이궁들을 오가야 했다. 더구나 상왕은 임금을 데리고 다니기를 원했다. 풍양에 이궁이 완성되자, 상왕은 임금을 데리고 새로 지은 궁전을 시찰하러 간다. 마음에 들었던 모양인지 2월에는 대비와 상왕 모두 풍양의 새로운 궁전으로 거처를 옮겼다. 이후 이도는 문안하러 풍양궁으로 향했다가 한양의 궁궐로 돌아오는 생활을 반복해야 했다.

이도는 상왕의 명령에 절대적으로 순종하면서 자신의 업무 영역을 확장하고 정치적 역량을 키워 나갔다. 이즈음 이도의 후계자 수업은 마

무리된 것으로 보인다. 상왕은 실질적인 권력을 국왕에게 이양한다. 그러고는 여러 이궁을 오가며 그렇게도 좋아하던 사냥에 몰두한다.

어머니 민씨가 죽다 ___ 1420년 5월 27일 이도는 풍양궁에서 상왕을 보고 낙천정에 가서 어머니 민씨를 문안했다. 그러나 이날부터 민씨가 학질을 앓기 시작한다.

그녀가 병이 나자, 이도는 간병에 나서 지극정성을 다했다. 곁에서 부채를 부치고 잠자리를 살피며 직접 탕약을 올렸다. 임금이 아닌 한 명의 자식으로 행동한 것이다. 5월 29일에 이르러 이도는 개경사에 사람을 보내 관음보살에게 기도를 올리게 한다. 그러나 대비의 병은 더욱 심해질 뿐이었다. 이도는 아예 형들과 함께 대비를 모시고 개경사로 피병을 떠난다. 몰래 시위를 다 물리치고, 한밤중에 대비를 가마에 태워 개경사로 향했다.

임금이 절에 머물면서 소식을 알리지 않아 사람들이 임금이 있는 곳을 알지 못했다. 이도는 불교 신자였다. 정성스레 불공을 드리고 시주를 한다. 또 승려를 시켜 둔갑술을 펴게 하기도 하고, 무당을 시켜 성신星辰에 제사하기도 한다. 대비의 병이 조금 나아지는 듯했지만, 얼마 지나지 않아 다시 악화되었다.

1420년 7월 10일, 민씨가 수강궁 별전에서 세상을 떠났다. 국모가된 지 21년, 56세의 나이였다. 이도는 평상을 치우고 거적자리 위에 엎드려 밤낮으로 통곡한다. 상왕이 눈물을 흘리며 미음을 권하고, 신하들역시 슬픔을 억제하기를 청한다. 이도가 대답한다. "내 어찌 생각하지 않겠는가. 어제 부왕께서 나에게 죽을 권하시기에 내가 두어 숟갈 마셨으니, 경들은 근심하지 말라."

9월 14일 이도는 어머니 민씨의 존호를 원경元敬 왕태후로 정했다. 대신들이 송나라 제도를 따라 3개월 후에 장지에 묻기를 청했다. 민씨는 9월 17일 광주군 대모산에 안장되었고, 능 이름은 헌릉이라고 했다. 후일 상왕이 함께 묻힐 곳이었다.

상왕의 신뢰를 얻다 ___ 이도는 기년상으로 원경 왕태후의 상기를 마쳤다. 그러나 그는 이후에도 정전에 나아가 조회를 받지 않았고, 5개월이 더 지나고 나서야 조회를 받았다. 상왕의 지시로 상복은 100일 만에 벗었지만, 마음으로 3년상을 치른 것이었다. 그녀가 세상을 떠난 후 상왕은 이곳저곳의 이궁을 돌아다닌다. 각 지역을 유람하고 매사냥을 구경하며 세월을 보냈다.

새로운 국왕은 다시 성실하게 국정에 임했다. 그런 이도에게 상왕은 점차 신뢰를 보내기 시작했다. 이도가 정사를 보면서 처결하는 것이 모두 사리에 합당하였다는 말을 들었던 듯하다. "내가 정말로 본래 현명한 줄은 알았지만, 노성老成함이 이 정도 수준에 이른 줄은 알지 못하였구나." 또 대신들에게 자랑했다. "주상은 참으로 문왕文王 같은 임금이로다." 그는 매일 신하들로부터 이도가 국왕으로서 어떻게 행동했는지를 듣고, 매번 아들 자랑하기에 바빴다. 대견한 아들을 볼 때마다 상왕은 눈물이 떨어지는 것을 깨닫지 못하고 말했다. "부인의 말을 들었더라면 큰일을 그르칠 뻔했다."

1420년(세종 2) 상왕의 생일에 이도와 신하들이 축하 잔치를 열었다. 밤이 깊어 연회가 끝나자 상왕이 아들의 어깨에 의지해 방으로 들어가 말했다. "자식이 국왕이 되어 지극한 정성으로 봉양한다. 내가 아비로서 그런 호사를 누리게 되었다. 이와 같은 일은 고금에 드물 것이다." 아들에 대한 인정과 신뢰가 묻어 난다.

1421년(세종 3) 9월 이도는 상왕에게 '성덕신공聖德神功 태상왕太上王'이라는 존호를 올렸다. "성스러운 덕이 지극히 높으니 미루어 높이고자 해도 더 위가 없고, 신성한 공이 지극히 커서 보답하려 해도 더 베풀 것이 없습니다. 다만 아름다운 호칭을 가지고 성대하고 아름다움을 밝히려 합니다." '태상왕'이라는 태종의 존호는 상왕이 그동안 무자비하게 휘두르던 권력이 마치 사라진 것처럼 느끼게 한다. 한 달 뒤 이도의 첫째 아들 이향이 세자로 책봉되었다.

아버지 태종이 죽다 ___ 1422년(세종 4) 5월 2일 태상왕이 갑자기 위독해졌다. 신하들의 말로는 사냥을 나갔다가 갑작스레 내린 비를 맞았기 때문이라고 했다. 이도는 태상왕을 모시고 연화방의 새로운 궁전으로 갔다. 그는 어머니를 간병할 때처럼 약이나 음식, 반찬을 모두 직접 받들어 올렸다. 병환이 심해지자 자지 않고 밤새도록 간호했다.

5월 9일 저녁 태상왕의 병환이 더욱 심해졌다. 소식이 전해지자 모든 신하가 궁궐 문밖에 모였다. 밤 이경에 이르러 이도가 승추부에 지시한다. "부왕의 병환이 회복될 것 같지 않다. 담당 관리에게 관을 준비하게 하라." 다음 날인 1422년 5월 10일, 이방원은 56세의 나이로 세상을 떠났다. 원경왕후 민씨가 죽은 지 2년이 안 되어서였다.

태종은 평소 많은 사람의 죽음에 다양한 정치적 의미를 부여해 왔다. 그러나 정작 자신은 평이하게 죽음을 맞이했다. 행장은 죽은 사람의 행실을 간결하게 서술한 한문의 문체이다. 《세종실록》 안에 기록된 태종의 행장은 그의 정치를 다음과 같이 평가하고 있다.

태상왕은 총명하고 영특하며, 강직하고 너그러웠다. 경전과 사기를 널리 보아 고금의 일을 훤히 알고, 어려운 일을 많이 겪어 사물의 진위에 밝았다. 작은 재주와 작은 선행이 있기만 하면 등용하지 않은 사람이 없고, 선대의 제사에는 반드시 직접 참여했다. 중국과의 교제에 항상 정성을 다하고, 재상에게 위임하고 환관을 억제했다. 또 상 줄 데 상 주고 벌 줄 데 벌 주었으며, 친소親疎로 차등을 두지 않고 관직을 임명하였는데, 단순히 해가 지났다고 계급을 올려 주지 않았다. 문교文教를 숭상하고 무비武備를 닦으며, 검박한 덕을 행하고 사치와 화려한 것들을 없앴다. 20년 동안에 백성이 편하고 산물이 풍부하여, 창고가 가득 찼다. 또 해적들이 와서 굴복하고, 예의가 바르고 음악이 고르며, 강령이 서고 조목이 제정되었다.

국왕으로서 태종에 대한 이러한 평가가 모두 진실은 아닐 것이다. 그러나 그는 분명 많은 것을 이룬 인물이었다. 태종은 국왕으로 18년을 재위했고, 상왕으로 4년을 더 재위했다. 그리고 이도에게 마지막 선물로 한양도성을 남겨 주었다. 전국 8도의 일꾼 32만 5,000여 명이 징발되어, 두 달간 흙으로 된 성곽을 돌로 개축한 큰 사업이었다. 이방원은 공사 부담을 온전히 자신이 떠맡았다.

석 달 뒤인 1422년 8월 8일, 예조에서 성덕신공 태상왕 이방원의 묘호를 태종太宗이라 올리기를 청했다. 이도는 그대로 따랐다. 더불어 존호는 기존의 성덕신공에 문무광효文武光孝를 추가하여 성덕신공문무광효 대왕이라 했다. 이로써 태종 이방원의 시대가 끝났다. 이도의 나이 스물여섯이었다.

2부
홀로서기
[집권 전반기: 1422~1427]

1. 신중히 왕위를 계승하다

위험인물 양녕 ___ 태종의 죽음 이후, 이도는 3개월이 넘는 기간 동안 상제를 수행했다. 9월 6일에는 태종을 어머니가 묻힌 헌릉에 합장했고, 9월 18일에는 졸곡제를 거행했다. 그러나 슬픔에 잠길 시간이 없었다. 이제 그는 홀로서기를 해야 했다.

당면한 시급한 과제가 있었다. 잠재적인 왕위 경쟁자들이 정변을 꾀할 가능성에 대비하고 자신의 왕위 승계를 굳건히 하는 것이었다. 이미 태종의 병이 위독할 무렵, 그는 왕궁과 도성의 경비를 강화했다. 호위하는 정예 병력의 수를 늘렸고, 도성 성문에도 경계병을 추가로 배치했다. 태종이 임종할 무렵에는 삼군 장수가 모여 군사를 거느리고 경계태세를 갖췄다.

가장 큰 위협은 폐세자가 된 양녕대군과 그를 지지하던 세력이었다.

4 ___
친정을
시작하다

이도가 국왕으로 즉위한 후에도 양녕과 접촉하는 자들이 있었다. 이들은 반란 모의 죄목으로 처벌받았다. 양녕은 아버지의 장례 문제로 도성 안에 들어와 있었다. 양녕을 지방으로 내려보내야 한다는 목소리가 나오기 시작했다. 5월 16일 사헌부의 건의를 시작으로, 사간원 그리고 의정부와 6조의 신하들이 같은 내용의 상소를 20일 넘게 이어갔다.

이도의 왕위를 확고히 하는 작업은 당사자뿐만 아니라, 그를 국왕으로 세우는 데 찬성했던 인물들에게도 꼭 필요한 것이었다. 신하들은 상소를 통해 양녕뿐만 아니라 효령과 같은 잠재적인 왕권 경쟁자들도 통제할 것을 요청했다. 이에 이도가 반응한다. "내가 양녕의 일에 대해 깊이 생각해 보았다. 그는 대비의 초상 때도 졸곡을 마치고 돌아갔었다. 부모의 초상은 인생에 한 번 당하는 일인데, 자식의 마음으로 어찌 차마 보낼 수 있겠는가." 그러나 그는 며칠 뒤 양녕을 경기도 이천으로 내려보내도록 지시한다.

이도는 평생 형에 대한 우애를 강조했고, 《세종실록》 역시 그가 "두 형에게 우애하였다"라고 평가한다. 아마도 사실일 것이다. 이도는 이상주의적인 성격이었다. 권력 역시 쟁취하지 않고 주어진 것이었다. 그렇다고 이러한 기록을 의심해 볼 수는 없을까. 비판적 재검토가 필요하다. 《세종실록》 편찬자들이 이도를 그렇게 그려 놓았을지도 모를 일이다. 《세종실록》은 본래 정치적인 기록이다. 설령 실제의 언행을 기록했다고 하더라도 우리는 이도가 국왕이라는 정치적 행위자였다는 점을 고려할 필요가 있다. 이도의 말과 행동은 기본적으로 국왕으로서의 권력과 권위를 유지하고 강화하기 위한 의도를 가지고 있다. 분명한 사실은 그를 보호하던 태종이 죽었을 때, 이도가 시험대 위에 올려졌다는 것이다.

또 다른 위협을 제거하다 ___ 후일의 기록에 나타나지만, 태종이 소천한 해에 이도는 "유언비어를 퍼뜨린 죄를 처결할 때에, 그 말이 임금까지 미쳐서 올바른 도리에 박절하고 해로운 자는 참형으로 처단하고, 그렇지 않은 자는 장 100대, 유배 3년으로 처결하라"는 명령을 내린 듯하다. 성군의 이미지와는 어울리지 않는 지시이다. 그만큼 재위 초기 왕권의 확립이 중요했다는 말이 된다.

아버지 태종과 달리, 이도는 자신의 재위 기간에 정치적인 이유로 사람을 죽인 일이 없다고 알려져 있다. 그러나 그러한 이도가 이 시기에 제거한 인물이 있다. 바로 사촌 이맹종이다. 그는 태조 이성계의 4남 회안대군 이방간의 자식이었다. 이방간은 1400년에 2차 왕자의 난을 일으켰고, 그의 아들 이맹종 역시 정변에 참여했었다. 이방간은 1421년(세종 3) 유배지인 홍주에서 죽었는데, 1423년에 이르러 이도는 그의 아들 이맹종을 자진하게 한다. 또 보름 후에 이맹종과 더불어 2차 왕자의 난의 주동자였던 박포의 자손들까지 연좌해서 처벌하도록 지시했다. 그러나 이것이 마음의 짐으로 남았는지 3년이 흐른 뒤 이방간에 연좌된 자녀들을 구휼하는 문제를 가지고 좌의정 이직, 우의정 황희와 의논했다.

태상왕 이방원이 죽기 한 달 전, 사헌부의 수장 성엄 등이 올린 상소에는 이도의 왕위에 위협이 될 만한 인물들이 나열되어 있다.

불충한 무리가 가만히 다른 뜻을 품고 있는데도 임금이 알고서도 처벌하지 않으면, 악한 자를 징계하는 것이 아닐 뿐만 아니라 어떠한 변란을 일으킬지도 알 수 없습니다. 이방간 부자는 신들이 같은 하늘 아래서 살 수 없는 원수입니다. 하늘이 이방간을 죽였으나, 이맹종은 아직 살아 있습니다. 역적 이무, 윤목, 강사덕, 유기, 조희민, 박습, 강상인, 이관, 심정, 임군례, 정안지, 민무구, 민무질, 민무휼, 민무회, 구종지, 구종유, 구종수, 구권보는 본인이 비록 죽었으나, 연좌된 사람들이 모두 관대한 법으로 처리되었습니다. 허형, 최식, 배홍점, 권치, 이양간, 황길지, 김사순, 김영귀, 박숙의, 신효창은 틈을 타 반역을 도모하여 그 증거가 뚜렷합니다. 염치용, 방문중, 권약, 이전은 거짓말로 태상왕을 헐뜯었고, 김양준, 전사리는 역적의 당에 붙었고, 김한로는 음흉하게 임금을 속였고, 이숙번은 역적질할 마음이 언행에 드러났고, 김훈은 그 죄가 불충에 관계됩니다.

이도의 왕위에 잠재적으로 위협이 될 만한 자들을 모두 거론하고 있다. 이도는 이들을 제거할 것을 요청하는 상소를 비밀에 부쳤다. 위 상소에는 언급되지 않았지만, 친정 이후 이도를 보좌했던 이직, 황희 역시 본래는 위험인물이었다. 이들은 양녕의 세자 시절 지지세력이었고, 이도의 세자 책봉에 반대한 전력이 있었다. 그러나 태상왕 이방원은 각각 성주와 남원에 안치되어 있었던 두 사람을 불러올려 이도 측으로 포섭했다. 죽기 직전까지도 주도면밀한 태종이었다.

왕권 계승을 확고히 하는 작업이 무엇보다 중요했다. 양녕을 이천으로 내려보낸 것은 그 출발점이었다. 이로부터 양녕 본인을 비롯, 그와 개인적으로 접촉하는 사람들을 처벌할 것을 요구하는 상소가 이어졌다. 상소에서 나열한 죄목들은 구실에 불과했다. 양녕은 제거되어야만 하는 인물이었다. 이도가 4년 동안 국왕의 자리를 맡아 왔다 해도 양녕은 태종의 치세 동안 공식적인 후계자로 있던 거물이었다.

1423년 2월 16일, 영의정 유정현을 필두로 2품 이상 관료들의 상소가 올라왔다. 양녕을 주나라 성왕의 숙부이면서도 반란을 일으킨 관숙과 채숙에 비유했다. 제거하라는 상소였다. 의정부, 6조, 대간에서도 계속해서 상소를 올렸다. 그로부터 열흘 지난 2월 25일, 이도가 지시했다. "거느리고 있는 노비 숫자를 제한하며, 잡인이 사적으로 접촉하지 말게 하라." 3월 11일에는 도망치려 한다는 이유로 양녕을 청주로 옮기게 했다. 충청도 감사가 감시할 수 있는 곳으로 옮긴 것이다.

양녕의 장인 김한로에 대한 상소도 이어졌다. 경기도 안성에 있던 김한로가 양녕과 가깝다는 이유로 충청도 연기로 옮겨 안치하고 있었는데 양녕을 청주로 옮긴 후 대간의 요청대로 김한로를 안성으로 옮겼다.

이도는 친정 초반 잠재적인 위협을 제거하는 데 힘을 쏟았다. 그러나 그가 당면한 문제는 이것뿐만이 아니었다. 그의 앞에는 연륜과 경험을 보유한 능수능란한 신하들이 자리하고 있었다.

아버지의 신하들　　　　새로운 국왕은 언제나 선대 국왕의 유산과 마주하게 마련이다. 그 시작은 신하들이다. 이제 막 견습 딱지를 뗀 이도는 겨우 스물여섯이었다. 그의 앞에는 그보다 스무 살, 혹은 서른 살 많은 대신들이 포진해 있었다. 부왕 태종과 함께했던 노련한 정치가들이다.

간단히 고위직 대신들인 3정승에 한정해 태종의 유산을 살펴보자.

이도는 영의정 유정현, 좌의정 이원, 우의정 유관과 함께 친정을 시작한다. 이들은 아버지의 최측근으로 태종의 잦은 숙청에도 살아남은 노련한 자들이었다. 이들은 이도가 세자가 되는 것에 찬성했고, 세자 시절부터 스승이자 정치적 우군이 되어 주었다. 그러나 겨우 스물여섯에 불과한 청년 국왕이 그런 노련한 신하들을 통제하기는 어려웠을 것이다.

[표] 재위 초기 3정승의 변화

구분	견습국왕기			친정기	
	즉위년 8월	즉위년 12월	3년 12월	6년 9월	9년 1월
영의정	한상경	유정현		이직	
좌의정	박은		이원		황희
우의정	이원	정탁	유관		맹사성

이들에 대해 간략히 살펴보자. 먼저 유정현은 태종 이방원의 언질을 받고 박은과 함께 "택현"을 주장해 이도가 세자가 되는 데 일조한 인물이다. 이도의 장인인 심온을 숙청할 당시, 유정현은 박은과 함께 주도적으로 심온을 처벌할 것을 주장한 적도 있다. 이도에게는 그다지 좋게 보이지 않을 수도 있는 인물이었다.

이도가 유정현을 영의정에서 해임한 것은 1424년(세종 6) 9월 7일이다. 이때는 이도가 27개월 동안의 태종의 상제를 마친 시기였다. 이도는 인적 자원을 소중히 여기는 스타일임에도 그를 최고위 재상에서 물러나게 한다. 이때까지는 선대 태종의 정치를 계승한다는 차원에서 양보한 것이리라. 영의정에서 물러나게 했지만, 이후에도 이도는 그를 중앙 정계에 머물게 했다. 유정현은 천수를 누리다 72세의 나이로 죽었다.

이원 역시 태종이 왕위에 오르는 데 협력하여 공신 칭호를 받고, 태종의 치세를 거치며 활약한 인물이다. 이도가 즉위하자 1419년(세종 1) 경연의 총책임자를 겸했고, 우의정 정탁과 함께 한양도성을 수축했다. 1426년(세종 8)에는 김도련이라는 인물의 뇌물사건에 연루되었지만 처벌을 피했다. 이후 그는 불법으로 노비를 점유했다는 이유로 사헌부의 탄핵을 받아 물러나게 된다.

마지막으로 유관은 고려 공민왕 시기부터 국정을 경험한 노련한 인물이었다. 태종시대에 《태조실록》을 편찬하였고, 이도가 즉위하자 경연의 부책임자를 맡았다. 이도는 그에게 이미 편찬된 고려의 역사를 수정하여 완성하라는 임무를 맡긴다. 이 작업은 1424년(세종 6)에 일단락된다. 그는 81세의 나이로 1426년(세종 8)에 은퇴했다.

이렇게 구시대 인물들이 3정승의 위치에서 사라지게 되었다. 우리가 잘 알고 있는 황희, 이직, 맹사성 같은 세종시대의 인물들이 그 자리를 대체한다. 세종이 재위한 지 9년째인 1427년에 이르러서였다. 이제 그 시기까지 이도의 홀로서기에 주목해 보자.

2. 하늘의 시험

시작부터 흉년 ___ 친정 초반 이도가 잠재적으로 위협이 될 만한 인물들에 대해 기민하게 반응할 수밖에 없던 이유가 있었다. 몇 년째 크게 흉년이 들어 민심이 흉흉했던 것이다. "매일 일을 아뢸 적에는 흉년에 관한 정사를 제일로 삼으라"라고 지시를 내릴 정도로, 이도는 친정의 시작부터 흉년에 따른 대책을 마련하는 데 골몰해야 했다.

곡식을 옮겨 백성들을 구제하려 해도 백성들은 굶주림에 시달려 운반할 힘조차 없는 실정이었다. 먼 훗날 이도는 대신 황희와의 대화에서 당시의 흉년을 1436년(세종 18)의 흉년보다 극심했던 재앙으로 평가했다. 보통 1436년의 흉년을 이도의 재위 기간 중 가장 심한 가뭄으로 평가한다. 이들이 1422년의 흉년을 더 심한 것으로 거론하는 이유는 무엇일까. 아마도 왕위 계승자로서 권위, 경험 등이 충분히 쌓이지 않은 상태였기 때문일 것이다. 후일 그가 재해에 대비해 구축한 재정 및 시스템 등의 대처 기반도 아직 확보되지 않은 상황이었다.

"9년의 홍수와 7년의 가뭄이 이어지고 있다." 1423년(세종 5) 봄 무렵 이도가 직접 출제한 과거시험 문제에서 거론한 것이다. 흉년이 거듭 들어 백성들이 살 곳을 찾아 흩어지고, 들에는 여기저기 시체가 널려 있었다. 더구나 북방의 야인들이 국경을 침략하기 시작한 상황이었다. 백성 중에는 "임금 탓에 흉년이 들어 매우 살기 어렵다. 만약 내가 임금이 된다면 반드시 풍년이 들 것이다"라고 망언을 하는 자도 있었다. 갓 친정을 시작한 이도에게 이러한 위기 상황은 엄청난 부담이었다.

당시의 실제 분위기는 실록의 기록 이상으로 위태로웠을지도 모른다. 30년 전의 위기 상황은 실록에 제대로 반영되지 않았다. 《세종실록》은 한 세대 후인 1452년(문종 2)에 편찬되기 시작해서 1454년(단종 2)에 완성되었다. 이도의 치세가 성공적으로 이어지고, 신하들과 백성들에게 좋은 평가를 받은 이후였다.

9년의 홍수와 7년의 가뭄 ___ 이도는 국왕이 되자마자 지신사 하연에게 다음과 같은 지시를 내렸다.

내가 얼마 전 건원릉에 갈 때 길에서 보니, 벼와 곡식의 결실이 잘 되지 못했다. 반드시 기근의 근심이 있을 것이다. 경기의 백성들은 수도에 쌓아 둔 곡식으로 구휼할 수 있고, 전라, 경상, 충청의 3도는 약간의 저축이 있어 또 구휼할 수 있겠다. 그러나 함길도는 땅이 적국과 연이어 경계를 접하고 있고, 또 경원부를 다시 세워 백성들을 새로 옮겨 보냈으니 더욱 걱정이다. 의정부와 6조에 구제할 방책을 의논하게 하라.

가뭄과 흉년은 비단 1422년의 문제만은 아니었다. 전대의 국왕 태종은 자신의 치세를 돌아보면서 "홍수나 가뭄의 재해가 없는 해가 없었다"라고 말한 바 있다. 이도가 즉위한 해인 1418년에도 비바람의 재해 때문에 벼와 곡식이 잘 익지 않아 백성들의 생계가 걱정이었다. 태종이 이도에게 왕위를 넘기는 이유로 이 사안을 거론하고 있을 정도였다. 이러한 상황은 해가 바뀌어도 변하지 않았다. 인사, 군사, 재정, 회계 등의 주요 업무를 상왕이 도맡아 처리하는 상황에서, 견습국왕 이도는 재해 대처에 관심을 쏟아야 했다.

1418년의 극심한 흉년은 1419년(세종 1)과 1420년(세종 2)에도 이어졌다. 곡식이 익어 가는 여름에 비가 내리지 않아, 수십 차례 기우제를 지냈다는 기록이 실록에 등장한다. 그래도 비가 내리지 않자, 이도는 신하들에게 의견을 구하는 교서를 내리기도 했다. 굶주린 백성들이 구휼로 연명하고 있는 상황에서 이도는 구휼 업무를 제대로 이행하지 않는 지방관들을 조사해 처벌하겠다며 이들을 독려했다. 또 "임금으로 있으면서 백성이 굶주려 죽는다는 말을 듣고 오히려 조세를 징수하는 것은 차마 못 할 일이다"라면서, 강원도 각 지역의 가난한 백성들의 조세를 감면해 주기도 한다. 이 시점에서 이도가 할 수 있는 일은 이 정도일 수밖에 없었다.

재위 초기부터 가뭄과 흉년을 경험하면서 이도가 생각한 것들은 후일 다양한 업적으로 이어진다. 1420년(세종 2)에는 하늘을 살피는 관측, 즉 천문과 관련된 정책이 등장하기 시작했다. 예측과 대비를 통해 재해의 피해를 최소화하려 했던 이도의 노력을 엿볼 수 있다. 최신의 농사 기술 보급 역시 재위 초반 이도의 경험과 문제의식에서 이어지는 것들이었다.

구휼에 힘쓰다   1423년(세종 5)의 흉년은 평안도와 강원도가 유독 심했다. 강원도 관찰사로 내려보낸 황희가 피해 상황을 보고했다.

도내 영서嶺西의 각 고을에 옛날부터 내려오고 있는 민호의 원래 숫자는 9,509호입니다. 근래에 기근으로 인하여 뿔뿔이 흩어져 없어진 호수가 2,567호이고, 현재 거주하고 있는 호수가 6,943호입니다. 이로 인해 본래 전답 6만 1,790결에서 3만 4,430결이 황폐해져서 못쓰게 되었습니다.

백성들이 굶어죽거나 먹을 것을 찾아 떠나 전체 인구 중에 4분의 1 이상이 사라져 버렸다. 경작하던 토지도 절반 이상이 줄어 버렸다. 사실 반란이 일어나도 이상하지 않을 정도의 위기였다.

전근대의 농경사회는 자연에 의존한다. 재해에 그대로 노출될 수밖에 없다. 이러한 상황에서 국왕인 이도가 할 수 있는 조치는 두 가지였다. 재해가 그치기를 빌어 민심을 달래는 것과 이미 재해에 노출된 이재민들을 구휼하는 작업이었다. 일단 이도는 재해가 물러가도록 하늘에 비는 행위에 힘을 쏟았다. 1425년(세종 7)의 한 기사는 이도가 가뭄을 걱정하여 10일 동안이나 앉아서 날이 새기를 기다렸다고 기록하고 있다. 결국 그는 심한 병을 얻어 앓아 누웠다.

예조의 관리들은 역대 통치를 요약해 놓은 백과사전 류의 서적들을 살펴보고, 재해에 대처하는 방안들을 제시했다. 억울한 죄수의 방면, 실직자의 구제, 환과고독과 같은 사회적 약자의 구제, 과중한 부역과 조세의 감면, 재야에 묻혀 있는 인재의 등용, 탐관오리 처벌, 결혼하지 못한 사람들을 결혼시키는 것, 임금의 반찬을 줄이고 연회를 제한하는 것 등이 그러한 방안이었다. 이도는 예조 관리들이 제시한 방안들을 그대로 시행했다.

가뭄은 끝없이 이어졌다. 후일 "즉위한 이래, 22년 동안 재해가 없는 해가 없었다"라고 언급할 정도였다. 32년의 재위 기간 중 가뭄으로 기우제를 지내지 않은 해가 6년에 불과했다. 거듭된 흉년으로 끝이 보이지 않는 구휼 작업이 진행되었다. 이도는 택현의 명목으로 국왕이 된 인물이다. 그는 즉위 때부터 인정을 펼치겠다고 선언했고, 유가적 군주를 표방했다. 그는 자신의 선언에 합당한 실적으로 자신이 왜 국왕이 되었는지를 증명해야 했다.

구휼 작업은 당장 먹을 양식을 주어 구황하는 진제賑濟와 농사 지을 종자를 환자還子로 빌려 주는 방식으로 진행되었다. 이러한 목적으로 설립한 것이 의창義倉이다. 그러나 의창에 저장해 둔 곡식이 모자라 부득이하게 국고에서 곡식을 가져와서 구휼할 수밖에 없었다.

국가가 정상적으로 운영될 리 없었다. 1423년(세종 5) 큰 흉년이 든 강원도의 경우, 다른 모든 사안을 제쳐두고 진휼을 우선순위로 해야 했다. 관찰사 황희는 기민 현황을 조사한 후에야 진휼하는 곡식을 나눠준다면, 기민들을 제때에 구제하지 못할 뿐만 아니라 곡식의 파종 시기도 놓치게 될 것이라고 보고했다. 주먹구구식으로 구휼을 긴급하게 진행할 수밖에 없었다.

정부 규모를 축소하다　　　끊임없는 구휼은 재정의 악화로 이어졌다. 1424년(세종 6) 봄 무렵의 한 기사는 이 같은 상황을 잘 보여준다.

근래에 수재와 한재가 계속되어 여러 해 동안 농사가 실패했다. 백성들의 살길이 어렵게 되었으니, 창고를 풀어 구제하는 것도 거의 바닥나기에 이르렀다. 관리들이 각 도의 구제할 미곡을 아껴 쓰자고 요청했으니, 아마도 아직 모두에게 나누어주지도 못한 것 같다. 앞으로 풍년이 들지 흉년이 들지를 알 수가 없으니, 일단은 요청한 것을 따르겠다. 그러나 민간에서 먹을 것도 없고 종자도 없어서 농사에 힘쓰지 못하게 되어 상황이 더욱 악화될 것이다. 각 도의 감사들에게 나의 지극한 뜻을 이해시켜라. 민생의 완급을 살피면서도 국가의 장래도 고려해 나눠주게 하라.

앞으로도 흉년이 얼마나 지속될 것인지 알 수 없었다. 비축해 둔 곡식도 바닥나고 있었다. 관리들은 국왕 이도에게 구휼의 중단을 건의했다. 문제는 구휼로 민생을 회복하지 않으면, 농사를 지을 수도 없다는 것이다. 그러면 세금이 걷히지 않고 재정은 더 열악해진다. 그야말로 진퇴양난이었다.

부족한 재정을 타개하는 별도의 방안을 모색해야 했다. 전통적인 재정 운용 방법은 양입위출量入爲出, 즉 수입에 맞춰 지출을 조절하는 것이다. 이도는 정부 규모를 축소하여 정부 운영에 드는 비용을 줄이는 방안을 선택했다. 우선 각 관사의 인원 중에서 꼭 필요하지 않은 인원을 내보냈다. 이 해 12월에는 수도 한양과 지방의 관원 중에서 쓸데없는 관원을 그만두게 했다.

정부의 축소는 부수적인 효과도 있었다. 하나는 관료들의 기강 쇄신이다. 조직을 정비하는 것은 구성원들에게 새롭게 출발할 수 있는 분위기를 제공한다. 또 관료들의 수를 줄이면, 국왕이 관료들을 통제하는 데 드는 노력과 비용 역시 감소한다. 친정을 기점으로 이도는 관료조직을 쇄신해야겠다고 생각한 것으로 보인다. 본격적인 조치는 태종의 담제禪祭가 끝난 후에 이어진다.

3. 외교의 시험대에 오르다

영락제의 횡포 ___ 아버지의 죽음 이후, 이도는 노련한 영락제를 직접 마주하게 되었다. 영락제는 1419년(세종 1) 수도를 남경에서 북경으로 옮겼다. 그는 이도가 친정을 시작한 1422년(세종 4)에는 요동과 가까운 지역에서 군사원정을 벌였다. 영락제는 원정을 떠나기 전에 전쟁물자 확보를 위해 조선에 말 1만 마리를 요구했고, 상왕 태종은 이러한 요구를 그대로 수용했었다. 1423년(세종 5) 영락제는 이도에게 장자 이향을 세자로 삼는 것을 허락하는 사신을 보냈다. 그러고는 다시 말 1만 마리를 요구해 왔다.

사신이 도착하기 전에 이미 정보를 입수한 이도는 보름 전부터 신하들과 그들의 요구에 어떻게 대응할 것인지 논의했다. 1만 마리를 보낸 것이 얼마 되지 않았다. 여기에 또 1만 마리 말을 보낸다면, 조선은 모두 2만 명의 기병이 감소하는 셈이다. 조선의 군사력을 약화시키려는 영락제의 술책이 분명했다. 할아버지 태조 이성계는 고압적인 태도로 일관했던 명 태조 홍무제에게조차 말을 보낸 적이 없었다.

신하들은 절반으로 줄여 달라 요청하자고 강경하게 주장했다. 그러나 이도의 선택은 황제의 말을 충실히 따르는 것이었다. 친정을 시작한 지 얼마 되지 않아 모험할 수가 없었던 것이다. 그는 말 1만 마리를 여러 차례 나누어 보냈다. 질이 좋지 않다고 퇴짜를 맞아 돌려보낸 500필도 다시 보충해서 보냈다. 어찌 보면 철저한 사대주의다. 그러나 이도가 마주하고 있는 상대는 노련한 영락제였다. 다음 목표는 언제든 조선이 될 수 있었다. 친정을 시작한 지 얼마 되지 않은 시점에서 청년 국왕 이도는 모험할 필요가 없었다.

태종이 그랬듯이, 이도는 명나라의 힘을 정확히 파악하고 있었다. 후일 이도는 다음과 같이 말한다.

> 임금의 호위를 어찌 작은 일로 보겠는가. 중국에서는 언제나 4만 명의 병력을 기르고 있다. 우리나라는 본래 중국에 비교할 수는 없지만, 1,500명의 녹봉이야 어찌 어렵겠는가.

이도가 항상 명나라의 군사 상황을 염두에 두고 있었음을 확인할 수 있는 언급이다. 갑사甲士는 궁궐을 호위하는 정예 군사이자, 유사시 군의 장교로도 활용할 수 있는 병력이다. 이도는 갑사 숫자를 1,500명으로 늘릴 생각을 하고 있었다. 단순히 숫자만 놓고 본다면, 조선과 명나라의 국력의 비는 1,500대 4만이다. 압도적인 무력의 차이였다. 일본과 같이 지리적 경계로 보호받는 지역이 아니었기에, 고립전략은 유효한 선택지가 아니었다.

태종의 지성사대를 계승하다 ___ 사대事大는 '큰 나라를 섬긴다'는 뜻이다. 명나라에 대한 조선의 사대는 힘의 비대칭을 전제로 한다. 사대를 통해 얻을 수 있는 현실적인 이익은 크게 두 가지였다. 몽골

제국에 사대했던 고려의 국왕들처럼, 사대는 대내외적으로 국왕의 권위를 보증해 주었다. 더 큰 이익은 정치공동체의 구성원들이 전쟁 없이 편안히 살 수 있다는 것이었다. 물론 그런 이익을 얻기 위해서는 제후국의 의무를 다해야 한다는 전제조건이 있었다. 일종의 거래다. 예를 들어, 명나라 영락제는 1423년(세종 5) 이도의 장자 이향을 세자로 삼는 것을 허락한다. 교서를 가져온 사신이 말한다. "신축년(1421)에 전하께서 지극한 정성으로 말을 바쳤으므로 지금 특별히 상으로 하사한 것입니다."

명나라 대외정책의 원형은 홍무제 모델, 다시 말해서 무력을 바탕으로 하는 대국 중심의 중화질서이다. 영락제는 홍무제의 이러한 공세적 대외정책을 재현하고자 했다. 영락제는 1410년(태종 10)을 시작으로 다섯 차례에 걸쳐 북쪽의 사막을 건너 몽골 원정을 추진했다. 또 바다 쪽으로는 환관 정화를 시켜 대원정을 추진했다. 그는 만주 쪽으로도 손길을 뻗쳤다. 1403년에 건주위라는 군사기지를 전진 설치하고, 조선의 영향력 아래에 있던 여진족들을 포섭해 나갔다. 여진족 추장들은 영락제와 태종 이방원 사이에서 점차 명나라 쪽으로 이탈하기 시작한다. 그러는 사이 영락제는 남쪽으로 눈을 돌려 안남安南(베트남) 원정도 성공적으로 수행했다.

"영락제가 오고 있다." 영락제의 다음 목표가 조선이 될 수도 있다는 공포가 밀려들었다. 태종은 자세를 한껏 낮추고 외교를 통해 우호를 강화하는 길을 선택했다. 1407년 9월 25일, 태종은 세자 이제를 남경의 영락제에게 보내며 말한다. "세자의 자리는 책임이 막중하다. 오늘의 일은 종사宗社와 생민生民을 위한 계책이다." 명나라의 우위를 인정하고, 제후국으로서 지극 정성을 다해 사대하겠다는 뜻을 표한 것이다.

　이도는 태종의 이러한 외교전략을 계승했다. 지성사대의 외교전략은 강대국인 명의 영향력을 무시할 수 없다면, 그 영향권 안에서 최대한의 안정성을 확보하고 소국으로서 가능한 것에 힘을 집중하는 전략이다. 나아가 생존과 안정이라는 일차적인 목표를 넘어, 힘에 의존하는 국제질서를 변화시키는 것을 목표로 한다. 조선은 제후국으로서 자신의 의무를 충실히 수행함으로써, 명을 중심으로 구성되는 국제질서 내부에서 공고한 지위를 추구했다. 나아가 성실한 제후국으로서 명의 비호 아래에서 국내정치를 안정적으로 운영하면서 다른 제후국들과의 관계를 독자적으로 구축해 나갔다.

　지성사대를 관념적이거나 수동적인 것으로 비판하는 이들이 많다. 물론 감내해야 하는 굴욕이 뒤따를 수도 있다. 그러나 지성사대의 외교전략은 필요에 따라 외부의 현실을 재구성하는 데 궁극적인 목표를 둔다. 이도는 4명의 황제를 섬겼다. 1424년의 몽골 원정 중에 영락제가 사망하였고, 이후 3명의 황제가 뒤를 이었다. 이도는 지성사대를 통해 생존과 안정을 확보했다. 그는 명의 황제들에게 신뢰를 쌓아 갔고, 재위 후반기에는 그것을 북방 영토 개척에 활용하게 된다.

남방의 왜인과 북방의 야인　___　큰 나라를 섬기는 사대가 있다면, 작은 나라를 보살피는 사소事小도 있다. 조선의 주위에는 조선을 대국으로 섬기는 작은 나라들이 있었다. 남쪽의 일본과 북쪽의 여진이 그들이다. 이들은 통일되지 않고 작은 정치체들로 나뉘어 있었다. 문제는 이들이 오랑캐라고 불릴 만큼, 신뢰할 수 없는 대상이라는 점이었다. 그들은 틈만 나면 약탈을 감행했다.

남쪽은 태종이 해결하고 떠났다. 대마도 정벌이 있던 1419년(세종 1) 이후로 일본 각지로부터 조공이 급격히 증가했다. 1422년(세종 4)과 1423년(세종 5)에 이르면 사절의 수가 극에 달한다. 구주九州의 전 총관 원도진源道鎭, 총관 원의준源義俊에 이어, 무로마치 막부의 4대 쇼군 원의지源義持(아시카가 요시모치足利義持)까지 조선에 사신을 보내왔다. 이로써 이도의 대일외교가 본격적으로 시작되었다.

고려 말 한반도는 왜구의 침입으로 수난을 겪었다. 해안 지방이 초토화되었고, 내륙 지방조차 안전하지 못했다. 정도는 줄어들었지만, 태조 시대에도 왜구의 침입은 지속되었다. 태조는 예방책으로 1396년(태조 5)에 김사형을 보내 대마도를 정벌하게 했다. 1419년(세종 1)에 상왕 이방원이 감행한 대마도 정벌은 전례가 있었던 셈이다.

[표] 1393년(태조 2)부터 1423년(세종 5)까지 왜구의 침입 횟수

시기	태조 재위					태종 재위						…	세종 재위				
	2	3	4	5	6	1	2	3	4	6	7	…	1	2	3	4	5
침입 횟수	11	15	4	14	15	3	3	7	5	6	5	…	6	1	1	1	1

대마도 정벌의 군사적 성과는 좋지 않았다. 하지만 이후 왜구의 준동은 급격히 줄어들었다. 대마도 정벌은 예외적인 강경책이었다. 태종은 재위 기간 내내 정벌이라는 카드를 사용하지 않고 조선의 국력을 축적하는 데 힘을 쏟았다. 왜구에 대한 대응 역시 교역을 미끼로 이들을 통교왜인通交倭人으로 전환하는 유화책을 시행해 왔다. 이도는 태종의 이

러한 정책을 계승하여 대일외교에 나서게 된다. 청년 국왕 이도의 앞에는 태종시대부터 경험을 쌓아 온 노련한 신하들이 포진해 있었다.

남쪽에서 얻은 여유는 북방 야인들에 대한 적극적 대처를 가능하게 했다. 친정 초기 국제정치의 가장 중대한 사안은 북방 야인의 침입 문제였다. 조선의 국경에는 야인이라 불리는 여진인들이 여러 집단으로 나뉘어 살았다. 올량합(우량하), 올적합(우디거), 오도리, 오랑캐 등이 그들이다. 이들은 조선의 변경을 시시때때로 약탈해 문제를 일으켰다. 이도가 친정을 시작한 1422년(세종 4)에도 이들은 불안한 만주의 정세를 틈타 조선의 북쪽 변경을 침입했다.

명의 영락제는 재위 기간 내내 수차례에 걸쳐 당시 '달달(타타르)'이라고 불렸던 몽골 정벌에 나섰다. 1422년(세종 4)에도 만주에 가까운 몽골 지역으로 원정을 떠났다. 이로 인해 요동과 만주 지방의 정세가 불안해졌고, 전쟁을 피해 조선으로 귀순한 자들도 있었다.

태종의 죽음으로 어수선하던 때였다. 1422년 9월에는 올적합이 경원부에 침입해 사람과 말을 약탈했다. 이어 10월에는 오랑캐가 다시 경원부에 침입했다는 소식이 전해졌다. 1417년(태종 17) 태종은 경성 북쪽의 땅에 다시 경원도호부를 세웠다. 후일의 부령이라는 곳으로, 함길도의 북방경계선은 여기까지 후퇴해 있었다. 1422년 올적합과 오랑캐의 야인이 침입한 곳은 바로 이 지역이었다.

이도는 이 해 말에 봉화를 정비하도록 하고, 야인들의 침입에 대비했다. 이듬해 1월에는 야인에 대한 방비를 제대로 하지 않은 경원도호부의 무관들을 징계했다. 4월에는 경원부에 목책을 쌓아 방어진을 구축했다. 군사를 동원하여 적의 근거지를 토벌하는 방안도 논의했다. 그러나 이러한 계획은 함길도 군사책임자의 건의에 따라 취소되었다. 군사 동원 능력이 부족해서 실패할 확률이 높다는 것이었다. 그 대신 사람을 보내 "너희들이 여전히 은혜를 잊고 덕을 저버리고서 잡아 간 사람과 가축을 돌려보내지 않는다면, 장차 군대를 동원해 내쫓을 생각이다"라고 통보하기로 결정되었다. 이도는 야인들이 이것을 따르지 않을 경우 추수가 끝난 뒤에 군사를 훈련하여 정벌을 감행할 생각이었다.

야인에 대한 정벌은 10년이 지난 1433년(세종 15)에야 이루어졌다. 정벌을 위해 10년의 준비 기간이 필요했고, 이마저도 국왕 이도의 강력한 의지가 아니었으면 이루어지지 않았을 것이다. 10년 전인 1423년 당시는 연이은 흉년으로 인해 정벌에 드는 비용을 감당할 수 없었고, 26세 국왕 역시 정벌을 단행할 정도의 능력을 확보하지 못한 상황이었다.

1. 본격적인 통치에 나서다

누이와 맏딸의 죽음 ___ 전통 상제에서는 초상을 치르고 27개월째에 담제를 지낸다. 담제가 끝나야 사람들은 상복을 벗고 일상생활로 돌아가게 된다. 태종이 죽었을 때, 예조에서는 《주자가례》를 바탕으로 상제를 정했다. 이도는 졸곡 후에 권도로 상복을 벗고 흰옷에 검정 사모와 검정 각대로 정사를 보았다. 상사와 관계되는 일에는 최복이라는 상복을 입었다. 1년이 지나 소상에는 연복을 입었고, 2년이 지나 대상에는 담복을 입었다. 이렇게 불교의 상례가 유교의 상례로 전환되었다.

　태종의 상장례를 지내는 사이, 이도의 누이 정선공주와 맏딸 정소공주가 세상을 떠난다. 실록은 국왕으로서의 이도를 기록하므로 그의 사적인 감정을 알아내기는 힘들다. 그러나 정선공주와 정소공주에 대한

5___
**시행착오를
겪다**

몇 가지 기록은 다르다.

정선공주는 태종의 넷째 딸이었다. 남재의 손자 남휘에게 출가했던 정선공주는 1424년 1월 25일에 21세의 나이로 죽었다. 얼마 후 이도는 제문을 내렸다. 슬픔이 묻어 나는 제문이었다. 이도의 누이에 대한 정을 보여 주는 기사도 몇 달 뒤에 실린다. 그는 정선공주의 남편 남휘를 불러 그동안의 실책을 꾸짖는다.

임인년[1422]에 공주가 병이 나서, 내가 마음을 다해 사람을 보내어 문병하게 했다. 그런데도 너는 병의 증세가 어떤지 알지도 못하고 내시를 데리고 쌍륙만 치고 있으면서, 조금도 가장이 된 도리가 없었다. 또 너는 윤자당의 비첩 윤이를 남편의 거상이 100일도 지나지 않았는데 첩으로 삼았다. 일반 가정의 처첩이라도 그렇지 못할 것인데, 하물며 늙은 공신의 첩이란 말이냐. 이제 또 죄도 없는 사람을 구타하여 거의 죽을 지경에 이르게 하였으니, 어찌 그렇게 광패함이 심하더냐. 너는 집으로 돌아가라. 나의 허락이 있지 않으면, 비록 이웃이나 동네라도 출입하지 못할 것이다.

이도는 남휘를 심하게 비난했지만, 개인적인 감정을 앞세워 마음대로 처벌할 수도 없었다.

맏딸 정소공주의 죽음도 이도에게는 큰 슬픔이었다. 그녀는 겨우 13세의 나이에 아버지의 품을 떠났다. 2년 후 담제 때 이도가 내린 제문에는 그의 애통한 심경이 고스란히 담겨 있다.

장수와 단명은 정해진 운명이 있으니, 예로부터 피하기 어렵다. 그러나 부녀 사이의 정은 언제나 변할 리가 없는 것이다. 사랑하고 귀여워하는 마음은 천성에서 나오는 것이니, 어찌 삶과 죽음을 가지고 다름이 있다 하겠는가. 아! 네가 죽은 것이 갑진년(1424)이었는데, 해가 여러 번 바뀌어도 느끼고 생각함이 더하는구나. 이제 담제를 지낼 날이 다가오니 내 마음의 슬픔이 배로 절실해지고, 어린 너의 예쁜 모습을 생각하니 이승과 저승이 영원히 가로막혔구나. 관리에게 명하여 사실을 진술하고 제사를 올리게 한다. 아! 제도는 정해진 제한이 있어도, 그리운 마음은 끝이 없다. 영혼아, 어둡지 않거든 와서 흠향하기를 바라노라.

태종의 상제를 마치다 ___ 1424년(세종 6) 7월 2일, 이도는 신하들을 거느리고 광효전에 가서 태종의 담제를 지냈다. 마지막 행사가 남았다. 신주를 종묘의 사당에 모시는 부묘祔廟다. 부묘는 왕위를 계승한 국왕의 정통성을 상징하는 중요한 행사다. 이미 지난해 12월 5일부터 부묘에 대한 논의를 시작하여, 태종의 신주를 정종의 신주를 모신 동쪽 방에 모시기로 결정했다. 태종의 배향공신으로는 하륜, 조영무, 정탁, 이천우, 이내 등 다섯 사람이 결정되었다.

7월 12일 부묘 행사가 거행되었다. 임금이 신하들을 거느리고 종묘에 가서 태종의 신주를 부묘했다. 곧이어 근정전에 나아가 상제를 무사히 끝낸 것에 대한 축하를 받았다. 이로써 이도는 진짜 태종의 계승자가 되었다. 그는 교서를 내려 신료들에게 앞으로 자신이 펼칠 새로운 정치를 선언한다.

왕은 말하노라. 상중에 있은 지 3년이 지나 벌써 대상과 담제의 기간이 지났고, 종묘에 영원히 흠향할 제향 중 첫 번째 의식을 거행했다. …… 아! 공경을 극진히 하고 예절을 다하여 근본에 보답하는 정성을 펴고, 훌륭한 정치를 하면서 인을 베풀어 더욱 새로운 정치를 하고자 한다[發政施仁 期底惟新之治].

태종은 태조를 1410년에 부묘했다. 그는 교서를 "신민과 함께 아름답게, 널리 더욱 새로운 교화를 펴고자 한다[嘉與臣民 誕布惟新之化]"라는 말로 맺은 바 있다. 이도는 여기서 앞의 네 글자를 '발정시인發政施仁(훌륭한 정치를 통해 인을 베푼다)'으로 바꾸었다. 아버지의 정치를 이어가되, 유학의 이념을 실현하는 정치를 펴겠다는 선언이었다.

담제가 끝난 지 보름 후, 명나라의 황제 영락제가 죽었다는 소식이 들려왔다. 이도는 신하들과 함께 애도를 표하는 의식을 거행했다. 신하들은 "천하의 신민은 3일 만에 상복을 벗으라"는 명 태조 홍무제의 유훈을 근거로 3일 동안만 상복을 입을 것을 주장했다. 그러나 이도는 신하들은 그렇게 해도 자신만은 군신의 의리를 어길 수 없다면서 27일 동안 상복을 입었다. 27일은 3년상의 개월 수를 날짜로 환산한 것이다.

강무를 재개하다 ___ 태종의 상제가 끝났고, 명나라 황제를 위한 상복도 벗었다. 이도가 제일 먼저 추진한 일은 사냥을 하면서 군사를 훈련하는 강무였다. 강무의 목적은 그의 다음 언급에 잘 나타난다. "반드시 훈련을 꾸준히 해 두어야 군사들이 익숙해지고, 기구와 기계가 엄밀히 정비되어, 뜻밖의 사변에 대비할 수 있다." 얼마 전에 여진인 300여 명이 성을 쌓기 시작한 경원부의 고랑기에 쳐들어왔다. 더 이상은 훈련을 중단할 수 없었다. 그러나 강무는 군사훈련 말고도 부수적인 목적이 있다. 강력한 군사력은 권력을 안정시키는 가장 중요한 수단이다. 강무는 궁궐에만 머물러 있던 국왕의 존재를 과시하고 증명하며, 진행 과정에서 민정을 시찰할 수도 있는 기회였다.

이 해 가을 9월 27일부터 10월 5일까지 강무가 진행된다. 3년 만의 강무였다. 1422년(세종 4) 봄 강무는 태종의 병이 심해 정지했고, 1424년(세종 6) 봄까지는 태종의 상제로 인해 진행하지 못했다. 농사철은 지났고, 올해는 다행히 흉년도 들지 않았다. 9월 27일 이도는 강무를 고하는 제사를 종묘에 지내고 난 후, 수레를 타고 한양을 떠난다. 의정부의 고위 관료 2명과 병조의 관료와 대간들이 어가를 따르고, 나머지 관료는 한성에 남았다. 임금이 탄 수레가 양주, 연천, 철원을 차례대로 지나 드디어 강무장에 도착했다. 10월 2일에는 철원의 풍천평과 평강의 노벌에서 강무를 진행했다.

이후 이도는 18년의 재위 기간 내내 봄·가을 모두 강무를 떠났던 태종처럼 매년 강무를 시행했다. 군사적인 대비만으로는 볼 수 없다. 부왕과 마찬가지로 이도 역시 권력을 유지하는 수단으로 무력을 활용했음을 확인할 수 있다. 태종은 이도를 국왕으로 즉위시킨 후에, 1419년부터 1421년까지 4차례에 걸쳐 이도를 직접 데리고 다니며 강무를 익히게 한 바 있다.

이도는 1424년 이후 1440년(세종 22)까지 매년 강무를 떠난다. 최소 4일에서 최대 14일이었고, 대부분 10일 내외로 강원도 철원과 평강 등지에서 시행했다. 1441년(세종 23), 1443년(세종 25), 1444년(세종 26),

1446년(세종 28), 1447년(세종 29), 1448년(세종 30)에는 강무를 하지 않았는데, 이도의 병세가 심해졌기 때문이다. 1440년에는 왕비가 온수현의 온천에 목욕을 다녀왔고, 1441년부터는 이도가 왕비와 함께 강무겸 온천을 떠났다. 이후의 강무는 세자가 대행했다. 다음 표(120쪽)는 이도가 재위 기간 시행했던 강무를 정리한 것이다.

성실한 국정 운영 ___ 1424년(세종 6) 10월 15일, 새로운 황제의 등극을 알리는 명나라 사신들이 한양에 도착했다. 영락제의 장자 홍희제(재위 1424~1425)가 명나라의 제4대 황제로 즉위한 것이다. 실록에는 당시 사신들과 나눈 대화가 기록되어 있는데, 이도의 초기 친정에 대한 호의적인 평가를 확인할 수 있다.

전하의 정치와 교화는 묻지 않아도 알 수 있다. 국경을 넘어서니 길도 잘 닦여 있고, 관사도 깨끗하며, 음식도 정결하고, 어른과 아이가 예의를 차리고 있다. 이것이 어찌 하루 아침저녁으로 될 일인가.

태종의 상제를 치르면서도 거듭된 흉년이라는 위기를 잘 극복했음을 확인할 수 있는 대목이다. 다른 대화에서는 이도의 학문에 대한 평가도 확인된다.

일찍이 조선 사람들이 예의를 안다고 들었는데, 이제 그 경내에 들어와 보니 과연 들은 바와 같다. 전하께서는 학문이 고금을 통달하였으니, 가까운 시대에 드문 경우다.

[표] 세종시대의 강무

연도	춘/추	기간	일수	장소	비고
1419년(세종 1)	춘	3.10~20	11	강원도 철원, 평강	태종, 정종과 동행
	추	11.03~13	11	강원도 철원, 평강	태종과 동행
1420년(세종 2)	춘	2.01~22	22	황해도 해주	태종과 동행
1421년(세종 3)	춘	2.25~3.12	17	강원도 진부	태종과 동행
1424년(세종 6)	추	9.27~10.05	8	강원도 철원, 평강	
1425년(세종 7)	춘	3.09~3.19	11	강원도 철원, 평강	
	추	9.28~10.02	4	경기도 광주	
1426년(세종 8)	춘	2.13~19	7	강원도 횡성	
	추	10.04~12	9	강원도 평강	
1427년(세종 9)	추	10.01~05	5	경기도 광주	
1428년(세종 10)	춘	3.09~12	4	경기도 광주	가뭄이 심해 중단
	추	10.04~12	9	강원도 철원	
1429년(세종 11)	춘	2.26~3.06	11	강원도 평강	
1430년(세종 12)	춘	3.09~3.17	9	강원도 평강	
1431년(세종 13)	춘	2.12~21	10	강원도 평강	세자와 동행
1432년(세종 14)	춘	2.19~3.02	14	강원도 평강	
	추	9.27~10.02	6	경기도 양주	
1433년(세종 15)	추	9.27~10.05	9	강원도 평강	
1434년(세종 16)	춘	2.06~19	14	강원도 철원, 평강	세자와 동행
	추	9.28~10.06	8	강원도 철원, 평강	세자와 동행
1435년(세종 17)	춘	2.13~22	10	강원도 철원	
	추	10.10~14	5	경기도 수원	세자와 동행
1436년(세종 18)	춘	3.08~19	12	강원도 철원	
1437년(세종 19)	추	10.02~12	11	강원도 철원, 평강	세자와 동행
1438년(세종 20)	추	10.07~14	8	?	
1439년(세종 21)	춘	윤2.19~29	11	강원도 철원, 평강	
1440년(세종 22)	추	10.01~10	10	강원도 철원, 평강	
1442년(세종 24)	춘	3.03~5.01	57	강원도 철원, 이천	온천 겸행
	추	10.07~10	4	경기도 양주	세자가 대행
1445년(세종 27)	추	9.29~10.06	8	강원도 평강	세자가 대행
1449년(세종 31)	춘	2.28~3.04	6	경기도 풍양	세자가 대행

학문적 성취에 대한 극찬이다. 영락제는 태종 이방원을 문인으로 우대했다. 이도는 이방원을 뛰어넘었다. 그는 후대의 임금이 부모의 상을 핑계로 경연을 하지 않는 선례를 남길 수 있다면서 1422년 11월 22일부터는 경연을 재개했다. 다음 표는 태종의 상제 기간에 이도가 경연을 연 횟수를 정리한 것이다.

[표] 1422~1424년에 이도가 경연을 연 횟수

구분	1월	2월	3월	4월	5월	6월	7월	8월	9월	10월	11월	12월	윤 12월
1422년 (세종 4)	5	4	–	–	–	–	–	–	–	–	4	13	17
1423년 (세종 5)	15	25	16	–	12	25	19	11	13	20	26	23	
1424년 (세종 6)	–	–	13	15	13	–	2	14	2	4	20	–	

가뭄과 같은 재해나 사신의 접대와 같은 예외 상황을 제외하고, 이도는 성실하게 경연을 열었다. 이 시기 이도의 일과는 "인정전에 나아가 조회를 받고, 편전에서 정사를 보고, 이후 경연에 나아"가는 것이었다. 이도는 당시까지 유명무실했던 경연을 정례화했다.

뛰어난 학자들이 그의 학문적 성취를 도왔다. 이도는 당대의 대학자 윤회에게 경연을 주관할 것을 지시했다. 경전과 역사서를 보다가 의심되는 곳이 있으면 경연관을 시켜 조용과 같은 대학자에게 질문하기도 했다. 이도의 학문적 성취는 당시 조선의 학문적 성취를 집대성한 것이었다.

성군현상의 시대 ___ 국왕 이도가 스물아홉의 나이에 이룬 성취를 보여 주는 기록이 있다. 당대의 대학자 변계량이 지은 〈화산별곡〉이다. 이 노래는 이도가 즉위 직후부터 신하와 백성들의 기대에 부합하는 정치를 펼쳤음을 보여 준다. 모두 8장으로 구성된 노래는 계승, 외교, 학문, 군사 등의 분야별로 이도의 정치를 칭송하고 있다. 이 중에서 한 장을 가져와 살펴보자. 좋은 임금과 능력 있는 신하들이 만났음을 노래하고 있다.

> 자애와 효성은 천성으로 같이 즐기시고止於慈止於孝 天性同歡
> 어짊과 공경은 명군현상이 서로 맡아 만나시니止於仁止於敬 明良相得
> 천하의 누구보다 먼저 근심하옵시고先天下憂
> 모두가 즐긴 후에야 즐겨하옵신다後天下樂
> 즐기신들 도에 넘을손가樂而不淫
> 아! 모두 모여 잔치하는 모습. 그 어떠하니 잇고偉侍宴景其何如
> 하늘이 성주를 내리사 동방의 부모가 되옵시니天生聖主 父母東人
> 아! 만세를 누리소서偉萬歲世

북송시대의 정치가 범중엄范仲淹은 "천하의 근심을 앞서 근심하고[先天下之憂而憂], 천하의 즐거움을 뒤에서 즐긴다[後天下之樂而樂]"라고 말했다(《악양루기岳陽樓記》). 천하 백성의 즐거움을 위해, 정치가는 개인적인 욕망의 추구를 뒤로 미뤄야 한다는 것이다. 변계량은 이것을 인용하여 국왕 이도가 정치에 임하는 자세를 찬미한다. 자신과 같은 신하들이 성스러운 임금을 만나 성대한 정치가 펼쳐지고 있다는 자부심이 엿보인다.

성군현상聖君賢相, 뛰어난 임금과 재능 있는 신하들이 만난 시대가 이제 펼쳐지고 있다. 상왕으로 군림하던 태종이 죽고, 이도가 친정을 시작했다. 하늘은 가뭄이라는 재해를 통해 국왕 이도의 능력을 시험했다. 이도는 이것을 멋지게 극복했고, 백성의 삶을 안정시킬 수 있는 기반들을 갖춰 갔다. 이도의 능력을 시험한 것은 하늘만이 아니었다. 국가의 안위와 직결되는 주변국과의 관계 및 변경 지역의 정황은 신중한 대처를 요구했다. 명나라와의 사대관계의 공고화, 왜 문제의 진정, 그리고 북방 여진족의 통제 등을 통해 이도는 통치에 대한 자신감을 가지게 되었다.

1425년과 1426년에 이르자 임금과 신하 모두 통치가 안정기에 접어들었다고 인식하고 있다. "이제는 사방에 걱정거리가 없다[方今四方無憂]", "화평平康한 시대", "이제는 국경에 근심이 없다[方今四境無憂]" 등과 같은 표현이 실록의 곳곳에서 발견된다. 태종이 물려준 국가를 이도는 순조롭게 계승했다. 이제 그의 본격적인 통치가 펼쳐진다.

2. 실패를 맛보다

동전의 보급을 시도하다 ___ 성공은 무수한 실패를 바탕으로 한다. 이도 역시 처음부터 성공을 구가했던 것은 아니다. 아니 어쩌면 실패로 점철된 국왕일지도 모르겠다. 흔히 후대에 성공적으로 평가하는 업적들도 당대에는 실패로 평가되는 것이 많다. 1446년(세종 28) 즈음 이도는 자신의 실패들을 거론한다.

내가 즉위한 이래로 새로 입법한 것이 많았다. 그러나 내가 현명하지 못한 이유로, 문제가 생길 것을 예측하지 못했다. 전폐錢幣, 호패, 수차, 아악 등의 사례가 그런데, 모두 셀 수 없을 정도다. 입법할 때 결과를 미리 헤아려서 처리했더라면, 이런 지경까지는 이르지 않았을 것이다.

이도는 역사를 잘 알았다. 그는 항상 자신이 역사에 어떻게 기록될지 의식하고 있었다. "옛적의 통치자들은 겨우 약관이 넘었는데도 일을 헤아려 밝게 판단하여 공업功業을 이룬 사례가 많다. 저들은 어떻게 그러하였는지 알 수 없다. 나는 유능하지 못하다." 그는 자신의 통치를 실패라고 평가했다. 실패의 사례로 화폐, 호패, 수차, 아악 등의 개혁을 거론했다. 이렇게 회고하던 1446년 당시에는 공법貢法의 조세제도가 논란을 빚고 있었다.

이도가 실패한 정책 중에서 첫 번째로 언급하고 있는 것은 전폐 정책, 즉 동전의 보급이다. 이것은 부국강병을 위해 재위 초기부터 의욕적으로 추진한 정책이었다. 태종은 지폐 보급을 시도했으나 실패했다. 이도 역시 부왕이 죽자마자 화폐 보급에 대해 의논했고, 1423년부터 1425년까지 동전을 주조하여 백성들에게 사용하게 했다. 그러나 참담한 실패를 맛본다.

성실한 이도는 많은 것을 시도했다. 그러기 위해서는 많은 예산이 필요했다. 더구나 친정 초반기에 지속적인 흉년으로 조세 수입의 근원인 농작물의 작황이 형편없었고, 굶주린 백성의 구휼을 위해 막대한 재원도 들어갔다. 관원을 줄이거나 통폐합해서 정부의 운영 비용도 줄였다. 남은 것은 재정을 확충하는 길밖에 없었다.

이도의 재위 기간 동안 재정을 확충하려는 노력은 다양한 방법으로 추진되었다. 1422년(세종 4)부터 논의되기 시작한 동전 보급은 재정정책의 측면에서 추진된 것이다. 1424년(세종 6) 불교의 여러 종파를 선종과 교종의 36사로 통합한 것도 재정 확충을 위한 목적으로 추정된다. 혁파한 총남, 천태, 조계의 재산은 국고로 귀납되었다. 재위 기간 내내 논의하고 시험했던 공법의 조세제도 역시 마찬가지다. 천문 관측기구 개발, 선진농법의 보급 역시 곡물의 수확량을 증가시켜 국가의 세수를 확대하려는 노력의 일환이었다. 이런 다양한 재정 확충 노력은 이도가 태종의 부묘를 끝낸 1424년(세종 6) 이후 본격적으로 시도되었다.

문제는 이런 재정 확충의 시도들이 단기적으로는 백성들의 안정적인 삶과 배치된다는 사실이다. 많은 재정은 좋은 정책으로 연결되고, 장기적으로 백성들의 안락한 삶을 가져온다. 그러나 국가의 부는 한정되어 있다. 국가 재정의 확대를 위해서는 민간의 부를 가져올 수밖에 없다. 재위 초기 동전의 보급 시도는 바로 여기에 해당하는 대표적인 정책이었다.

이론과 다른 정치 ___ 태종은 재위 초부터 저화楮貨라는 지폐를 보급하고자 했다. 정책의 의도는 "인주의 이권은 하루도 폐할 수 없다", "이권은 인주에게 있다"와 같은 언급을 통해 확인할 수 있듯 민간에 있는 부를 국가가 통제하겠다는 것이다. 태종은 원나라와 명나라의 전례를 따라 지폐를 보급하고자 했다.

1401년(태종 1) 4월 6일, 태종은 재정을 담당하는 최고위직인 영삼사사領三司事에 자신의 오른팔 하륜을 임명한다. 그러고는 화폐를 주조하고 보급하는 기관인 사섬서司贍署를 설치하여 저화의 보급을 추진한다. 그러나 민간에서는 곡물과 포목 등 현물 화폐를 사용하던 습관을 고수했고, 이에 따라 저화의 가치가 하락하여 곧 폐지되고 만다. 저화는 위조가 쉽고 실물가치도 없었다. 태종은 이후로도 1410년과 1415년 두 차례에 걸쳐 저화 보급을 시도했지만 지지부진한 실정이었다.

이도는 태종의 장례가 끝나자 바로 화폐에 대한 논의에 착수한다. 저화는 그가 국왕이 된 이후에도 공식적으로 유통되고는 있었으나 가치가 형편없이 낮아져 있었다. 1423년 즈음에 이르면 저화 1장에 쌀 한 되, 100여 장에 무명 한 필이 된다. 이도가 대신들과 대책을 의논한 결과 저화 대신 동전을 유통하기로 했다. 당나라의 개원전開元錢을 모델로 조선통보朝鮮通寶라는 동전을 주조하기 시작한 것이다.

전국의 구리를 끌어 모아 동전을 주조하는 작업이 진행되었고, 2년 후인 1425년(세종 7) 2월 18일, 비로소 동전을 공식적으로 사용하게 되었다. 4월에는 저화를 회수하고 동전만을 사용하게 했다. 동전을 쓰지 않는 자들에게는 벌을 내렸다. 곤장 100대에 수군으로 충당하고 가산은 관청에 몰수하는 것이 가벼운 처벌이었다. 한 가죽신장이가 가죽신을 쌀과 바꾸어 팔았다가 단속에 걸렸다. 나이가 많아 벌금을 바치게 했는데, 가난해서 돈도 못 내자 홰나무에 목을 매 죽은 모양이다. 이도가 소식을 듣고는 너무 가혹하니 소액의 매매는 동전을 사용하지 않아도 처벌하지 않기로 법을 완화한다.

동전의 보급은 결국 태종시대 저화의 전철을 밟았다. 해가 다 지나기도 전에 동전을 폐지하자는 주장이 나온다. 이 해 12월에 형조판서 정진이 "동전의 법이 유래가 오래되었지만, 우리나라 사람들의 마음이 다 이것을 싫어하니 혁파하는 것이 어떻겠습니까?"라고 건의했다. 이도는 아직 미련이 남았다. "이 법은 시행할 만한 것이다. 어찌 폐지하겠는가." 그러나 그 역시 상황이 좋지 않은 것은 알고 있었다.

내가 비록 백성에게 이로운 일을 시행하고는 있으나, 후세에 비판받을 것이 있지 않겠는가. …… 경서經書를 깊이 연구하는 것은 실제로 활용[실용實用]하기 위한 것이다. 경서와 역사를 깊이 연구하여 다스리는 방법을 차례로 살펴보면, 그것이 보여 주는 국가의 통치는 손바닥을 뒤집는 것처럼 쉽다. 그러나 실제 일에 접해 보면 어찌할 바를 모를 것들이 있다. 내가 비록 경서와 역사서를 널리 찾아 읽었으나 오히려 아직 능수능란하지 못하니, 이와 무엇이 다르겠는가.

위에서 확인할 수 있듯 이도는 이론과 현실의 괴리를 느끼고 있었다. 그동안 경연의 장을 통해, 그리고 밤늦게까지 신유학의 경전과 역사서를 읽어 왔다. 이론은 충분히 갖췄다고 자부했다. 그러나 통치자로서 당면한 현실은 책 속의 이론과는 달랐다. 위대한 정치가들은 백성의 편리함을 위해 동전을 사용했고, 자신 역시 이것을 본받아 동전을 보급하려 했다. 그러나 실패했다.

3개월 후 이도의 생각은 변했다. "화폐의 법은 곧 성인이 마련한 것이다. 그러나 내가 지금 보기에는 공적으로도 유익한 것이 없고, 사적으로도 유익한 것이 없는 것 같다." 첫 번째 실패였다.

책임을 회피하다　　　시간이 지날수록 백성들은 동전의 사용을 꺼렸다. 가치가 점점 낮아지자 아예 녹여서 구리로 만들어 파는 자도 나왔다. 1427년(세종 9) 10월에 이르러 이도는 동전 사용을 다음과 같이 진단했다.

예전에 여러 신하가 모두 말하기를, "저화는 백성이 즐겨 쓰지 않으니, 동전을 주조하여 보급하면 백성들도 즐겨 쓸 것이다. 그러므로 저화처럼 무용지물이 되지 않을 것이며, 비록 왕성하게 쓰이지는 않더라도 그 값이 저화처럼 떨어지지는 않을 것이다"라고 했다. 그러므로 내가 그 말을 믿고서 저화를 폐지하고 동전을 발행했다. 그런데 지금 몇 해도 되지 않아서 백성들이 즐겨 사용하지 않아 저화처럼 무용지물이 되어 버렸다.

동전 보급정책의 실패를 대신들의 탓으로 돌리고 있다. 여러 신하가 잘못된 주장을 해서 사태가 이 지경이 되었다는 것이다. 결정을 내리고 정책을 추진한 것은 국왕인 이도 자신이었다. 그럼에도 그는 책임을 회피했다. 이후에도 오리발은 계속되었다. 4년 후 이도는 다음과 같이 회고한다.

윤대를 행하고, 경연에 나아가서 《자치통감》 속편을 강했다. 왕안석이 신법을 시행한 것에 이르러 임금이 말했다. "우리나라에서 처음으로 동전을 사용할 때에 금지하는 법이 너무 엄하기에 내가 좀 관대하게 하려 했다. 그러나 대신들이 모두 '몇 해만 지나가면 백성들이 저절로 이용하게 될 것이니 금지령을 풀지 말라'고 했다. 내가 할 수 없이 그 의견을 따랐다. 그런데 몇 해 동안 실시하는 중에 여러 사람의 의견이 분분하고, 또 하늘이 내리는 재앙도 있어서 마침내 그 금지령을 늦추기에 이르렀다."

이날 경연은 《자치통감》에서 송나라의 왕안석이 신법을 시행한 부분을 다뤘다. 이도는 이 구절에서 실패했던 동전 보급정책이 떠올랐던 모양이다. 이도는 예전에 자신이 추진한 동전 보급정책이 나중에 왕안석의 신법처럼 후대에 비판을 받지 않을까 염려했다.

그는 신하들의 의견을 따랐을 뿐이라고 변명한다. 설령 그것이 사실이라 할지라도, 그런 의견을 듣고 정책을 추진한 책임은 피할 수 없다. 이러한 회고는 동전 보급 당시 이도가 국왕으로서 개혁을 추진할 만한 능력을 갖추지 못했다는 사실을 잘 보여 준다.

태종 대와 세종 대 화폐 보급 실패의 배경에 대해 연구자들은 대체로 해당 시기 교환경제의 미숙성이 주요 원인이라 지적한다. 국가 정책의 신뢰성이 없었던 것이 원인이라는 의견도 있다. 정책의 실무 책임자인 목진공이 도중에 죽은 것도 원인 중 하나로 거론된다. 그러나 가장 큰 원인은 정책 결정자였던 31세의 젊은 국왕에게 있었다.

3. 위기에 빠지다

병이 나다 ____ 1425년(세종 7) 여름, 또 심한 가뭄이 들었다. 이도는 서문 밖으로 직접 나가 벼농사가 어떻게 되었는지 두루 살피고는 점심도 먹지 않고 돌아와서 여러 대언에게 말했다. "올해 벼농사는 모두들 꽤 잘 되었다고 했는데, 오늘 보니 눈물이 날 지경이다." 7월 18일부터는 가뭄을 걱정하다가 아예 앉아서 날이 밝기를 기다렸다. 동전을 만들어 보급했는데 결과가 시원치 않아 걱정이 많을 때였다. 그런 상황에서도 이도는 정사를 보고, 윤대를 하고, 각종 업무를 처결했다.

국왕이 처리해야 하는 정치나 행정에 관한 여러 사무를 '만기萬機'라고 한다. 그만큼 할 일이 많다는 뜻이었다. 이도는 재위 초기부터 국왕의 역할을 다하기 위해 진력했다. 그는 매일 오야五夜(지금의 새벽 3~5시)부터 상참常參이라는 약식 조회로 업무를 시작했다. 이후 신하들을 돌아가며 접견하는 윤대를 진행했다. 다음에는 통치자의 학문인 성학을 경연에서 연마하며 정치에 도움이 될 만한 지식을 갖추기 위해 노력했다.

초인적인 삶이다. 과중한 일과에 결국 병이 났다. 7월 28일에는 병을 치료하기 위해 이례적으로 자신이 태어난 장의동 본궁으로 거처를 옮겼다. 그는 그곳에 약 110일 동안 머물렀다. 그러던 와중 지난해 등극했던 명나라의 황제 홍희제가 병으로 죽고, 홍희제의 장남 선덕제(재위 1425~1435)가 제5대 황제로 등극했다는 소식이 들려왔다. 윤7월 2일 의주의 통역관이 새로운 황제의 조서를 베껴 왔고, 이도와 신하들은 바로 상복을 입었다. 이도는 3일 만에 상복을 벗었는데, 몸이 편치 않기 때문이었다.

이도의 병은 두통과 이질이라고 기록되어 있다. 병세는 조금 나아지다가 다시 도졌다. 이 때문에 명의 사신을 어떻게 맞을 것인지를 논의하기도 했지만, 결국은 임금이 직접 맞이하는 것으로 결정되었다. 이달 19일 사신들이 한양으로 들어왔다. 이도는 아픈 몸을 이끌고 사신을 맞는 장소인 모화루로 갔다. 그러나 그는 사신에게 예를 표한 후 곧 지름길로 환궁했다. 그동안은 주치의 외에는 이도를 볼 수 없었다. 이날 신하들은 임금의 얼굴빛이 파리하고 검은 것을 보고서 비로소 병환이 심한 줄을 알고 모두가 놀랐다. 후일 이도가 회고한다. "을사년(1425)에는 병이 심해 외간에서 관을 짜기까지 했다."

상황이 아주 심각했다. 열두 살 어린 세자가 국왕을 대신해 사신들을 대접했다. 임금의 병환이 심해지자 대신들이 종묘사직과 산천에 기도를 드렸다. 명나라 사신들을 따라온 요동의 의원이 이도의 병환을 진찰하기도 했다. 다행히 8월 15일 상황이 호전되었다. 이도는 이제 낫기 시작했으니 자주 문안하지 말라고 대신들에게 지시했다. 19일에는 여러 대언이 정무를 보고하기 시작했고, 세자가 간병을 그만두었다.

이도는 완벽주의자였다. 모두의 기대에 맞는 국왕이 되기 위해, 그는 살인적인 일정을 소화해 왔다. 병은 한순간에 생긴 것이 아니었다. 이전에도 그는 이미 몸이 좋지 않았다. 이 해의 1월 14일에도 "오늘 술을 마신다면 혹 전일의 질병이 재발하지 않을까 염려된다"고 말했다.

혈기왕성한 30대의 나이임에도 이도의 병은 깊어 갔다. 성실한 통치자의 이면이다. 1431년(세종 13) 무렵에는 "전하께서 본래 봄과 가을에는 풍질風疾이 발작하는데, 지난여름에는 한 달 동안 병이 발작하였다"
라는 기록이 있다. 이때도 이도는 장의동 본궁으로 병을 치료하러 갔
다. 1432년 무렵에는 자신의 병세에 대해 이렇게 이야기했다. "내 본래
풍병을 앓기 때문에, 매번 겨울철에는 목욕을 할 수가 없다." 겨우 서
른여섯이 되던 1432년 봄에 이도는 병을 치료하러 온수현의 온천으로
향했다.

수도 한양이 불타다 ___ 1426년(세종 8)의 강무는 봄부터 진행
되었다. 2월 13일에 세자와 함께 도성을 떠나 강원도 횡성으로 향했다.
국가에서 정한 강무장이다. 3일 뒤 횡성에 도착해 강무를 진행했다. 도
성에는 왕비와 일부 신하들만 남아 있었다.

국왕이 자리를 비운 한양에서 중대한 사건이 터진다. 2월 15일 점심,
한성부의 남쪽 집에서 먼저 불이 일어났다. 이 불로 경시서 및 북쪽의
행랑 116간과 중부의 인가 1,630호와 남부의 350호와 동부의 190호가
불에 타 버렸다. 인명 피해는 남자 9명, 여자 23명으로 모두 어린아이
와 늙고 병든 사람이었다. 수도 한양의 7분의 1이 타 버린 대화재였다.

왕비가 화재의 진압을 진두지휘했다. 왕비 심씨는 불이 났다는 말을
듣고, 돈과 식량이 들어 있는 창고는 구제할 수 없게 되더라도 종묘와
창덕궁은 힘을 다해 구하도록 하라고 지시했다. 이날 저녁 대신들이 대
궐에 나가 화재 상황을 보고했다. 왕비가 대답했다. "오늘의 재변은 끔
찍함이 이루 다 말할 수 없으나, 종묘를 보전한 것만이라도 다행한 일
이다."

다음 날 이도가 소식을 접했다. 그는 놀라서 병조판서 조말생과 대언

들에게 말한다.

이번 길은 본래 내가 오고 싶지 않은 것을 경 등이 군이 가자고 청했다. 어제도 길에서 폭풍이 심하게 불고, 몸이 불편하기도 해서 왕궁으로 돌아가고 싶었다. 그러나 경 등이 또 청하므로 돌아가지 않았다. 나는 이번 길이 천심天心에 맞지 않아 재변이 이렇게 생긴 것 같아 깊이 후회한다. 내일은 왕궁으로 돌아갈 것이니, 몰이꾼은 모두 돌려보내도록 하라.

다시 책임을 회피하는 이도의 모습이다. 사실은 대언들이 강무를 중지할 것을 청했음에도 이도가 고집해서 온 것이었다. 두 달 전 이도는 강무를 반대하는 대언들에게 말했다.

강무하는 법은 오래되었다. 고려 때에 이미 있었으며, 우리 조선에 들어와서 정한 것이 있다. 강무의 일을 어찌 유희라고 하겠는가. 과인의 때에 이르러 봄·가을의 순수巡狩를 폐지한다면, 군사적 준비가 쇠퇴하게 될 뿐 아니라, 이미 정해 놓은 왕법에도 어긋나는 것이다.

다음 날 이도는 강무장을 떠나 한양으로 향했다. 그러나 이날도 형옥을 맡은 기관인 전옥서와 행랑 8간, 종루 동쪽의 인가 200여 호가 불에 탔다. 숯을 사용해 불을 낸 것으로 보아 계획적인 방화임이 틀림없었다. 사실 화재의 조짐은 이도가 강무를 떠나기 전날에도 있었다. 2월 12일 한성부에서 다음과 같은 보고를 했다. "근래에 도성 안에 화재가 계속 발생하여 하룻밤에도 두세 건이 벌어집니다. 이것은 그 집에서 불을 조심하지 않아 발생하는 것이 아니라, 좀도둑 무리가 도둑질 할 생각으로 밤을 틈타 불을 지르는 것입니다." 좀도둑 무리는 결코 아니었다.

이도는 3일 만에 환궁했다. 그는 우선 화재로 피해를 입은 사람들에게 식량을 제공하라고 지시했다. 동시에 행랑에 방화벽을 쌓고, 성내 도로를 넓게 만드는 등 화재 방비책을 점검했다. 이후 순찰과 경계를 강화하여 방화범의 체포에 나섰다. 그러나 화재는 계속해서 일어났다. 중부의 민가 20호가 또 불에 탔다. 대신 유정현이 진단했다. "한양을 수도로 한 지 지금까지 33년인데, 재난이 오늘처럼 심한 적은 없었습니다." 재위 초에 맞은 대위기였다.

용두사미로 끝나 버린 개혁 ___ 수도에 고의적인 화재가 연이어 일어났다. 2월 28일, 이도는 대신들과 화재에 대한 대책을 논의하면서 다음과 같이 말했다.

화재가 계속되고 하늘에서는 비를 내리지 않으니, 이것이 어찌 된 일인가. 화재를 하늘의 재앙이라고 한다면, 어찌 숯을 피워서 불을 지를 리가 있겠는가. 이것은 사람이 한 짓이다. 그러나 사람이 이런 짓을 하게 하는 것도 하늘이 내리는 재앙이라고 할 수 있으니, 어찌 무심히 있을 수 있겠는가. 도둑을 방지하는 대책을 연구하지 않으면 안 되겠다.

방화의 원인은 강압적인 화폐 유통이었다. 이조참판 성엄은 "동전을 사용하지 않는 자는 가산을 관청에서 몰수하기 때문에 살아갈 길이 없어 원한을 품습니다. 평화로운 분위기를 해치는 이유가 여기에 있습니다"라고 진단했다.

화폐 보급이 재검토되었다. 이도가 말했다. "화폐는 새로 생긴 법이 아니라, 옛적부터 통행하여 백성의 생활을 편리하게 한 것이다. 그러나 지금 백성이 모두 이를 싫어하고 있다." 조정의 여론은 이미 정해졌다. "가산을 관가에서 몰수하는 것이 매우 엄중합니다." 임금의 마음도 거기에 휩쓸려 있다. "당초에 법을 세울 때는 이렇게까지 심하지 않았다. 지금 경들도 이 점을 지적하기에, 이미 그 법을 완화하여 자기의 희망에 따라 현물을 매매에 사용하게 했다. 만일 화폐가 제대로 쓰이게 되지 않으면, 사용하지 않는 것이 오히려 낫지 않겠는가." 재정을 담당하는 호조의 관리들이 강행을 주장하고 나섰지만, 임금의 마음은 이미 떠나 버렸다.

한 대간이 상소를 올렸다. 임금은 성군이지만 대신들이 마음이 바르지 못하여 백성들이 마음이 바르지 못한 것이라고 화재의 원인을 돌렸다. 여기에 대해 이도는 대답했다. "그대의 말이 옳다. 음양이 조화를 잃은 것은 내가 부덕하기 때문이다." 이후 막대한 상금을 걸었음에도 잡힌 방화범들은 몇 명에 지나지 않았다. 사안의 심각성에 비해서는 너무나 미진한 마무리였다.

1. 기강을 확립하다

태종의 총신을 벌하다 ___ 왕정국가에서 정치의 연속성은 국왕이 아니라 신하에 의해 확보된다. 국왕이 바뀌어도 전대의 정치를 경험한 노련한 대신들은 그대로다. 새로 즉위한 국왕은 대신들의 도움을 받아 정무를 파악한다. 이런 이유로 새로운 국왕이 정치 주도권을 가지기는 쉽지 않다. 그러나 제대로 된 통치를 위해 어느 순간 국왕은 신하들에게서 주도권을 확보해야 한다. 이도는 이 작업을 재위 6년째인 1424년 즈음부터 시도했던 것으로 보인다.

발단은 권희달이라는 인물이 일으킨 외교적 참사였다. 그는 성격이 사납고 화를 참지 못하기로 유명한 인물이었다. 태종은 치세 동안 자신이 국왕이 되기 이전부터 보좌한 옛 정을 생각해서 그가 일으킨 문제들을 잘 무마해 주었다. 그러나 권희달은 1424년(세종 6) 명나라에 사신으

6___
주도권을
가져오다

로 가서 용서하기 어려운 사건들을 벌이고 만다. 사헌부에서 임금에게 보고한 사건의 진상은 이러했다.

권희달이 명나라에 사신으로 갔을 때, 중국 사람과 외국 사람들이 함께 회동관에 모였을 때, '본국에서 진헌한 별마別馬는 똥을 싣고 다니던 말이다'라고 소리쳤으니, 그 죄가 참형에 해당합니다. 또 명나라 황제의 궁정에 들어가서 수다한 관원과 여러 나라 사신이 모였을 때, 팔뚝을 걷어붙이며 주먹을 쥐고 압마관 김신복에게 달려들어 쫓아 냈고, 또 사연賜宴에서 순서대로 좌정한 뒤에도 몸을 움직여 사신의 위의를 잃었으며 소리를 지르며 남에게 야단하고 꾸짖고 하였으니, 그 죄도 장 100대에 해당합니다. 또 조그마한 일로 화를 내어 종사관들을 매질하며 중국의 인부들에게도 함부로 형벌을 내렸고, 또 각 사람의 몫으로 나오는 쌀과 고기를 제 마음대로 빼 주어서, 종사관들이 사흘 동안이나 끼니를 거르게 하였고, 또 돌아올 적에 평안도에서 생마生麻와 육미肉味를 무리하게 토색질한 죄는 모두 장 80대에 해당합니다.

사행을 오가는 길에 벌인 그의 실책들이 조사를 통해 모두 드러났다. 발단은 조선에서 명나라에 바친 말들을 "똥을 싣고 다니던 말"이라고 공공연하게 말하고 다닌 것이었다. 이도가 말했다. "이 사람이 이럴 줄은 생각하지도 못했다. 재상이란 책임이 가볍지 않은데, 중국에서 이 사람을 어떻다고 할 것인가. 그들이 사람을 옳게 썼다고 하겠는가. 내가 이 사람을 잘못 알고 보낸 것을 매우 후회한다." 권희달은 귀양을 가게 된다.

관료사회에 경종을 울리는 처벌이 이어졌다. 정효문, 이종무, 이종선 등 사행과 관련된 신하들이 사건을 보고하지 않고 묵인했다는 이유로 견책을 받았다. 그러나 이 사건은 시작에 불과했다. 아직 태종의 상제가 끝나지 않았기 때문이다.

부패 단속을 시작하다 ___ 관료들의 부패는 정책의 효율성을 저해한다. 더군다나 고위급 대신들이 부패에 물들어 있다면, 국왕의 대권 행사에 위협이 된다. 아버지의 상제가 끝날 무렵, 이도는 뇌물을 준 자와 받은 자 모두 징계하도록 지시를 내렸다. 그는 뇌물사건의 심각성을 관료들에게 이렇게 부각시켰다.

전 왕조의 말년에 뇌물을 공공연하게 주고받더니, 옛날 습관이 아직도 남아 있다. 한양과 지방의 관리들이 관가의 물건을 공공연하게 뇌물로 주고도 태연하게 여기면서 조금도 이상하게 생각하지 않는다. 오히려 주는 것을 받지 않는 자가 비웃음을 당할 정도다. 국가 재산을 훔치는 관리들이 계속해서 나오니, 내가 매우 민망하게 여긴다.

이도의 시대에 들어 그동안 태종의 권력정치에 가려 있던 문제들이 드러나기 시작했다. 선비들의 풍속, 사풍士風의 문제가 실록을 통해 빈번하게 부각되고 있다. 태조나 태종의 창업기에는 관행으로 여겨졌던 일들이 안정기로 접어든 이도의 시대에 들어와 문제가 된 것으로, 당시 대신이나 조정에서 벼슬하는 관리들이 뇌물을 주고받는 것은 공공연한 비밀이었다.

이도는 기강 확립에 나섰다. 우선 그는 영의정 유정현과 성산 부원군 이직, 좌의정 이원, 대제학 변계량, 이조판서 허조, 예조참판 이명덕을 불러 대책을 논의하게 한다. 그런데 이에 대한 대신들의 반응이 재미있다.

좌의정 이원이 말한다. "사헌부에서 신이 뇌물을 받았다고 하니, 신은 이 일에 대해 감히 가부를 말하지 못하겠습니다." 당시 몇몇 관리가 이미 장물을 범한 죄로 탄핵을 당했는데, 조정의 관원 중에 뇌물을 받아 연루된 자가 많았다. 이원 역시 표범 가죽과 고급 종이를 받은 죄로 탄핵을 받고 있었다. 유정현 역시 웃으면서 말한다. "저 같은 늙은 신하가 음식이나 향포香脯를 받는 것이 뭐가 해로울 것이 있겠습니까." 변계량과 허조 역시 말한다. "먹는 물건을 주고받는 것은 해로울 것이 없을 것 같은데, 꼭 금지할 필요가 있겠습니까." 태종시대부터 관료를 역임한 신하들이 청년 국왕 이도를 앞에 두고 부패를 대수롭지 않게 말하고 있다. 부패 문제를 떠나 관료들의 기강 확립이 꼭 필요했다.

이도는 관료들의 부패를 감찰하는 사헌부에 힘을 실어 주고, 대대적인 단속에 나선다. 한 지방의 현감이 겨우 관청의 쌀 20말을 기생에게 준 죄를 적발하여 처벌할 정도였다. 한유문이라는 자는 청탁을 이유로 공개적으로 망신을 주며 파직시킨다. 그는 강원도 감사로 있다가 호조의 관리가 되어 수도로 올라왔다. 대궐에 나와 임금을 접견하는 날에 이도가 말한다.

너는 아직 사은하지 말라. 네가 좌의정 이원에게 편지를 보내 '낮은 벼슬 궁벽한 시골 끝 강원도에서 임기 만료된 관원을 구제해 달라'고 청탁했다. …… 그 뜻이 수도의 관료로 발령해 달라고 청탁한 것이 아니냐.

1426년(세종 8)에는 4년이 더 지난 조말생의 뇌물 수수사건을 공론화했다. 이 사건은 김도련이 고위층 관료들에게 노비를 뇌물로 주었던 것이 발각되어 확전된 것이었다. 이도가 말했다.

대신으로서 이러한 일이 있을 줄은 생각지도 못했다. 뇌물이 공공연히 행해지고 있으니 작은 문제가 아니다. 조연은 수상이 되었고, 조말생은 크게 기대하던 것이 판서로 있을 때뿐만 아니라, 태종께서 대언으로 있을 때부터 신임하셨고, 나도 다른 신하와 비교되지 않을 정도로 신임했다. 이제 결국 이렇게 되었으니, 이러한 일은 옛날에 정치가 잘 이루어졌던 세상에서는 절대로 없었던 일이다.

연루된 자들이 줄줄이 처벌을 받았다. 우의정을 역임했던 정탁, 평성부원군 조견, 공조참의를 역임한 조숭덕, 우의정 조연, 곡산부원군 연사종, 병조판서 조말생, 좌의정을 역임한 이원 등이었다. 임금의 총애를 받고 있던 황희, 맹사성 등의 대신들 역시 비리에 연루되었을 정도였다.

가벼운 처벌로 마무리짓다 ___ 이도는 뇌물사건을 국가 흥망이 걸린 중대한 사안이라 강조했다. 발언의 이면에는 정국의 주도권을 쥐기 위한 정치술이 숨어 있었다.

경 등은 나의 말을 들으라. 조말생 등이 뇌물을 받은 죄가 만일 그 사람 개인에게만 그쳤다면, 내가 어찌 감히 이렇게까지 처리하겠는가. 지금 이 문제는 가볍지 않다. 전 왕조에서 이렇게 해서 나라가 망하게된 사실은 경 등도 본 것이다. 전 왕조의 시대에 한 일에 대해서는 옳고 그른 것을 잘 판단하면서, 자기 자신에 대해서는 그 잘잘못을 알지못해서야 되겠는가. 정실과 뇌물이 이렇게 횡행하여 그치지 않는다면, 국가가 망하는 것이 멀지 않을 것이다.

조말생이 탄핵을 받은 다음 날, 이도는 그의 직첩을 회수하고 충청도 회인으로 유배를 보냈다. 10여 일에 걸친 조사 후, 사헌부가 "뇌물 80관 이상은 교형"이라는 법에 따라 조말생에게 사형을 내릴 것을 요청했다. 그러나 이도는 유배형을 선고하고 장물 780관을 몰수하는 비교적 가벼운 최종 판결을 내린다. 사건 발생 초기에 보여 준 이도의 심각한 인식에 비하면 약한 처분이었다. 그사이 국왕 이도에게 무슨 변화가있었던 것일까.

다음 날인 5월 14일부터 6월 2일에 이르기까지 약 보름간에 걸쳐 가벼운 판결이 부당하다는 신하들의 상소와 면대가 이어졌다. 사형에 처하기를 간청하는 상소가 줄을 이었다. 반면 이도는 "나의 처결이 중도를 얻었으니 다시 청하지 말라"고 단언했다. "재상을 죽이지 않는 것은 태종의 법이었으니, 먼 지방으로 귀양을 보냈으면 충분하지 다시 어떻게 하겠는가"라고도 말했다. 신하들은 이미 직첩을 거뒀으니 보통 사람에 불과하고, 뇌물 수수를 죄목으로 사형으로 처단한 선례가 있다고 맞섰다. 이도는 여기에 "경 등이 법에 따라 아뢰니, 내가 어찌 감히 그르다고 하겠는가. 그러나 조말생은 태종 때로부터 자신의 직책을 열심히 수행한 지가 20여 년이 되었으니 어찌 공로가 없다고 하겠는가. 경들의 말한 바를 따를 수 없다"라고 반응했다. 신하들은 그가 종사의 안위에 관계되는 탁월한 공을 세운 것이 아니라고 반론했다.

이도는 신하들의 간청을 물리치고 논의를 종결시켜 버렸다. 이후 2년이 지난 1428년(세종 10), 이도는 전격적으로 사면령을 내려 조말생을 유배에서 풀어 주었다. 조말생은 그로부터 2년 뒤인 1430년 4월 15일에 직첩을 돌려받았다. 당연히 이러한 처우에 반대하는 상소가 올라왔다. 그러나 이 해 12월 8일 조말생은 다시 관직에 복귀했다.

국왕의 대권 ___ 이도가 현행법을 넘어서면서까지 국왕의 대권을 구사한 이유는 무엇일까. 두 가지 이유를 추론해 볼 수 있다. 첫째, 군주의 책임론에 대한 강한 자의식이다. 이 문제는 자신의 선대 국왕인 태종으로 연결된다. 이도는 부패의 원인을 최고 통치권자인 군주 자신에게 돌렸다.

대체로 위에서 마음을 바르게 하는 도리가 있으면, 곧 대신이 보고 감화되는 것은 자연스러운 일이니, 나 자신에게 관계된 문제이다.

정실과 뇌물이 이렇게 횡행하여 그치지 않는다면, 나라가 멀지 않아 멸망할 것이다. 그 이유를 따지면 모두 나의 부덕 때문일 것이다.

이도는 부패 문제를 자신의 책임으로 돌렸다. 결코 허위의식이 아니다. 이도가 통치한 지 얼마 되지 않았다. 부패의 씨앗을 발아시킨 것은 따지고 보면 태종이었다. 그렇다면 부패 문제는 태종의 정치, 나아가 그가 일으킨 두 차례의 정변, 아예 조선 건국의 정당성 문제로도 연결될 수 있었다. 태종이 이룬 긍정적 업적조차 부정되고, 이도 자신의 통치 기반조차 부정될 수 있었다. 이도는 태종의 유산들이 공공연하게 부정되는 것을 바라지 않았을 것이다.

둘째, 처벌의 도미노 현상을 우려한 것으로 보인다. 이도는 부패 문제를 부각시켰지만, 적정선에서 문제를 덮었다. 부패는 개인의 욕망에서 발생하지만, 구조적 문제이기도 하다. 부패가 만연해 있고 당연시되는 구조에서 개인적인 욕망의 차이는 부차적인 문제이다. 정도의 차이일 뿐 어느 대신도 이 문제로부터 결코 자유롭지 않다. 만약 조말생을 처형한다면, 다른 부패사건이 일어났을 때 선례를 따라 처벌하지 않을 수 없다. 그렇게 될 경우 정치적 안정이 붕괴될 수도 있다.

실제로 얼마 지나지 않은 1426년(세종 8) 8월 2일, 지신사 이명덕의 뇌물사건이 발생한다. 만약 조말생을 처형했다면 이명덕 역시 죽음을 면치 못했을 것이다. 이명덕 뇌물사건 역시 이도의 의도대로 가볍게 처리되었다. 이는 신하들을 죽이지 않는다는 일관성과 신뢰성을 가져다주었다. 이상의 두 가지 이유는 이도가 드러내 놓고 언급할 수 없는 부분이었다. 따라서 이도는 처형을 주장하는 신하들의 요청에 침묵할 수밖에 없었을 것이다.

'살림의 정치'를 지향하다 ___ 흔히 이도의 통치 스타일을 공론정치라고 말한다. 그러나 분명 이 사건에서는 공론정치와는 거리가 먼 이도의 고집이 관철되고 있다. 태조와 태종이 이루어 놓은 성헌成憲, 다시 말해서 현행법과 선왕의 유지를 넘어서는 이도의 대권 구사에는 어떤 정치적 의미가 있을까? 태종의 정치와 이도의 정치가 달라졌다는 것은 분명하다.

이도는 조말생의 처형 요청을 수용하지 못하는 이유로 처형이 뒷사람에게 경계심을 주는 좋은 방법이 아니라는 것을 강조한다. 형벌을 가하는 중요한 이유 중 하나는 타인들에게 경각심을 주어 죄를 범하지 않게 하려는 것이다. 죄에 적합한 형벌을 부과해야 경계심이 높아진다. 그러나 이도는 사형이 뒷사람을 징계하는 좋은 방법이 아니라고 강변한다.

이도는 현행법에 따른 죄와 형벌의 적합성을 넘어서 사고하고 있다. 요컨대 "죽이지 않겠다"라는 것이다. 사람을 죽이지 않겠다는 이도의 강한 의지는 다음의 말에서도 확인된다. "조말생의 탐욕이 너무 크기 때문에, 그 죄는 목을 베야만 한다. 그러나 그는 국가에 공로가 있으니 죽일 수는 없다. 더구나 대신을 죽이지 않는다는 조종의 법이 이미 서 있지 않은가." 이도는 정치적 죽음을 원하지 않는다. 태종의 권력정치를 통해 발생했던 정치적 죽음에 대한 부정인 듯하다.

이도는 '인의 정치', '살림의 정치'를 지향하고 있다. 부패는 구조적인 문제이다. 이러한 관점에서 이도는 부패가 한 인물을 처단하는 것으로는 해결되지 않으며, 진정한 해결은 '인정'과 '교화의 정치'를 통해서만 이루어질 수 있다고 생각하고 있다. 태종시대의 성취와 이면의 문제점들을 동시에 응시해 가면서, 자신만의 정치적 세계를 열어 가려는 이도의 의지를 엿볼 수 있다.

더불어 원로와 인재를 중시하는 이도의 사려도 있었을 것이다. 새로운 시대를 열고자 하는 정치가는 구시대의 인물을 신속하게 처리하고, 자신과 함께할 새로운 인물을 모색하고 충원한다. 태종의 시대를 벗어나서 자신의 시대를 열고자 한다면, 태종시대에 성장했던 고위 관료들을 배제하고 신진세력으로만 빈자리를 충원하는 것이 당연할 것이다. 그러나 이도는 연로하여 은퇴하거나 자연적으로 죽음에 이르지 않는 한, 그들을 조정에서 물러나게 하지 않았다. 오히려 그들의 허물이나 범법을 관대히 처리하며 관료로서 자신의 장점을 발휘하도록 유도했다. 그러는 사이 임금의 주도권은 서서히 확립되었다.

2. 군사君師 정치를 표방하다

학문적 성취를 자부하다 ___ 이도는 이제 주도권을 가져오기 시작했다. 그러나 단순하게 정치술이나 신하들의 약점을 지적하면서 우위에 서는 것만으로는 부족하다. 그렇다면 이도는 무엇을 가지고 국왕으로서의 권위를 확보하려 했을까? 바로 학문적 성취였다.

이도가 학문에 열중한 것은 부왕 태종의 유산이다. 태종은 독서인으로서 학문에 힘쓰는 것이 왕도의 실천적 측면과 긴밀히 연결된다는 점을 충분히 인지한 인물이었다. 태종은 과거 급제자 출신이다. 그는 국왕이 되기 전부터 학문적 소양을 갖추고 있었고, 재위 중에도 학문에 힘쓴 인물이었다. 다만 그는 경연을 공식적으로 열지는 않았다.

반면 이도는 태종의 상제 기간에도 꾸준히 경연을 열었다. 후대의 임금들이 자신을 본받아 학문을 게을리하지 않았으면 하는 바람에서였다. 재위 7년째인 1425년 즈음 이도의 말은 당시 그가 이룬 학문적인 성취를 잘 보여 주고 있다.

내가 경연에서 《좌전》, 《사기》, 《한서》, 《통감강목》, 《송감宋鑑》에 기록된 옛일에 관하여 물으니, 다들 모른다고 말했다. 만약 한 사람에게 모든 책을 읽게 한다면, 골고루 볼 수 없을 것이 분명하다. 지금의 선비들은 말로는 경학을 한다고 하지만, 이치를 궁리하고 마음을 바르게[窮理正心] 한 선비가 있다는 소식은 아직 듣지 못했다.

이미 그의 학문이 신하들의 수준을 넘어섰다는 자신감을 확인할 수 있는 발언이다. 이도의 스승은 조선에서 가장 뛰어난 학자들이었다. 이도 자신은 당대 최신의 서적들까지 구해서 독파했다. 겨우 스물아홉의 나이에 성취한 임금의 학문을 따를 사람이 없었다. 그러나 그는 여기에 안주하지 않았다. 자신의 학습을 위해 경연에서 사용할 교재들을 여러 학자에게 하나씩 맡겨 준비시켰다. 교서와 제문에 대한 이해도 상당했다. 30세 무렵의 언급이다.

내가 중국에서 지은 조칙을 보니, 옛사람이 지은 것만 못하다. 또 우리나라에서 제술한 교서도 예전만 못하다. 우리 조정에서 표장表章에만 힘쓰고 교칙敎勅에 정성을 쏟지 않기 때문에, 모든 교서와 제문은 뜻을 세워 어구를 배치한 것이 한 사람의 입에서 나오는 것과 같다. 어찌 글을 짓는 바른 체제라고 하겠는가. 한나라와 당나라 이후의 조칙들을 뽑아다가 모음집을 만들어 보게 하고 본보기로 삼게 하라.

그럼에도 이도에게는 이미 이룬 지적 성취에 대한 자만이 없었다. 이도가 말한다. "일찍부터 《통감강목》을 읽어 뼈대로 삼았고, 여러 가지 책을 읽어서 거의 의심할 게 없다고 스스로 생각했었다. 이제 또 이 책을 읽는데 또 의문이 생기는 곳이 있으니, 학문이란 진실로 무궁한 것이로다." 이도는 1428년(세종 10) 이후 이미 읽었던 책들을 다시 강독하기 시작했다.

신유학의 정치론 ___ 이도는 제왕이 갖춰야 할 학문, 성학에 매진한다. 1430년(세종 12) 즈음에 이르면 성균관의 수장 황현이 칭송할 정도였다. "도당씨陶唐氏, 유우씨有虞氏의 실학實學이라 할지라도 이보다 더할 수가 없을 것입니다." 전근대 동아시아인들이 가장 위대한 정치가로 꼽던 요 임금과 순 임금에 이도를 비유한 것이다. 후일 이도가 죽었을 때 실록 편찬자들이 이도를 "동방의 요순"이라고 평가한 것도 같은 맥락이다.

황현의 언급은 신유학 교재 《대학장구》의 〈서문〉을 염두에 둔 표현이다. 〈서문〉은 중국 남송시대의 대학자 주희가 썼다. 그는 〈서문〉에서 신유학의 정치론을 다음과 같이 요약하고 있다.

하늘이 백성을 내릴 적에 인의예지의 본성을 모두 부여한다. 그러나 기질을 받은 것이 사람마다 모두 같을 수 없기 때문에, 모든 사람이 그 고유한 본성을 깨달아 온전히 하지는 못한다. 총명하고 예지하여 착한 본성을 다할 수 있는 자가 한 사람이라도 인간들 사이에서 나온다면, 하늘은 반드시 그에게 명하여 수많은 백성의 군주와 스승[군사君師]으로 삼아 이들을 다스리고 가르쳐서 그 본성을 회복하게 한다. 이것이 복희, 신농, 황제, 요, 순이 하늘의 뜻을 이어 법칙을 세우고[繼天立極], 사도司徒의 직책과 전악典樂의 벼슬을 설치한 이유이다.

복희, 신농, 황제, 요, 순은 고대의 성왕들, 즉 위대한 정치가들이다. 주희는 그러한 성왕들의 정치를 '군사君師'의 정치로 명명한다. 그에 따르면, 성왕은 인의예지와 같은 도덕의 체현자로서 최고의 인간이다. 이들은 만백성의 군사, 즉 군주이자 스승이 되어 단순히 통치만 한 것이 아니라 가르치는 일도 병행했다. 이러한 주장의 핵심은 단순히 힘이 세다거나 권력이 있다고 해서 통치자가 되는 것이 아니라는 데 있다. 요컨대 주희는 학문적 성취라는 측면을 좋은 통치자의 요건에 추가했다. 통치자는 군주[君]이자 스승[師]으로서 백성들을 다스리고[治] 가르쳐서[教] 착한 본성을 회복하게 만들어야 한다는 것이다.

이도는 신유학의 서적들을 읽으며 신유학의 정치론을 체화했다. 그리고 그것을 현실에 구현하려 했다. 그는 옛 성왕들처럼 군주이면서도 스승이기를 자임한다.

내가 생각해 보니, 만일 한번 술을 금지한다면 곧 나부터 절제해야 할 것이다. 만일 그렇게 하지 못한다면 이보다 더 불공평한 법은 어디에도 없다.

유생들이 시학詩學을 좋아하지 않는 것은 다만 내가 시학을 숭상하지 않기 때문이다. …… 예전의 성현들은 모두 문학에 뛰어났으니, 나 또한 시학에 뜻이 있다. 위에서 좋아하는 이가 있으면 누가 좋아하지 않겠는가.

자신이 솔선수범해야만 아래에 있는 사람들이 따를 것이라고 생각했던 것이다. 그는 재위 초반부터 이러한 의식을 가지고 어떠한 신하들보다 깊은 학문적 성취를 얻기 위해 노력했다. 학문적 성취야말로 유교국가 조선에서 정치를 주도할 수 있는 자산이었다.

경연을 제도화하다 ___ 이도는 국왕이 성학을 넓히는 장인 경연을 제도적으로 확립한 군왕이다. 무장이었던 태조는 경연을 거의 열지 않았다. 정종은 재위한 2년 동안의 기간에 약 30여 회의 경연을 열었을 뿐이었다. 태종은 세자 때부터 서연에 참여해 왔으며, 재위 기간 내내 유가적 군주를 표방했다. 그러나 그 역시 경연을 즐겨 한 것은 아니었고, 나이와 건강 문제를 들어 경연을 회피했다.

이도가 열었던 경연에 대해 좀 더 자세히 살펴보자. 그의 학술적 성취는 풍요로운 통치의 성과로 연결된다. 이도는 재위 기간에 총 1,898회의 경연을 개최했다. 그는 1439년(세종 21) 윤2월 16일까지 경연을 열었다. 다음 표는 이도가 경연에서 읽은 책을 정리한 것이다.

[표] 이도가 경연에서 다룬 책들

시기	읽은 책
~ 재위 5년	대학연의, 근사록, 시경, 춘추호씨전, 통감강목, 중용, 서경
재위 6~8년	대학, 논어, 중용, 맹자, 시경, 춘추좌씨전, 주역, 대학연의
재위 9~13년	통감강목, 사기, 시경, 육전, 자치통감속편, 율려신서, 송감
재위 14~21년	성리대전, 송조명신언행록, 논어, 시경, 춘추좌씨전, 통감

친정 초반에는 신유학의 기본서들인 사서오경과 그에 대한 주석서들을 집중적으로 읽었다. 유학에서 전통적으로 가장 중요하게 여겼던 다섯 권의 책을 오경이라 한다. 《시경》, 《서경》, 《예기》, 《주역》, 《춘추》가 여기에 해당한다. 남송시대에 이르러 주희는 사서, 즉 《논어》, 《맹자》, 《대학》, 《중용》에 자신의 해설을 달았다. 이때부터 오경보다 사서가 중요하게 취급된다. 이도는 경연에서 주희가 주석을 단 사서를 읽었던 것으로 보인다. 사서집주는 한반도에서 이미 14세기 중반부터 과거시험 교재로 활용되고 있었다.

이도는 반복해서 책을 읽는 스타일이었다. 재위 9년부터는 이전부터 읽었던 책들을 다시 읽기 시작한다. 1426년(세종 8) 7월 4일 이도가 경연관에게 말한다. "내가 《주역》을 이미 다 읽었으니, 당분간 전에 배워 얻은 것을 다시 보겠다." 이후 그는 이 해 말까지 경연의 첫 교재로 선택했던 《대학연의》를 다시 읽었다. 1427년부터는 1420년부터 1423년까지 4년 동안 읽었던 《자치통감강목》을 다시 읽기 시작했고, 2년 반이 넘는 기간 동안 탐독했다. 1428년(세종 10) 이후에는 그때까지 갖춰진 지식을 바탕으로, 중국의 역대 역사를 구체적으로 읽어 가며 자세하게 분석했던 것으로 보인다. 1427년 여름 즈음 이도는 의정부, 예조, 예문관에 "역대의 여러 역사가 비록 한 질로 되지 않더라도 모두 경연으로 보내라"라고 지시하고 있다. 국내에 남아 있는 모든 역사서를 수집한 것이다. 1428년 이후 그가 경연에서 읽은 《사기》, 《서경》, 《춘추좌씨전》, 《자치통감속편》, 《송감》 등의 역사서는 그가 중국의 역사를 시대별로 처음부터 다시 읽어 나갔음을 보여 준다.

이후 1432년(세종 14)부터는 3년 동안 《성리대전》을 탐독했다. 《성리대전》은 명나라 영락제가 호광胡廣 등 당대의 학자 42명을 동원해 1415년에 완성한 학술서이다. 총 70권의 방대한 분량으로, 앞의 25권은 주렴계, 장재, 주희 등 송나라 신유학자의 저술, 나머지 45권에는 13가지 주제 아래 정리한 학설들로 구성되어 있다. 1419년(세종 1) 영락제는 이 책을 조선에 하사하였고 이후에도 몇 질이 조선에 들어왔는데, 이도는 이 책을 인쇄하여 전국에 보급하고자 했다. 1427년(세종 9) 경상도 감사가 새로 간행한 《성리대전》을 이도에게 바쳤고, 이도는 이 책을 경연에서 읽고자 했다. 김돈에게 지시한다. "《성리대전》이 지금 인쇄되었다. 내가 이것을 시험 삼아 읽어 보니, 의리義理가 정미精微하여 그 뜻을 제대로 알기가 쉽지 않다. 그러나 그대는 정상精詳한 사람이니 마음을 써서 한번 읽어 보라."

이도는 이후 신하들과 함께 약 3년간에 걸쳐 방대한 《성리대전》을 경연에서 탐독했다. 이를 통해 그는 《성리대전》에 정리된 학술적 성과들을 통치에 반영한다. 이도의 경연은 실용적이라는 것이 특징이다. 학습 성과는 재위 후반기 각종 개혁의 모태가 되었다.

나아가 정책적 현안과 관련된 책들도 경연에서 다뤘다. 그는 법전을 편찬하는 과정에서 《육전》을 두 번이나 경연에서 읽었다. 음악서인 《율려신서》를 읽고는, 음률을 제정하여 아악보를 완성했다. 중국어 습득을 위해 《직해소학直解小學》을 경연에서 강의했고, 수도의 풍수지리를 파악하기 위해 풍수학 서적까지 경연을 통해 다뤘다. 후대의 관성적인 경연과는 차이가 엿보인다.

3. 양녕대군을 불러오다

전초전 —— 이도는 어느 시점에서 태종을 벗어나 자신만의 정치를 구사했을까. 정치 운영과 권력의 사용 방식에서 이도는 분명 태종과는 다른 스타일을 보여 주었다. 많은 학자가 지적하고 있듯이, 1427년(세종 9)을 전후하여 변화가 있었다. 이도는 이 시점부터 부왕 태종의 정치 스타일을 벗어나 자신만의 통치 방식을 확립한다. 시작은 태종의 계승자였던 양녕대군 문제의 처리였다.

이도는 이미 양녕대군을 청주에서 이천으로 옮겨왔다. 1424년(세종 6) 2월 6일, 이도가 신하들에게 묻는다.

지난해에 양녕이 조금 나의 뜻을 거스른 일이 있어 거듭 대신과 대간의 청을 어겨 가면서 청주로 옮기게 했다. 궁곤하게 해서 행여나 스스로 갱생할까 하는 마음이었다. 그러나 귀양을 간 곳이 좁고 누추함이 비할 데가 없다 하니, 한갓 그리운 마음만 더욱 간절하다. 나는 그를 이천으로 다시 돌아와 있도록 하려고 생각한 지가 이미 오래다. 그러나 감히 내 마음대로 결정할 수가 없다. 경들의 말을 듣고자 한다.

신하들은 당연히 반대한다. "하루라도 전에 있던 데로 돌아오게 되어 한양에 드나들면 다시 먼저 하던 짓을 계속할 것이니, 어떻게 뒷날에 함부로 날뛰지 않을 것을 알겠습니까." 그러나 대신과 대간의 격렬한 반대에도 불구하고 이도는 자신의 의지를 관철하여 양녕대군을 이천으로 다시 돌아오게 한다. "내 마음대로 결정할 수 없다"라는 말과는 정반대의 처리다. 의견을 구하는 것처럼 물으면서 자신의 의견에 동의를 구하는 이도 특유의 대화 방식이다.

1427년(세종 9)에 들어서, 이도는 양녕대군의 맏아들 이개를 가정대부 순성군으로, 노한을 한성부윤으로 임명한다. 양녕대군 문제를 본인이 아닌, 그의 아들과 민씨 형제의 죽음과 관련되어 처벌된 노한이라는 인물로부터 접근하는 정치술이 돋보인다. 노한은 태종의 장인 민제의 사위였다. 그는 민무구, 민무질 형제가 불충한 언동으로 죽임을 당하자, 연좌되어 파직당하고 은거하던 중이었다. 태종이 죽었을 때, 이도는 노한을 불러 죽은 여러 외삼촌의 딸들이 잘 혼인할 수 있도록 부탁한 바 있었다. 그리고 이즈음에 이르러 직첩을 주고 관직에 임명한 것이다. 그는 나중에 우의정의 자리까지 오른다.

이도의 전격적인 조치에 대해 간관들이 첨예하게 맞섰다. 그들의 반대 논리는 다음과 같았다.

전하께서는 다만 우애의 지극한 정으로 태종의 깊은 뜻은 생각하시지 않으시고, 억지로 이제의 아들에게 관작을 높여 주고 녹을 후하게 하여 수도에 살게 하십니다. 태종께서 어찌 자애의 마음이 없어서 그를 밖으로 내쫓았겠습니까. …… 전하께서는 사로써 공을 폐하지 마시고 은혜로써 의를 해치지 마시고, 뜻을 굽혀 간곡히 청한 대로 따르소서.

유사한 상소들이 한 달이 넘도록 이어졌다. 이도는 우애와 인을 강조했다. "아랫사람은 의를 말하고 윗사람은 인을 말하는 것이다. 내가 인을 말함이 잘못인가." 이에 대해 간관들은 공公과 의義를 강조했다. "전하의 우애의 인仁은 한때의 고지식한 인입니다." 태종이 대의로 결단한 만세의 계책을 돌아보지 않고 개인적인 감정을 앞세운다는 비판이었다.

이에 이도는 "내일 이개를 남대문 밖 신이충의 집에 두려고 한다"고 말하며, 조카를 수도로 불러올릴 것을 공식화한다. 당연히 간관들은 난리가 났다. 반란의 기미를 조장할 수 있는 사람을 임금 가까이 둘 수 없다는 것이다. 그러나 이도는 물러서지 않았다. 그는 간관들의 말이 옳다는 것을 인정하면서도 자신의 의사를 강행한다. "경들은 의리에 따라 말하니 그 말이 저절로 맞지만, 나 또한 그 당연한 것을 보고 이렇게 처리하는 것이다."

이 짧은 답변에는 깊은 뜻이 담겨 있다. 이도가 당연하다고 여기는 것은 무엇일까? 지난날 태종이 일으킨 정변과 그 후 권력의 장악과 유지를 위해 행해진 참담한 폭력적 행위가 모두 '종묘와 사직을 위한 대의'로 장식되었음을 이도는 알고 있었다. 그렇다고 해서 드러내 놓고 태종을 부정할 수는 없었다. 의리에 따른 신하들의 말을 부정하지 않으면서, 이도는 자신이 당연하다고 여기는 것을 신하들이 말하는 의리와 병치시킨다. 아마도 대의를 표방한 '죽임의 정치'를 넘어선, 인을 지향하는 '살림의 정치'를 말하고 싶었을 것이리라.

이러한 이도의 병치를 간관은 인정하지 않았다. 대간들이 말했다. "천하의 이치에 어찌 두 가지 다 옳은 것이 있겠습니까. 신 등의 충성이 부족해서 그렇게 된 것입니다." 모두가 사직을 요청했다. 그러자 이도는 본심을 드러냈다. 양녕대군의 문제로 전환하여 정면 돌파를 기도한 것이다.

의지를 관철하다 ___ 1427년(세종 9) 1월 17일, 이도는 대신들을 불러 지신사 정흠지에게 다음과 같은 교지를 전했다. "내가 양녕대군을 보지 못한 지가 지금 5년이나 되었다. 오는 29일은 친척이 모이는 날인데, 내관을 이천에 보내 양녕대군을 불러 서로 만나 보고자 한다. 다 같이 즐겁게 서로 만나 보는 예를 어떻게 하면 좋겠는가." 양녕대군과 만나는 것을 아예 기정사실로 언급했다. 만나는 의식을 어떻게 정할지 물으면서, 5년 만에 양녕대군을 한양으로 불러올리겠다는 의사를 밝힌 것이다.

당연히 신하들은 단호하게 거부했다. 이들은 태종이 일찍이 "내가 살아 있을 때는 이제가 한양에 들어올 수 있지만, 내가 죽은 뒤에는 수도에 들어올 수 없다"라고 한 언급을 근거로 제시했다. 전가의 보도인 태종의 유훈이다. 그러나 이도는 이것을 변형시켜 버린다. 이도는 오히려 이렇게 반박했다. "태종이 '양녕이 도리에 어긋난 일이 심하면 죽음을 내리는 것도 괜찮다'라고 하신 것은 사실이다. 그러나 다행히 양녕대군은 지금 허물을 고쳐 스스로 공손한 데에 이르렀고, 의리에 어긋난 행동을 하지 않은 지가 4, 5년이 되었다. 지금 그를 맞이하여 보지 않는다면, 하늘에 계신 태종의 혼령이 어떻게 생각하겠는가."

태종의 유훈을 이도는 나름대로 재해석했다. 양녕대군이 허물을 고쳤으니, 이제 그를 만나는 것이 태종의 뜻이 된다는 것이다. 이도는 태종을 부정하지 않으면서 태종을 넘어서려 했다. 국왕 이도에게 더 이상의 설득과 논쟁은 필요하지 않았다. 물론 신하들은 "양녕이 허물을 고쳤다고 하는 것을 신들은 듣지 못했습니다"라면서 이도의 궤변을 반박했다. 그러나 그는 실행으로 옮겨 버린다. 동교에 행차하여, 양녕대군을 불러서 연회를 베푼 것이다. 이때 왕세자와 여러 종친, 부마들과 순성군 이개가 함께했다. 이도는 행동으로 자신의 의지를 관철시켰다.

이도의 의도적인 행동들은 이후에도 계속되었다. 이제의 맏아들 이개의 장인을 불러왔다. 이개의 아내의 친지들을 만나게 하고, 민무구의 아들도 혼인시켰다. 봉인되어 있던 태종시대의 유산들이 열려 버렸다. 신하들은 이제부터라도 양녕대군을 만나지 말라고 요청했다. 그러나 이도는 이를 묵살했다. 양녕대군을 수도로 들어오지 못하게 한 것만이 태종의 유훈이 아니었다고 주장하면서 마지막 타협안을 제시했다.

근래에 오랫동안 서로 보지 못하였으니 형제의 정에 어찌 서로 생각나지 않겠는가. 그래서 불러서 본 것인데, 내 마음으로 어찌 이것을 만족했다 하겠는가. 사실 언제든 만나 보고 싶지만 어떻게든 대신과 대간이 말리기에 뜻대로 하지 못한 것이다. 이제부터는 자주 만나지 않을 것이고, 비록 내가 불러다 본다 할지라도 반드시 먼저 경들에게 알리겠다.

타협안에 대해 신하들은 "성상의 뜻이 이미 이처럼 간절하고 지극하시니, 신 등도 물러가서 생각해 보겠습니다"라고 물러섰다. 이렇게 하여 1427년(세종 9) 1월에 시작된 양녕대군 문제는 4개월에 걸친 논쟁을 거쳐 5월에 종결되었다. 여기까지 이르는 과정에서 이도는 신하들의 입을 막지 않았다. 오히려 무례하게 달려드는 신하들의 말을 유연하게 받아넘기기도 하고, 때로는 허언을 해 가며 슬그머니 대립에 수반되는 긴장을 완화시키기도 했다. 그러나 분명 이도는 태종의 유훈을 넘어서겠다는 단호한 의지를 갖고 있었다. 그것을 실현하기 위해 자신만의 정치술을 구사하고 국왕으로서의 대권을 사용했다.

새로운 시대 ___ 태종의 정치는 폭력과 죽음을 수반한 의義의 정치였다. 후임자 이도는 태종의 유산을 넘어 새로운 정치를 실현하고자 하는 의지가 있었다. 그렇지만 이도는 부왕의 유산을 공공연히 부정하지는 않는다. 그러면서도 그는 자신의 정치적 원칙과 방식을 일관되게 유지하고 관철한다. 그 과정에서 다양한 정치술을 구사한다. 법을 넘어서는 군주의 대권을 사용하기도 한다.

군주의 대권은 양날의 칼이다. 자의적, 전제적으로 사용되었을 때, 그 폐해는 국가와 인민에게 고스란히 돌아갈 수 있다. 그러나 이도는 자신감을 가지고 태종의 유산을 해제해 버렸다. 양녕대군은 태종시대 내내 공식적인 후계자였다. 통제할 수 있다는 자신감이 이도에게는 분명 있었을 것이다.

재위 9년째인 1427년은 국정의 새로운 과제가 제시되고, 그것을 실행해 나갈 인재들의 발탁이 이루어진 해였다. 새로운 시대가 열린 것이다. 이도는 1월 25일 황희를 좌의정으로, 맹사성을 우의정으로 임명했다. 의정의 인선에서 구시대의 인물들이 사라졌다. 3월 14일 인정전에서 문과의 과거시험이 있었고, 16일에는 책문이 제시되었다. 이도는 "융평의 다스림[隆平之治]"을 선언하면서, 세종시대 최대 사안인 공법貢法 논의에 방아쇠를 당겼다. 이 시험을 통해 문과의 중시에 정인지 등 12인을 뽑고, 초시에 생원 남계영 등 20인을 뽑았다. 이어 20일에 인사개편이 이어지고, 문덕과 무공을 겸비한 인재들이 선발되어 조정에 충원되었다. 이들은 원로들의 빈자리를 메우며 국왕 이도를 보좌하게 된다.

세조, ——— 폭군과
명군 사이

김순남 지음

푸른역사

3부
태평의 시대
[집권 중반기 1 : 1427~1432]

1. 지성으로 사대하다

세자의 조현을 시도하다 ___ 1427년(세종 9) 세자 이향이 어느
덧 열네 살이 되었다. 이도는 1년 전부터 세자를 혼인시키기로 마음먹
고 상대자를 물색했다. 이어 혼인에 대한 의례인 가례와 왕세자빈의 책
봉 의식을 준비했다. 2월 8일 이도는 신부 측인 김오문의 집에 예를 갖
춰 혼인을 청하는 납채 의식을 시행한다. 2월 19일에는 혼인이 성립했
음을 나타내기 위해 서신과 폐물을 보내는 납폐 의식도 거행한다. 조선
을 유교적 국가로 만들기 위해 왕실에서부터 모범을 보인 것이다. 4월
9일 드디어 김오문의 딸을 세자빈으로 책봉했다.

　이도는 결혼한 세자를 명나라로 보내 황제에게 조회하게 한다. 이것
을 조현朝見이라고 했다. 세자가 명나라 황제를 직접 만나고 온다면,
세자 본인에게도 중요한 정치적 자산이 되고 명나라와의 관계도 좋아

7___
사대와
교린

질 것이다. 태종 역시 1407년에 세자 이제를 열네 살의 나이에 조현하게 했다. 1418년에 세자가 된 이도 역시 본래 명나라 황제를 조현하기로 계획되어 있었다. 그러나 갑작스럽게 국왕으로 즉위하는 바람에 실행하지 못했다. 이도는 자신은 하지 못한 조현을 세자를 위해 정성스럽게 준비해 나갔다.

이후 세자의 조현에 동행할 인원들을 정했다. 그야말로 미래를 이끌어 갈 엘리트들이다. 서장관 겸 검찰관으로 집의 김종서, 집현전 응교 최만리, 봉상소윤 한처녕을 비롯해 대규모 인원이 수행하기로 결정되었다. 지난번 양녕대군의 조현 때 예의에 어긋난 일이 있어 명나라 사람들의 비웃음을 당했었다. 마음이 놓이지 않았던 이도는 당시 상을 당해 휴직 중이던 황희를 불렀다. "지금 세자가 직접 조현하는 일은 다른 일에 비길 것이 아니다. 또 세자가 어리고 기질이 약하니 사려 깊은 대신의 품에 의지할까 한다."

10월 11일 경회루 아래에서 명나라로 떠날 왕세자의 전별 잔치가 열렸다. 그리고 10월 13일 드디어 세자가 떠났다. 오가는 시간을 합해 적어도 석 달 이상이 걸릴 여정이었다. 그러나 세자는 며칠이 지나지 않아 다시 한양으로 되돌아왔다. 왕세자의 조현을 정지하라는 황제의 칙서가 도착했기 때문이었다.

세자가 와서 조회하고자 한다는 말을 들으니, 국왕 부자가 충성하고 공경하는 마음을 알겠다. 그러나 세자는 이제 부지런히 학문에 힘쓸 시기이고, 더구나 먼 길에 산을 넘고 물을 건너기가 쉽지 않을 것이다. 그러므로 오는 것을 그만두도록 하라. 만일 이미 떠났더라도 도로 돌아가게 하라.

황제의 칙서를 받고 이도는 굉장히 아쉬웠을 것이다. 세자의 조현은 유래가 깊다. 고려의 원종은 세자 시절에 원 세조 쿠빌라이 칸에게 조현했다. 이때부터 조현은 고려와 조선의 국왕들이 제후국의 신하로서 대국의 황제를 섬기겠다는 의사를 표명하는 수단이 되었다. 1407년 영락제는 태종의 세자에게 조현을 받으며 자신이 황제임을 과시했다. 1427년에 선덕제가 왜 조현을 거부했는지 이유는 알 수 없다. 분명한 것은 명나라의 대외정책이 개입에서 고립으로 전환되었다는 사실이다. 이후 조선의 세자가 명나라로 가는 일은 없었다.

약소국의 외교 ___ 1368년 홍무제(재위 1368~1398)는 명나라를 건국했다. 황제의 자리는 그의 손자 건문제(재위 1398~1402), 내전을 일으켜 조카를 제거하고 왕위에 오른 영락제(재위 1402~1424), 영락제의 아들 홍희제(재위 1424~1425), 홍희제의 아들 선덕제(재위 1425~1435)로 이어졌다. 이제 이도는 선덕제를 황제로 두게 되었다. 이 시기는 국내적인 체제의 안정과 함께, 국제적으로도 전쟁이 없고 분쟁도 발생하지 않은 안정기였다. 이도는 국제적 안정을 확고히 하기 위해 제후국의 신하로서 대국의 황제를 지극한 정성으로 섬기는 사대외교를 전개한다.

사대事大는 작은 나라가 큰 나라를 섬긴다는 의미이다. 사대는 사소를 전제로 하는 쌍무적인 관계다. 조선은 제후국으로서 의무를 수행하는 대신, 명나라는 대국의 입장에서 조선을 보살펴야 한다. 대국의 소국에 대한 내정 개입은 없지만, 소국은 지켜야 할 의무가 있다. 명나라의 연호를 사용하는 것, 왕위 계승과 같은 국가적으로 중요한 사안에 대해 보고하여 승인을 받는 일, 그리고 정기적으로 공물을 보내는 것 등이다.

힘의 우열이 너무나 명확했기에 어쩔 수 없는 선택이었다. 14세기 후반에 이르러 고려와 조선은 중원의 왕조와 자웅을 겨루는 대국주의 외교 노선을 포기한다. 13세기 중반 몽골인들이 세계적인 제국을 건설한 이후 고려는 몽골제국에 편승하는 정책으로 전환했다. 고려를 계승한 조선 역시 마찬가지다. 조선은 소국으로서 대국 명나라의 위협에 맞서 생존해야 한다는 과제가 있다. 태조와 태종 그리고 이들을 계승한 이도는 그것을 명확하게 알고 명나라와의 공존을 시도했다. 선왕들이 힘들게 얻은 평화를 무너뜨리지 않기 위해 이도는 사대에 지극정성을 다했다.

명나라 황제 선덕제는 영락제의 장손이었다. 그는 지나친 대외정벌 활동으로 백성들의 삶을 피폐하게 했던 영락제의 실정을 반성하고 국내정치의 안정화를 꾀한다. 그리고 후대에 '인선仁宣의 치세'로 불리는 명나라의 태평시대를 연다. 그러나 그런 그에게도 약점이 있었다. 각종 유희를 너무 심하게 즐겼다는 것이다. 황제는 자신의 유희를 위한 물품들을 천하에서 수집했다.

조선에도 황제가 요구하는 사항들이 전달된다. 사냥용 매와 개, 환관으로 쓸 어린아이, 황제의 후궁이 될 만한 공녀, 솜씨 좋은 요리사 등이었다. 황제는 주로 조선 출신의 환관들을 보내 이러한 물품들을 요구했다. 이도는 선덕제가 사망하는 1435년(세종 17)까지 이러한 물품들을 마련하느라 지극정성이었다. 이도가 말했다. "내가 지성으로 중국을 섬겨 오랠수록 더욱 공경히 하여, 조금이라도 속이려는 마음이 없었다는 사실을 천지신명께서 어찌 모르겠는가. 그러나 혹시라도 작은 일에 실수가 있을까 매우 두렵다."

조선의 매는 뛰어난 사냥 실력을 자랑했다. 열심히 농사지어도 먹고 살기에 빠듯한 시대에 매를 잡기 위해 대규모로 동원된 인력이 전국을 분주하게 돌아다녔다. 공녀를 바치는 것도 힘든 일이었다. 전국적으로 어린아이들까지 혼인을 금지하고, 황제에게 보낼 소녀들을 선발해야 했다. 공녀로 선발된 여인들이 끌려가는 날이면 도성 안은 눈물바다가 되었다. 약소국이기에 겪을 수밖에 없는 비극이었다.

굴욕과 인내 ___ 그야말로 굴욕적이었다. 그렇다면 이도 본인은 어떻게 생각했을까. 이도가 공녀의 진상에 대해 말했다.

어제 처녀들이 떠날 적에 어미와 자식이 서로 이별하게 되니, 그들이 원통한 것은 이루 말할 수가 없다. 그러나 이 일은 우리 국가의 이해에 관계되는 것이 아니다. 또 외국이기에 조정 안 신하들처럼 간할 수도 없다. 다만 황제의 명령을 따라야 할 뿐이다. 만약 사안이 본국의 이해에 관계되었다면, 어쩔 수 없이 황제께 의견을 밝히는 주문을 올렸을 것이다.

공녀의 진상은 국가의 이익과는 별개의 사안이라는 것이 이도의 생각이었다. 원통하고 굴욕적이지만 국가이익을 해칠 정도는 아닌데다 황제가 내린 명령이기에 들어줄 수밖에 없다.

그렇다면 국가이익이란 무엇인가? 궁극적으로는 국가의 생존일 것이다. 넓게 보면, 국가의 생존과 번영을 위한 사안들이 여기에 해당한다. 영토 분쟁은 대표적인 사례이다. 1388년 홍무제의 쌍성총관부 지역 요구, 1405년을 전후로 한 영락제의 여진인 추장 포섭 등에 대해 고려와 조선의 정치가들은 관할권을 주장하는 표문을 명나라로 보냈다. 또 말과 소를 바치는 것도 국가이익과 관련이 있는 사안이다. 이것들은 조선의 전략적 자산이다. 이도는 신하들과 함께 황제의 요구 사안에 대해 의논하고 조선의 의견을 황제에게 보낼지 말지, 요청을 수락할지 말지를 의논했다. 요청을 수락한다고 해도 그것은 또 다른 국가이익을 염두에 둔 결정이었다.

이도는 굴욕을 감내하고 황제의 요청을 받아들인다. 세부적인 품목들을 살펴보자. 예를 들어 1429년(세종 11) 5월 3일의 기록에 따르면, 어린 내시 8명, 가무를 할 줄 아는 어린 여자아이 5명, 첨식甜食을 만드는 큰 여자아이 20명, 소주 10병, 잣술 15병, 황주 15병, 이화주 15병, 석등잔 10개, 큰 개 50마리, 조응皁鷹 6연, 농아골籠鴉骨 10연, 새끼 아골鴉骨 10연, 아골 10연, 농황응籠黃鷹 30연, 새끼 황응黃鷹 30연, 나황응羅黃鷹 40연, 잣 50석, 여러 가지 해채海采, 해어海魚, 어염魚鹽 등을 요청하고 있다. 물론 이것들을 무료로 요구하는 것은 아니었다. 수고비로 황제가 하사하는 물품이 더 많았다. 그러나 이런 요구사항들을 준비하는 데는 엄청난 노력이 든다.

이도는 황제가 요청한 물품들을 정성껏 마련했다. 그러나 속마음은 달랐다. 그는 선덕제가 부왕의 상제도 끝나지 않았는데 공녀들을 요청한다고 넌지시 비판하기도 했다. "초상에 사람을 시켜 처녀를 구하니 뜻이 실로 급급하도다." 조선에 온 환관 사신들도 황제에 대해 말한다. "홍희제는 주색에 빠져 아무 때나 정무를 처리해, 신하들이 아침과 저녁을 가릴 줄을 모릅니다. 지금 황제도 궁중에서 잔치를 벌이고 늘 잡스러운 놀이만 하고 있습니다." 이도의 평가 역시 좋지 않았다. "밝지 못한 임금이 위에 있고, 환관들이 권세를 부린다." '불명지군不明之君'이라는 것이다. 신하들 역시 불만을 표시했다. 지성사대를 내세우고 있는 이도의 조정에서 명나라의 환관 사신들과 그들을 보낸 황제를 성토하는 목소리가 심심치 않게 터져 나왔다.

이도의 지성사대를 좋지 않은 시선으로 바라보는 사람들이 많았다. 그러나 그 역시 지성사대가 좋아서 한 것이 아니었다. 이유가 있었다. 지성사대를 하면 전쟁이 일어나 백성들이 피해를 받는 일이 없고, 또 국가이익에 해당하는 자산들을 지킬 수 있었다. 더불어 황제의 신뢰를 얻어 외교적으로 운신의 폭을 넓힐 수도 있었다. 그렇다면 황제의 유희를 위한 요구사항쯤이야 얼마든지 감내할 수 있다는 것이 이도의 생각이었다.

2. 사대의 실제와 성과

금은세공의 면제 ___ 지성사대를 통해 이도는 명나라 황제의 신뢰를 얻어 갔다. 이제 이도가 조선의 국가이익을 위해 움직이기 시작했다. 1429년(세종 11) 8월 18일, 이도는 금과 은의 조공 면제를 황제에게 요청했다. 세공歲貢, 즉 명나라에 해마다 공물을 바치는 것은 제후국으로서 중요한 의무였다. 물론 명나라는 답례로 더 많은 물품을 하사한다. 문제가 되었던 것은 금과 은이었다. 조선에서 생산되는 토산품이 아니었기 때문에 정해진 수량을 맞추기가 어려웠다. 매년 명나라에 금 150냥과 은 700냥을 바쳐야 했기에, 조선은 일본에서 은을 수입하기도 했다.

금과 은을 다른 토산물로 대체하려는 시도는 태종 대부터 줄곧 이어져 온 것이었다. 그러나 명나라 예조에서 이를 거부해 왔다. 이도는 태종의 실패를 거울삼아 이것을 성공시킨다. 1409년 태종이 처음으로 요청한 이래 20년 만에 이뤄 낸 성과였다.

이도는 금과 은을 토산물로 대체하는 일에 사활을 걸었다. 이미 2년 전에 문과의 과거시험 문제로 '금은의 방물을 면제해 주기를 청하는 표문'을 내걸었다. 이도는 대신들에게 이 안건을 신중하게 의논하게 했다. 황희, 맹사성, 변계량, 허조, 윤회, 신상, 정초와 같은 쟁쟁한 대신들이 모여 표문의 제작, 사신의 선택, 대체 물품의 선정 등을 주도면밀하게 의논했다. 사신으로는 종친인 태종의 서자 공녕군 이인과 그간 대명외교를 주도한 대신 원민생을 보냈다.

요청하는 표문에서 이도는 명나라가 제후국을 대하는 도리를 근거로 내세웠다. "번방의 먼 나라에서 바치는 공물은 성의를 표시하는 데 그쳐야 하는 오래된 법도에 따라 정해져야 합니다. 대국인 명나라는 제후국 조선을 하늘과 땅이 사람을 품어 주고, 부모가 자식을 보존하는 것처럼 대해야 합니다." 참으로 구구절절한 표문이다. "정말로 군색하고 절박한 사정과 병들어 앓는 고통"을 "부르짖어 호소하여 구제해 주기를 요구"했다.

드디어 선덕제가 금은을 토산품으로 대체하는 것을 허락했다. 칙서가 조선에 도착한다. "조선은 먼 나라인데 조공하는 사신은 여러 차례 온다. 공물로 금은을 보내니 어찌 작은 나라가 항상 갖출 수 있겠는가. 국왕에게 말하니 앞으로 공물을 바칠 때는 토산물로 성의를 보이면 충분하다"(《명 선조실록》). 이제 조선은 마필과 포자布子로 부담 없이 공물을 보낼 수 있게 되었다.

조선 출신의 환관들   당시 명과 조선의 외교에는 조선 출신 환관들이 큰 활약을 했다. 명나라는 사정을 잘 안다는 이유로 이들을 조선에 사신으로 보냈다. 영락제 이래로 명나라 환관들은 황제의 측근세력으로 막강한 권력을 행사했다. 이도는 이들을 대명외교에 활용했다. 환관들을 통해 명나라의 정보를 수집하고, 조선의 요구를 명나라 조정에 관철했다. 이들은 거의 모든 외교적 사안에 관여하면서 명과 조선 양쪽을 조율했다. 이제, 이도, 이향이 세자로 조현하려 할 때나 금은 세공의 면제 건에서도 환관들이 양쪽을 조율했었다.

창성昌盛과 윤봉尹鳳이 대표적인 조선 출신 환관들이었다. 이들은 사신으로 빈번하게 조선에 왔다. 물론 이들은 개인적인 욕심을 숨김없이 드러냈다. 자신의 고향을 승격시키거나 관계가 있는 자들에게 벼슬 주기를 청탁했다. 무리한 뇌물 요구와 지나친 행동으로 문제를 일으키는 경우도 다반사였다. 이도는 환관 사신들을 이렇게 평가했다. "이들은 조그마한 이익을 위하여 여러 번 입을 연다. 참으로 시장거리에나 있는 경박한 무리로다."

환관들은 무례했고, 제멋대로였으며, 탐욕스러웠다. 이들은 황제에게 진헌할 품목이라고 속이기도 하고, 아예 개인적으로 요청하기도 하면서 얻어 가는 물품들이 많았다. 실록은 윤봉이 명나라로 귀국할 때의 모습을 다음과 같이 기록하고 있다.

윤봉이 요구한 물건이 200여 궤짝이나 되었다. 궤짝 1개를 메고 가려면 8명을 써야 하는데, 태평관에서부터 사현沙峴에 이르기까지 궤짝을 멘 사람들의 행렬이 잇따라서 끊어지지 않았다. 사신의 물품 요구가 많은 것이 이때보다 심한 적이 없었다.

이도의 눈에 좋게 보일 리가 없다. 그 역시 황제가 요구한 물품이 아닌데 윤봉이 요청했음을 알고 있었다. 그는 명나라에 표문을 보내, 칙서에 기록된 물품만을 주고 환관들이 개인적으로 요청하는 물품을 주지 않도록 해 달라고 요청해 황제의 승인을 받아 냈다. 그러나 신하들은 걱정이었다. 대언 김종서가 말했다. "중국에서 환관들을 신임하여, 이들이 나라의 권세를 잡고 정사를 마음대로 주무릅니다. 우리나라에서는 다만 이들을 통해 정성스러운 뜻이 전달되니, 재물을 주지 않을 수 없습니다."

김종서의 말대로 이도가 요구하는 물품을 주지 않자, 창성·윤봉 등의 환관들은 명나라 황제를 구슬려 조선의 국왕을 압박했다. 황제가 보내는 칙서가 부정적으로 변해 버렸다. 이도가 말한다. "이번 칙서에 있는 말은 마치 고아를 농락하는 것처럼 하였으니, 황제가 언제 이렇게까지 한 적이 있느냐." 이도는 후회스러웠다. "이와 같은 때에 정도正道

만을 지킬 수는 없다. 권도權道를 따라 내시들을 후하게 위로하여 오늘날의 폐해를 구제하라." 이도는 체면상 일시적인 권도일 뿐이라는 것을 강조했지만, 다시 환관 사신들의 요구를 들어줄 수밖에 없었다.

황제의 신뢰를 얻다 ___ 대명외교에서 이도의 전략은 두 가지였다. 하나는 황제에게 지극정성을 다하고 있다는 인식을 심어 주고 신뢰를 얻는 것이다. 다른 하나는 조선 출신의 환관 사신들을 통해 조선의 이익에 부합하는 쪽으로 황제의 요구를 조정하는 것이다. 1432년(세종 14)에 있었던 소 1만 마리 무역 요청의 사례는 이러한 이도의 외교술을 잘 보여 준다.

1432년 초 요동의 군사책임자가 명나라 조정에 조선으로부터 소 1만 마리를 사 오자는 건의를 했다. 이도는 윤봉을 통해 이러한 사실을 이미 파악하고 있었다. 황제를 모시는 윤봉이 그의 친척에게 말을 전해 온 것이다. 윤봉의 친척이 북경에서 돌아와 이도에게 말했다. "요동이 병부에 조선에서 소를 무역하고자 하는 일을 요청했습니다. 이때 제가 황제의 곁에 있다가, 조선은 예전부터 소가 생산되지 않고 국왕이 일찍이 소를 무역하고자 한다는 말을 듣고 매우 근심하고 있다고 하였더니, 황제가 요동의 주청을 들어주지 말라고 하였습니다." 이도는 윤봉에게 포상을 내리려 했지만, 아직 결과가 확실하지 않아 애매했다.

윤봉의 말과 다르게 두 달 뒤 소 1만 마리의 무역에 대한 황제의 칙서가 조선에 도착했다. 그러나 이미 이도는 소식을 듣고 여러 차례에 걸쳐 어떻게 대응할지 신하들과 논의했다. 대신들은 절반인 5,000마리만 무역하고 나머지를 줄여 달라는 표문을 황제에게 보낼 것을 건의했다. 임금은 반대였다. "대신들이 소는 요구하는 것의 반만을 바치고, 다 마련하지 못한 사유를 자세히 아뢰는 것이 좋다고 말한다. 그러나 이제 칙서를 다시 보니 말뜻이 자세하고 간곡하여 상황상 그만둘 수가 없다. 지시한 수대로 다 준비하여 바치는 것이 옳겠다."

최종 결정을 내렸다. "지금 만약 폐해가 있다고 해서 진술하여 면제하기를 청한다면 도리에 맞지 않을 것이다. 지정한 수대로 준비하여 바치는 것이 온당하고 유익할 것 같다." 30년 만의 소 무역 요청이었다. 일단 황제가 명령을 내린 이상 그것을 따르는 모습을 보이는 것이 좋겠다는 판단이었다. 예정대로 요동과 소 무역이 진행되었다. 여섯 차례에 걸쳐 1,000마리씩 6,000마리를 무역했다. 그러나 나머지 4,000마리의 소 무역은 이루어지지 않았다. 창성을 시켜 로비로 중단시켰기 때문이다. 이도는 황제의 지시를 그대로 따랐다는 모습을 보이면서도, 대신들의 건의대로 거의 절반을 줄이는 데 성공했다. 명분과 실리를 동시에 얻은 것이다.

지성사대는 강대국이 압도적인 영향력을 행사하는 국제질서 속에서 약소국이 생존하기 위해 선택한 외교전략이었다. 그러나 이도는 사대에만 매몰되지 않았다. 이면에서 정보활동과 로비를 적극적으로 병행했다. 대명외교를 통해 얻은 성과는 바다 건너 왜인들과 북방의 야인들을 대처하는 바탕이 되었다.

3. 교린과 기미

또 하나의 외교, 교린 ＿＿ 조선의 외교는 사대 외에 교린도 있었다. 이도의 행장에서 말한다. "정성을 가지고 사대하였고[事大以誠], 신의를 가지고 교린하였다[交隣以信]." 이제 또 하나의 외교, 교린에 대해 살펴보자.

　제후는 천자의 신하이다. 본래 제후는 천자의 허락 없이 다른 나라와 사사로이 외교를 할 수 없다. 이것을 나타내는 전통적인 말이 "신하는 사사롭게 외교를 할 수 없다[人臣無外交]"이다. 그러나 조선은 명에 대한 사대 외에도 조선만의 외교가 있다. 명에 종속된 국가가 아니라는 뜻이다. 대표적으로는 영락제는 조선의 독자적인 외교를 승인했다. 그는 조선이 북방의 야인들에게 조회를 받고, 일본의 국왕, 제후들과 교류하는 사실을 묵인했다. 조선 역시 명나라에 알리지 않고 비밀리에 그러한 세력들과 사사로운 외교를 진행했다.

　천자국 명을 중심으로 한 세계와는 별도로 조선을 중심으로 한 외교의 세계가 존재했다. 매년 새해 첫날, 조선의 국왕은 예복 차림으로 세자와 백관을 거느리고 망궐례를 행한다. 망궐례는 국왕이 직접 가지 않고 북경에 있는 황제의 궁궐 방향을 바라보면서 축하를 올리는 의식이다. 망궐례가 끝나면 조선만의 외교가 시작된다. 이도는 원유관과 강사포 차림으로 근정전에 나아가 여러 신하의 조하를 받았다. 이때 외국의 사신들인 왜인, 야인, 류큐인, 이슬람인 등이 국왕의 신하처럼 반열에 따라 서서 같이 의식을 거행했다. 이도는 복장에 한껏 신경을 쓰고 조선 국왕으로서 위엄을 뽐냈다.

이도는 교린의 외교를 제도화했다. 1425년(세종 7) 4월 10일 예조에서 보고했다. "관리들이 차례로 선 뒤에 봉례랑奉禮郎과 통사通事가 왜국 사신을 인도하여 들어와서 서반 3품 자리 위에 차례로 서게 할 것입니다." 처음으로 일본 국왕의 사신이 조정에 등장하는 의례 절차를 구체적으로 정했다. 기존에는 4, 5품에 불과했던 일본 국왕의 사신이 3품으로 격상되었다. 조선의 사신이 명나라에 갔을 때 받는 대우를 따른 것이다.

이후 조선으로 사대하러 오는 다른 외국 사신들에 대한 의례도 정한다. 《세종실록》에는 국가 의례를 다섯 부분으로 나눠서 정리한 오례의가 부록으로 실려 있다. 이 중에서 가례의 '정월과 동지에 백관이 조하하는 의식'에는 교린의 의례를 다음과 같이 정해 놓았다.

왜국 사신의 자리는 동쪽에 있고, 야인 사신의 자리는 서쪽에 있다. 문반과 무반의 관품에 준하여 차례대로 서게 한다(일본과 류큐 등 국가의 사신과 부사副使는 종2품의 반열에 해당한다. 여러 섬의 일본 사신의 상관인上官人과 부관인副官人은 종5품의 반열에 해당하고, 압물押物과 선주船主는 종7품의 반열에 해당하며, 반종伴從은 정7품의 반열에 해당한다. 여러 위衛의 야인의 도지휘都指揮는 종3품의 반열에 해당하고, 지휘指揮는 정4품의 반열에 해당하고, 천호千戶는 종4품의 반열에 해당하고, 백호百戶는 정5품의 반열에 해당하고, 관직이 없는 사람은 정6품의 반열에 해당한다. 만약 사람이 많으면 두 줄로 서고, 그들의 절하고 일어나는 일은 통사通事가 전하여 선창한다).

류큐 국왕은 일본 국왕과 같이 명나라 황제가 정식으로 임명한 제후들이다. 그러므로 조선은 류큐를 일본과 함께 동등한 국가로 대우했다. 그러나 조선에 사대하러 온 나머지 사신들은 대접에 차이가 있었다. 이렇게 이도는 조선을 중심으로 한 외교적 세계의 질서를 설정하고 제도화했다. 교린의 내용을 채워 간 것이다.

일본에 통신사를 보내다 ___ 1428년(세종 10) 12월 7일 이도는 박서생, 이예 등을 일본에 사신으로 보낸다. 새 쇼군이 즉위했기 때문이다. 아시카가 요시모치를 어어 아시카가 요시노리가 무로마치 막부의 새로운 쇼군으로 즉위했다. 이도가 글을 보내 말한다. "귀국과 우리나라는 대대로 오래도록 우애를 쌓아 조금도 변한 적이 없었습니다. 이제 선대의 뜻을 잘 이어받아 더욱 신의를 돈독히 하여 영구히 한다면, 어찌 두 국가에 다행한 일이 아니겠습니까?"

사신의 목적은 우호관계를 유지하려는 것뿐이다. 일본 국왕에게 '통신사'라는 이름의 사절을 보낸 것은 1428년이 처음이다. 통신通信은 소식을 통하는 것을 말한다. "신의를 가지고 교린하였다[交隣以信]"라는 교린의 관점에서 보면, 신뢰를 구축하는 사절이라는 뜻일 수도 있다. 이전까지 보냈던 사신은 우호보다는 왜구와 관계가 있었다. 태조나 태종은 왜구의 금지나 피로인의 송환 문제를 거론하기 위해 막부에 사신을 보냈다.

이도의 시대에 들어 동아시아의 국제적 전환기가 완전히 끝이 났다. 1403년 4월, 태종은 명의 영락제로부터 책봉을 받았다. 일본의 쇼군 요시모치도 이 해 11월 명으로부터 책봉을 받았다. 그동안 문제를 일으

컸던 왜구 문제도 1419년 대마도 정벌로 일단락되었다. 이도는 이제 조선을 둘러싼 국제질서를 안정화하려 했다. 1428년의 통신사를 시작으로 1432년, 1439년, 1443년에 통신사를 보내면서 일본의 막부와 우호를 강화했다.

문제는 다시 왜구가 될 수도 있는 여러 섬의 왜인들이다. 당시 일본은 슈고 다이묘라 불리는 지방의 제후들이 각지에서 영향력을 행사하고 있었다. 이미 막부가 왜인들을 통제하지 못한다는 사실은 태조와 태종 시대에 확인했다. 막부의 쇼군은 상징적인 통치자일 뿐이었다. 일본 각지에서 조선이 대응하기도 힘들 만큼 제각기 사대의 사신들을 보내 왔다.

이도의 교린정책에서 대일본전략은 양면적이었다. 우선 중앙의 막부와는 우호를 유지했다. 한편 지방의 여러 왜인에게는 기미정책을 시행했다. 당근과 채찍 전략이다. 조공을 잘하고 통제를 따를 경우만 조선과 통상을 할 수 있는 권한을 지급했다. 창구는 대마도로 일원화했다. 1443년(세종 25)에 맺었던 계해약조는 이러한 기미정책의 최종 결과물이었다. 부산포, 제포, 염포 세 곳의 항구를 개방하고, 무역선은 1년에 50척으로 제한했다.

북방의 경계를 고수하다　　　1430년(세종 12)을 전후로 조선은 국제적인 안정을 확보했다. 이도가 말한다. "최근에는 우리나라가 동쪽으로 야인의 걱정이 없고, 남쪽으로 섬오랑캐의 근심이 없다." 재위 전반기에 남쪽의 왜인과 북쪽의 야인 문제를 잘 대처한 결과다. 이제 북방의 야인에 대한 이도의 대처를 확인해 보자.

일본과 마찬가지로 많은 야인세력이 제각기 조선에 조공을 바치고 사대했다. 그러나 우호적이지 않은 야인들도 많았다. 특히 함길도 지역의 야인들이 문제였다. 1423년 6월에는 야인 추장 동맹가첩목아가 무리를 이끌고 다시 두만강 유역의 알목하(후일의 회령)로 돌아왔다. 그는 세자 이제의 호위대장으로 임명된 적도 있었다. 그러나 그는 1405년(태종 5)에 조선을 배신하고 명나라 조정에 들어가 건주좌위지휘 관직을 얻었다. 이후 그는 두만강 지역의 골칫거리로 있다가, 1411년(태종 11) 4월 부족세력을 이끌고 만주 북부의 개원 지역으로 이동했었다. 그랬던 그가 다시 조선의 국경지대인 회령 부근으로 이주해 온 것이다.

이후 함길도의 변경에 야인들의 침입이 빈번해졌다. 2년 뒤인 1425년 함길도 관찰사가 결국 경원을 용성으로 후퇴시키자고 건의했다. 이즈음 경원은 부거참, 즉 부령 지역으로 옮겨져 있었다. 1417년에 용성까지 후퇴했던 함길도의 국경을 북쪽으로 조금 올린 것이었다. 변방의 장수들 역시 사면으로 군사기지가 침입을 받을 수 있으니, 다시 뒤로 후퇴시키자는 건의를 조정으로 보내왔다. 조정의 문무 대신들은 방어하기 어렵다는 이유를 들어 건의를 따라 후퇴하자는 뜻을 피력했다.

이도가 여기에 대해 대답했다. "의정부와 6조는 예전에 그 고을에 임명되었던 사람과 함께 의논해서 보고하라. 그러나 나의 뜻으로 말하면 물러나오는 것은 적절치 못하다." 이도 특유의 화법이다. 의논해서 보고하라고 했지만, 이미 자신의 의견은 정해져 있다. 반년이 지나 다시 함길도 관찰사가 용성으로 후퇴하자고 건의했다. 동맹가첩목아가 일을 꾸미고 있다는 첩보를 입수했다는 것이다. 함길도의 군사책임자로 가 있는 도절제사 하경복도 방어의 어려움을 들어 후퇴하자고 건의해 왔다. 이도는 이번에도 반대했다. "공험公嶮 이남은 선조들께서 물려준 강토인데, 과인 때에 이르러 지키지 못하고 버리는 것은 옳지 못하다고 생각한다."

이도는 시간을 끌며 버텼다. 김효손을 함길도에 보내 경원의 외적 형세를 정탐하도록 지시를 내렸다. 한 달 뒤 김효손이 돌아와 용성으로 후퇴하자는 건의가 옳다고 보고했다. 다시 이도가 자신의 주장을 밝혔다. "조정에 있는 대신들은 모두 후퇴하자고 한다. 그러나 나는 조종의 강토는 줄일 수 없다고 생각한다. 지난번에 야인들이 우리 땅을 침범하여 점거한 것이 이미 많았다. 지금 또 물러나 옮긴다면 이는 버리고 지키지 않는 것이다." 이에 대신들이 우르르 나서 또 이도의 말을 반박했다. 그러나 이도는 다시 사람들을 모아 의논해 보고 판단할 것이라며 최종 결정을 미뤘다. 조금 후에는 또 다른 관리를 함길도로 보내 상황을 보고하도록 지시하기도 했다.

논의는 1432년(세종 14)까지 이어졌다. 이도는 결국 자신의 의견을 고수해 냈다. 포기하기는커녕 방어를 강화하기 위해 근처에 여러 개의 성을 쌓는 사업을 추진했다. 노령의 황희를 함길도로 보내 성을 쌓을 곳을 살피게 했다. 이도는 친정 초기인 1422년부터 하경복 장군을 함길도로 보내 국경을 지키게 했었다. 그는 거의 10년 만에야 함길도를 떠나 다시 한양으로 돌아올 수 있었다. 그의 나이 일흔 다섯이었다.

1. 민풍의 교화

부민에서 교민으로 ___ 아버지를 죽인 김화라는 자가 있었다. 1428년(세종 10) 9월 27일 형조에서 그를 능지처참해야 한다고 보고를 올렸다. 이도는 이것을 승인하고는 허조에게 이야기했다. "아내가 남편을 죽이고 노비가 주인을 죽이는 일은 간혹 있다. 그러나 이제 자식이 아비를 죽이는 일이 발생했다. 정말로 내가 덕이 없는 까닭이다." 허조가 대답했다. "신의 나이가 이미 예순이 넘어 50년 동안의 일을 대강 알고 있습니다. 예전엔 이런 일이 없었습니다. 저는 아랫사람으로서 윗사람을 범하는 자는 반드시 죄를 엄하게 다스려야 한다고 생각합니다."

허조의 말은 사실이 아닐 것이다. 그러나 두 사람 모두 사안을 심각하게 받아들이는 것은 분명했다. 아버지를 죽이는 자식이 비일비재하

8___
사회 안정을
꾀하다

게 생긴다면, 결국은 군주를 시해하는 신하도 나오게 될 것이다. 공동체의 안정을 위협할 수 있는 사안이었다. 무언가 조치가 필요했다. 허조는 사회질서를 확보하기 위해 법을 엄중히 집행해야 한다고 줄곧 주장한 인물이다. 그는 이도의 재위 초기부터 이것을 일관되게 주장해 왔다. 재위 10년 즈음에 이르러, 이도는 그의 생각에 공감하게 되었다.

자식이 부모를 죽이는 일은 물론 있어서는 안 되는 일이다. 하지만 사실 이것은 어느 사회에나 있을 수 있는 일이다. 그렇다면 왜 1428년 (세종 10)의 시점에서 이도가 이 문제에 주목하게 되었는지 생각해 볼 필요가 있다. 바로 통치의 안정이라는 배경이다. 비로소 정치공동체 내부의 문제에 주목할 수 있는 여유가 생긴 것이다. 이제 국왕과 관료들의 시선이 사회질서의 문제로 이동하기 시작한다. 이도는 이미 1426년 (재위 8)을 전후로 관료들의 부패, 즉 사풍士風 문제에 주목한 바 있다. 그는 이제 백성들의 풍속, 즉 민풍民風 문제를 다루기 시작했다.

1428년(세종 10) 5월 26일 대간 김효정의 상소는 당시 사회 안정의 이면을 보여 준다. 조정에서 백성들의 나쁜 풍속을 교정해야 한다는 주장이 나오기 시작한 것이다.

요사이 일반 백성으로 수령을 구타한 자가 있고, 혹은 지방의 하급 관리로 조정의 신하를 능욕한 자도 있어서, 보는 사람마다 이를 한심하게 여기고, 듣는 사람마다 놀라지 않는 이가 없습니다. 그 밖의 분수를 어기고 풍속을 어지럽게 하는 무리는 진실로 죄다 거론하기가 어렵습니다. 우리 전하께서 정성을 다하여 다스리기를 꾀하셔서 법과 제도는 크게 갖추어지고, 은택이 백성들에게 미쳐 태평한 세월이 오래되었습니다[昇平日久]. 그러나 백성들의 마음이 편안함에만 익숙해져서, 분수에 안주하지 않고 제멋대로 교만과 사치를 부려 풍속이 날로 경박해지고 있습니다. 그러한 조짐은 진실로 자라나게 내버려둘 수 없습니다. 지금 시대도 오히려 이런데, 후일 근심거리가 될 것을 어찌 모두 다 말할 수 있겠습니까.

그간의 통치에 대한 평가를 확인할 수 있다. 재위 초기 표방했던 인정仁政이 소기의 성과를 거뒀고, 국가는 이제 안정기로 접어들었다. 이러한 여유 속에서 이도와 그의 신하들은 백성들의 풍속 문제로 관심을 옮기고 있었다. 이들은 이제 사회질서 안정이라는 과제에 대한 해결 방안을 모색하기 시작한다.

범죄에 강력히 대처하다 ___ 한양 대화재가 일어났던 1426년 (세종 8)을 전후로, 살인, 강도, 강간, 패륜 등의 범죄에 대한 기록이 빈번하게 등장한다. 이도는 인정과 애민의 정치를 표방했다. 그러나 이 시기의 기록은 그가 외유내법外儒內法의 통치를 구사했음을 보여 준다. 강력한 법의 제재가 백성들을 향한다. 예를 들어 1424년(세종 6)부터 1433년(세종 15)까지 실록에 기록된 참형의 시행 횟수는 다음과 같다.

[표] 재위 6년부터 15년까지 《세종실록》에 등장하는 참형의 시행 횟수

연도	1424	1425	1426	1427	1428	1429	1430	1431	1432	1433	합계
재위	6	7	8	9	10	11	12	13	14	15	–
횟수	11	14	18	14	13	13	14	9	10	9	125

태조 대나 태종 대의 기록과 비교해 볼 때, 횟수가 급격히 증가했다. 《태조실록》과 《태종실록》의 참형 시행 기록은 각각 20여 회, 10여 회에 불과했다. 반면 이도의 시대에는 1426년(세종 8)만 해도 18회에 달한다. 참형 외에 다른 처벌 형태인 교형이나 거열형의 시행 횟수도 급격히 증가했다.

형벌의 대상 측면에서도 주로 정치범을 처벌했던 태조 대나 태종 대와는 완전히 달라졌다. 사회범죄의 양상을 파악하기 위해, 몇 가지 기록들을 살펴보자. 사형에 해당하는 중대 범죄는 형벌의 집행을 담당하는 형조에서 임금에게 보고한다. 당시 용인에 사는 양인 내은이는 최슬라와 간통하고 함께 남편을 살해했다. 형조에서 내은이를 능지처참하고, 최슬라는 참형에 처할 것을 건의했다. 수안에 사는 김득부는 아버지를 때렸기에 참형을 건의했고, 순천의 이벌개는 싸우다가 사람을 죽였기에 교형을 건의했다. 또 충주의 노비 내근내는 주인을 때렸기에 참형을 건의했다.

법의 강력한 집행을 통한 사회질서의 확립이 이도의 시기에 시도되고 있었다. 그러나 법의 집행만으로는 한계가 있다. 이도는 이제 근본적인 해결 방안을 모색하기 시작했다. 바로 교육 문제였다.

교민 방안을 모색하다 ___ 조선 초기에 유교적인 사회로의 전환이 있었다. 그 출발점에는 분명 이도가 있다. 이도는 유학의 도덕과 윤리를 백성들에게 보급하는 정책을 시도했다. 충과 효의 이데올로기를 백성들에게 내면화시켜 정치공동체를 안정시키고자 한 것이다. 이 시기에 유교적 의례들이 보급된다. 사당을 세워 제사를 지내도록 하고,

그럴 수 없는 가난한 사람들에게는 안방에서 제사를 지내게 하는 의례가 이 시기에 보급되기 시작했다.

유학의 경전인 《논어》는 정치를 행하는 순서를 다음과 같이 제시하고 있다.

공자가 위나라로 갈 적에 제자가 말을 몰고 있었다. 공자께서 말씀하셨다. "백성들이 참 많구나!" 제자가 물었다. "백성들이 많아지면, 다음에는 무엇을 해야 합니까?" 공자께서 말씀하셨다. "부유하게 해 주어야 한다[富之]." 제자가 또 물었다. "부유해졌으면, 다음에는 무엇을 해 주어야 합니까?" 공자께서 말씀하셨다. "가르쳐야 한다[敎之]."

공자는 백성을 먼저 부유하게 하고, 다음에는 가르쳐야 한다고 말한다. 부민富民이 정치의 첫 번째 과제고, 교민敎民은 그다음 과제다. 《논어》의 또 다른 부분에서 공자는 정치 과제로 양식을 풍족하게 하는 것[足食], 병사를 풍족하게 하는 것[足兵], 백성들이 위정자에게 믿음을 갖게 하는 것[民信之], 세 가지를 제시한다. 이 중에서 가장 중요한 것은 백성들이 위정자에게 믿음을 갖게 하는 것이다. 이러한 대답 역시 위에 제시한 부민과 교민의 맥락을 벗어나지 않는다.

공자를 계승한 맹자 역시 부민과 교민의 순서를 강조한다. 백성들은 일정한 생업[恒産]이 없으면 일정한 마음[恒心]을 가질 수가 없다(《맹자》양혜왕). 반드시 먼저 백성들의 삶을 윤택하게 만든 후에 교육을 시행해야 한다. 이것이 맹자가 이야기하는 왕도王道정치이다. 백성들을 부유하게 만드는 것이 왕도정치의 시작이라면, 교육을 통해 백성들을 교화시키는 것이 왕도정치의 완성이 될 것이다.

즉위교서에서부터 이도는 맹자의 왕도정치를 표방했었다. 부민이 어느 정도 해결된 지금, 이제 교민이 과제로 떠오른 것이다. 며칠 동안이나 이도는 김화가 아버지를 살해한 사건에 대해 생각했다. 이도는 신하들을 소집해 효행과 우애를 돈독하게 하여 풍속을 바꿀 만한 방법을 논의하도록 지시한다. 이 자리에서 변계량이 《효행록》 같은 서적을 널리 반포할 방안을 건의했다. 이도가 지시한다. "이전에 편찬한 책에 실었던 24인의 효행에다가 20여 인의 효행을 추가하고, 고려 및 삼국 시대의 사람 중에서 효행이 특이한 자도 모두 수집하여 한 권의 책으로 만들라."

기존의 《효행록》을 확대 개편하여 보급하는 방안이 추진되었다. 그 결과가 《삼강행실도》이다. 삼강은 인간의 가장 중요한 관계인 부모와 자식, 군주와 신하, 남편과 아내의 관계를 말한다. 《삼강행실도》는 중국에서부터 조선에 이르기까지 효자, 충신, 열녀 각각 100인을 다룬 책이다. 앞에는 인물의 모습을 그림으로 그리고 뒤에는 일에 대해 기록했다. 그리고 문신들에게 시를 짓게 해서 덧붙였다. 이도는 지방관들에게 이 책을 가지고 백성들을 교육하도록 지시했다. 후일 백성들이 쉽게 볼 수 있도록 문자를 만든 것은 이러한 작업의 연장이다. 교민은 훈민訓民으로 연결되었다.

성왕의 정치를 표방하다 ___ 후일 중종 대 사림의 대표 조광조는 다음과 같이 말한다. "세종시대에는 《소학》의 도에 마음을 써서, 책도 전국에 반포했었습니다." 《소학》은 《대학》을 공부하기 이전에 아이들이 보는 책이다. 일상생활의 소소한 예절과 효제충신孝悌忠信의 윤리를 학습하여 체화한다. 이도는 교육기관을 정비하면서 《소학》 교재를 보급하고, 한편으로는 《소학》을 학습하는 법 규정을 마련했다. 글을 읽을 수 있는 선비들에게 《소학》을 보급하기 위한 조치였다. 반면 당시 일반 백성들에게는 언어의 한계가 존재했다. 《삼강행실도》는 《소학》의 대체물이다. 유학의 이념을 백성들에게 보급하고자 한 것이다.

1434년(세종 16) 4월 27일 《삼강행실도》가 최종 인쇄되었다. 이도는 이 해 11월에 종친, 관료 그리고 여러 도의 관리들에게 이 책을 배포하고 교서를 반포했다.

하늘이 준 바른 덕과 진심 그리고 의젓하게 타고난 천성은 모든 백성이 똑같이 타고난 것이다. 그러므로 인륜을 두텁게 하고 풍속을 바르게 하는 것은 국가를 다스리는 자의 급선무라고 생각한다. 세상의 도리가 이미 떨어지고 순박한 풍속이 예전과 같지 않아, 하늘의 법칙과 사람의 도덕이 점점 더 진실을 잃어 버린다. 신하는 신하가 된 도리를 다하지 못하고, 아들은 아들의 도리를 다하지 못하고, 아내는 아내의 도리를 제대로 못하는 자들이 때때로 있으니, 혼자서 탄식할 뿐이로다. 나는 옛날의 성제聖帝와 명왕明王이 직접 행동하고 가르쳐서 옳은 도리를 드러내고 선창하여 이끌고 나아가 집집마다 선행을 정표旌表하게 했던 사실을 생각한다. 나의 박한 덕으로는 비록 그것의 만분의 일이라도 희망할 수 없지만, 단호하게 여기에 뜻을 둔다.

이도가 자신의 모델로 제시한 인물은 성제聖帝와 명왕明王이다. 주희가 《대학》 서문에서 밝혔듯이, 이들은 군주이자 스승으로서 백성들을 다스리면서도 가르쳤던 위대한 정치가들이다. 이도는 《삼강행실도》를 통해 이들의 위대한 정치를 조선에 재현하고자 한다고 선언했다.

　정치적인 수사로만 볼 수는 없을 듯하다. 권력을 넘어 이념적인 측면이 분명히 있다. 유학의 정치는 한 인간이 도덕적인 완성을 이루고, 이것을 가족, 사회, 국가로 확대하는 것이었다. 이것이 바로 수기치인修己治人, 즉 "자신을 갈고닦아 남을 다스린다"라는 당시의 정치론이다.

　인간들이 모여 사는 사회에는 권력이 존재하고, 인간은 자신의 권력을 강화하기 위해 노력하게 마련이다. 이도가 군신, 부자, 부부의 도덕 윤리를 보급했던 것은 분명 윗사람과 아랫사람이 구분되는 사회의 질서를 공고히 하고, 자신의 통치를 안정화하려는 목적이 있었을 것이다. 그러나 인간은 동시에 자신이 가진 이상을 현실에 구현하려 하는 존재이다. 이도는 이상주의자였다. 그는 책 속에서 발견했던 정치의 이상을 조선에 구현하고자 했던 국왕이었다.

2. 신분제도를 강화하다

법제화를 추진하다　　1431년(세종 13) 1월 12일 이도는 신분별로 주택 규모를 제한하도록 지시를 내렸다. 대군大君은 60간, 친아들, 친형제, 공주는 50간, 2품 이상의 관료는 40간, 3품 이하는 30간, 서민은 10간을 넘지 못하도록 법제화한 것이다. 지시하기 직전의 언급을 보면 이러한 법제화의 의도를 확인할 수 있다.

> 서민의 가옥은 참람하게 공경에 비기고, 공경의 주택 역시 참람하여
> 궁궐과 같다. 서로 다투어 사치와 화려함을 숭상하여, 상하가 정해진
> 등위等位가 없으니 진실로 온당하지 않은 일이다.

특권층의 권리를 위한 조치였다. 이제 공동체의 구성원 각자가 신분에 맞는 삶을 살도록 강제하는 법률이 마련된다. 정치공동체의 안정이라는 시대적 배경 속에서 점차 사회에 대한 국가의 통제가 강화된다. 신분제도를 고착화하는 작업이 교육의 측면뿐 아니라 법제적인 측면에서 모색되고 있다.

이도는 노비에 대한 처우를 획기적으로 개선했던 인물로 알려져 있다. 노비에게도 출산 전이나 후에 휴가를 주고, 양로연을 열면서 나이가 많은 사람은 노비라 할지라도 참여하게 했다. 나아가 이도는 노비의 존재에 의문을 품을 정도로 시대를 앞서간 인물이었다. 어느 과거시험의 책문에서 이도가 말한다.

> 우리나라의 노비는 중국과는 다른데, 어느 때부터 시작되었는가. 어떤
> 사람은 '예의와 염치의 풍습이 실로 여기에 의존한다'라고 말하니, 그
> 말이 옳은가, 그른가?

양민이 많아야 국가가 부강해진다. 조선 초기의 노비는 중국과 비교해서 상대적으로 많은 비율이었다. 통치자로서 이도는 노비제도에 의

구심을 품었다. 그는 노비에 대해 "비록 천하지만 역시 하늘이 내린 백성"으로 인식했다. 그러나 10년이 지날 즈음의 언급을 보면, 그 역시 노비에 대한 개혁을 포기했다.

우리나라의 노비는 대대로 서로 전해 내려오는 것으로서 명분이 매우 엄중하여 중국의 노비와는 아주 다르다. 그들을 양민으로 만드는 법은 현실에서 시행하기 어려우며, 또 노비가 죄를 범하면 그 주인이 처벌하는 법도 실행한 지가 이미 오래된 것이므로 갑자기 고치기가 쉽지 않다.

이도는 노비를 함부로 처벌하거나 살해하는 주인은 국가에서 처벌하겠다고 경고했다. 실제로 권채나 이맹균과 같은 명문가의 관료들이 처벌된 적도 있다. 그러나 진보적인 생각을 가졌다 해도 이도는 전근대 국가의 국왕이었다. 전근대의 국가가 가진 힘 역시 사회 전체를 통제하기에 역부족했다. 이도는 묵인할 수밖에 없었고, 조선의 왕가 역시 이것에 의존했다.

노비들의 삶은 참혹했다. 이도의 경고는 주인이 노비를 함부로 처벌했던 당시의 시대상을 잘 보여 준다. 포락炮烙(불에 달군 쇠로 지지는 극형), 의형劓刑(코를 베는 형벌), 이형刵刑(귀를 베는 형벌), 경면黥面(얼굴에 자자하는 형벌), 고족刳足(발바닥 속을 도려내는 형벌)과 같은 참혹한 방법이 노비들을 처벌하는 데 동원되고 있었다.

신분의 이동을 금지하다 ___ 이도의 시대에 이르러, 노비는 살아 있지만 죽은 자와 마찬가지인 '사회적 죽음'의 상태로 전락했다. 1422년(세종 4) 2월 3일 '주인 고소 금지법'이 통과된다. 태상왕이었던 태종의 결정이었다. 종이 주인을 고발하더라도 국가에서 받아들이지 않고 종을 처벌하는 법이었다. 이도는 재위 기간 내내 노비들이 처한 상황에 대해 의문을 품었다. 그러나 이미 정착된 사회적 관행들을 타파하지 못했고 그대로 수용했다.

노奴와 비婢는 각각 남자 종과 여자 종을 말한다. 노비 인구는 고려 말에 전 인구의 5퍼센트에 불과했으나 조선 초기에 30퍼센트까지 증가했다고 한다. 아마도 14세기 말 전쟁과 변혁의 시기에 국가의 통제를 벗어나 증가했기 때문으로 보인다. 물론 30퍼센트 모두가 실질적인 노예에 해당하지는 않을 것이다. 그러나 분명한 사실은 이도의 시대에 이르러 이것을 국가적으로 수용하여 공식화, 제도화했다는 점이다.

어떤 연구자는 이도가 양천교혼의 빗장을 풀었다고 주장한다. 이도가 노비 폭증의 원흉이라는 것이다. 그러나 이 주장은 사실과는 다르다. 오히려 이도는 양인과 천인이 서로 혼인하는 것을 금지했다. 소수의 특권층에게 특혜를 베풀긴 했지만 그것은 어느 시대에나 있을 수 있는 조치다. 이것은 태종의 결정을 그대로 따른 것에 가깝다. 태종은 아버지가 양인, 어머니가 천인일 경우 아버지의 신분을 따르게 하는 종부법을 시행했다.

이도의 시대에 들어 이 법이 문제가 된다. 자식을 양인으로 만들기 위해 천인 여성들이 남편을 양인으로 위조하는 일이 빈번해졌기 때문이다. 종부법은 사회질서를 어지럽히기에 시행을 중단할 수밖에 없었다. 1432년(세종 14) 3월 26일 이도는 아예 양민과 천민이 서로 결혼하는 것을 금지하도록 지시했다. 다만 여기에는 다음과 같은 예외조항이 있었다.

1품관 이하 동·서반의 품관, 문과·무과의 출신자, 생원, 성중관, 유음有蔭 자손인 자가 공사 비녀를 첩으로 삼은 것, 백성으로서 나이가 40세에 이르도록 아들이 없어서 공사 비녀에 장가 든 자는 이 범위에 포함하지 않는다.

소수의 특권만은 보장해 놓았다는 것을 확인할 수 있다. 태종이 종부법을 시행했던 본래 의도를 살려 놓은 것이다. 종부법은 대소 관료들을 향해 있었고, 특히 공신들에게 특혜를 준 것이었다. 이런 조치가 양민에게 확대된 것이 종부법이었다. 문제는 이러한 예외적 특권의 보장이 얼마나 영향력이 있었는지였다.

정치의 도리에 대해 고민하다 ___ "정치의 도리는 낮은 사람이 높은 사람을 업신여길 수 없으며, 아랫사람이 윗사람을 업신여길 수 없는 것입니다." 1429년(세종 11) 5월 11일 하극상의 처벌을 강화하는 법안들이 통과된다. 이미 이도의 재위 초기에 노비가 주인을 고발하거나 아전이나 백성들이 수령이나 감사를 고발하는 것을 금지하는 법안이 만들어졌다. 주인 고소 금지법과 수령 고소 금지법이다. 제안자 허조가 말했다. "천하와 국가는 인륜이 있는 곳이기에, 임금과 신하의 상하 구분이 각각 있어야만 합니다. 요사이 윗사람을 업신여기는 마음으로 함부로 행동하는 경우가 자주 일어나고 있으니, 이와 같은 풍조는 단연코 자라나지 못하게 해야 할 것입니다."

수성의 시대로 진입한 조선에 가장 중요한 과제는 국가가 장기적으로 지속할 수 있는 기반을 만드는 것이다. 이도와 그의 신하들은 공동체의 안정을 확보하기 위한 조치들을 시행해 갔다. 법의 규제와 교육을 통해 신분질서를 공고화하고, 질서를 무너뜨릴 수 있는 시도들을 차단해 나갔다. 이는 조선이 500년 동안 지속할 수 있는 토대가 되었다.

그러나 질서를 확립하기 위해 시행한 조치들이 정치의 본래 의미를 훼손시킬 수 있다. 정치는 자원들을 공정하게 배분하는 것이 목적이다. 특히 국가가 없다면 강자에게 지배될 수밖에 없는 약자들에 대한 배려가 중점이 된다. 더구나 이도는 인정仁政을 표방했다. 그는 백성들에 대한 연민이 있는 통치자였다. 그는 1425년부터 수령 고소 금지법에 의문을 품었다. "탐욕스러운 관리들이 백성들의 고소를 금지하는 법을 믿고 제멋대로 행동하고 있다." 백성들이 입고 있는 피해가 걱정이었다. 대안으로 어사를 보내 두루 돌아다녀 보게 하거나 내관을 보내서 수령들을 순찰하게 했다.

1431년(세종 13)에 이르러 이도가 말한다. "아랫사람이 윗사람을 고소하는 것을 금지하면, 사람들이 억울하고 원통한 심정을 펼 곳이 없을 것이다. 그중에서 간절한 사정 같은 것은 받아들여 처리해 주고, 관리를 고소하는 종류의 고소는 듣지 않는 것이 어떠한가." 절충안을 제시한 것이다. 허조가 나서서 반대했지만, 이도가 다시 말했다. "억울하고 원통한 마음을 펴 주지 않는 것이 어찌 정치하는 도리겠는가?" 한창 새로운 법전을 편찬하던 때였다. 이도는 이후로도 두 차례에 걸쳐 금지하는 법안이 가진 문제점에 대해 신하들과 논의했다.

이도는 결국 백성들이 억울함을 호소할 수 있는 법안을 법전에 포함했다. 1433년(세종 15) 《신찬경제속육전》이라는 새로운 법전을 발간했다. 이 안에 부민고소조部民告訴條가 있었다. "자기의 억울한 일을 호소한 것은 고소장을 수리하여 다시 판결한다"라는 조항이다. 이도는 이러한 법 조항을 둔 이유를 다음과 같이 말했다.

공소장을 전혀 수리하지 않는다면 억울한 일을 당하여 마음을 썩히고 있는 자가 억울함을 호소하여 풀 곳이 없게 될 것이다. 그렇다면 결국에는 구부러진 것을 바로잡으려다가 너무 곧게 만드는 것과 같은 폐단이 반드시 있게 될 것이다. 내 생각으로는 소장을 수리하고 옳고 그른 것을 판단하여 그의 억울함을 풀게 하고, 잘못된 판단이 있더라도 수령은 처벌하지 않는다면, 백성의 억울함은 풀 수 있고, 명분은 지킬 수 있어 두 가지가 다 완전하게 되어 폐해가 없을 것이다.

3. 유가와 법가 사이

유가적 군주의 이면 ___ 이도는 유가적 군주를 표방했다. 그는 형벌을 신중하게 집행하라는 교서를 여러 차례에 걸쳐 내렸다. 한 교서에서는 다음과 같이 말했다. "《서경》에서 '조심하고, 또 조심하라. 형을 시행함에 조심하라'라고 한 말은 내가 항상 잊지 못하는 말이다. 또

'네가 맡은 옥사를 조심하여 나의 왕국을 영원하게 하라'라고도 했다. 옥사를 담당한 관리들은 깊이 유념할 것이다." 법을 신중하게 적용하라고 관리들에게 훈시한 것이다. 죄수들의 질병 치료와 구호 역시 강조했다. "감옥의 목적은 죄를 징계하는 것이지, 사람을 죽이는 것이 아니다."

실록 편찬자들은 이도의 행장에서 그의 형벌에 대한 태도와 애민정신을 다음과 같이 서술한다.

크고 작은 형벌을 신중하게 살피고, 백성을 불쌍하게 대하라고 관리에게 경계했다. 비록 아주 작은 형벌일지라도 모두 조정에서 정한 율문에 따라서 집행했다. 함부로 억울하게 처벌하는 일을 금지하고, 법령에 기재하여 대내에 반포했다. 이것을 관청의 벽에 걸고 항상 경계하고 반복해서 보게 하고, 죄수들이 갇혀 있는 감옥에까지 그렇게 하도록 했다.

그야말로 백성을 사랑하는 국왕이다. 그러나 기록을 거꾸로 읽어 보자. 이도가 오히려 법의 적용을 강력하게, 그리고 형벌의 집행을 빈번하게 시행했다는 사실이 보이지 않는가. 그는 법에 의한 교화 역시 통치의 한 방법으로 활용했던 국왕이었다.

도덕과 윤리의 보급은 교육만으로 이루어질 수 없다. 유학의 통치는 보통 교화의 정치라고 한다. 이것은 보통 법과 형벌보다는 도덕과 윤리를 강조하는 방식으로 이해된다. 예컨대 《대학》은 위정자의 덕이 백성들에게 퍼져 나가는 교화의 정치를 강조한다. 그러나 그것은 이상적이다. 현실에서는 개인적인 욕망을 위해 규칙을 어기고 행동하는 사람들이 분명히 존재한다. 이들에게 대처하기 위해서는 법의 여러 규정을 완비하고 이에 따라 형벌을 알맞게 부과하는 것이 필요하다.

중국의 춘추전국시대를 거치며 법의 엄격한 적용을 주장하는 법가가 탄생했다. 이후로 역대 동아시아 국가들은 외유내법의 통치를 구사해 왔다. 형식적으로는 유학의 도덕과 윤리를 강조하는 통치를 표방하지만, 실제로는 법의 규정과 형벌을 부과하는 조항들을 완비하고 그것을 엄격하게 집행해 국가를 유지해 온 것이다. 이도는 유가적 군주를 표방했다. 그러나 그 역시 재위 중반기까지 법전의 편찬에 매진했다.

또 하나의 통치수단, 형벌 ___ 백성들의 교화를 위해 교육을 하면서도 형법을 강력하게 집행해야 한다는 상소가 등장하기 시작했다. 사간원의 상소를 보자. "순 임금은 설契을 교육을 담당하는 사도司徒로 임명하여 인륜을 가르치게 했고, 또 가르친 것을 혹시나 좇지 않는 자가 있을 것을 염려하여 고요皐陶를 형벌을 담당하는 관리로 임명하여 형벌을 밝히고 교화를 돕게 하였습니다." 옛 성왕들조차도 교육과 형벌을 병행했다는 주장이다. 이들은 형법의 유래가 단순히 상앙商鞅, 신불해申不害, 한비韓非와 같은 법가들에 있지 않음을 강론하고, 통치 수단의 하나라고 강변한다. 이에 대해 이도가 말한다. "그대들의 말이 옳다. 그러나 작은 일이 아니므로 갑자기 시행할 수 없으니, 내가 다시 생각해 보겠다."

1429년(세종 11) 1월 13일 이도는 여느 때처럼 경연을 열었다. 그는 경연에서 책을 읽으며 직면하고 있는 통치 사안들에 대해 생각했다. 이날은 《서경》〈대우모大禹謨〉 편을 공부했다. 이 책은 고대 중국의 통치에 대한 문서들을 모은 경전이다. 통치자가 자신의 통치를 돌아보는 데 좋은 말들이 많다. 이날은 "내가 원하는 대로 다스려서 사방이 바람에 움직이듯이 순순히 따르게 한다면, 이것은 오직 너의 아름다움이다"라는 구절을 읽었다. 이도가 말한다. "이 부분에서 형벌을 조심스럽게 삼가야 한다고 말한 것은, 비록 형벌은 비록 아름다운 일도 못 되지만 성인도 역시 그만두지 못하셨던 것을 뜻한다." "형벌을 삼가야 한다"는 구절에서 위대한 통치자들도 형벌을 불가피하게 사용했다는 사실을 읽어 냈다.

이도의 생각은 변화하고 있었다. 그는 차츰 법전의 정비에 노력을 기울였다. 경연에서 법전을 강론할 정도였다. 1431년(세종 13) 즈음에 이르러서 그가 말한다. "형벌은 정치를 돕는 기구다[輔治之具]. 옛날에 교화가 융성하던 시대에도 결코 없앨 수가 없었다. 순이 천자가 되어 형벌을 신중히 시행하고, 고요가 법을 집행하는 관리가 되어 다섯 가지 형벌을 밝혀서 오륜의 교육을 도와 화합하고 밝은 정치를 이루었다." 그는 자신이 모델로 삼고 있는 옛 성왕들의 정치에서도 형벌은 피할 수 없었다는 사실을 법전 편찬의 정당성으로 제시한다. 법전이 거의 완성되어 가던 1433년(세종 15) 즈음 다음과 같이 말한다. "형벌은 악을 징계하여 백성들을 죄에서 멀어지게 하니, 어느 시대에나 적용되는 큰 법칙이다."

조선은 유교국가를 표방했다. 그러므로 법률은 당연히 정치를 보조하는 수단 정도로만 언급되었다. 그러나 실제로는 법이 국가를 운영하는 중요한 수단이었다. 이도는 그 출발점에서 법을 촘촘하게 정비하는

데 노력을 기울인 국왕이었다.

1439년(세종 21)의 한 기록은 다음과 같이 말하고 있다. "갑인년 [1434] 이후부터 지체된 사형수가 190인이었다. 임금이 이를 민망하게 여겨 의정부에 전교했다. '근년 이래로 기근이 겹쳐 도적이 흥행하고, 분쟁이 더욱 성하여 사형수가 많기가 예전에 비하여 배나 된다. 내가 그윽이 부끄럽게 여겨서 깊이 반성하며, 또 그 죽게 되는 자를 민망하게 여긴다.'"

법전의 정비에 힘을 쏟다 ___ 1433년(세종 15) 1월 4일, 황희 등이 새로 편찬한 법전을 보고하자 이도는 그것을 주자소에 보내 인쇄하도록 지시했다. 인쇄된 책이 올라오자, 이도가 말했다. "지금 올린 육전六典을 빠르게 인쇄·반포해 신민들이 모두 법을 세운 것을 알도록 해야 한다. 나도 경연에서 읽겠다. 사람들이 죄를 저지르는 것은 법을 알지 못하기 때문이다."

이도는 이상주의자였다. 그는 인간에 대한 믿음이 있다. 법을 모르기 때문에 죄를 짓는 것이라는 판단이었다. 그래서 법전을 편찬하고 보급을 시도했다. 다만 이두와 한문으로 된 법전은 관리들이 해석해서 백성들에게 알려 줘야 하는 한계가 있었다. 법전의 보급 작업은 후일 백성들이 직접 이것을 읽을 수 있는 수단, 즉 문자의 발명으로 이어지게 된다.

법은 정치를 운영하는 가장 기본적인 요소 중의 하나이다. 조선이라고 예외는 아니다. 태조 이성계의 참모 정도전은 1394년에 최초의 법전 《조선경국전》을 편찬했다. 이것은 서문 모음집의 성격을 가진 책으로, 앞으로의 법을 제정하는 방향성을 제시한 것이다. 태조 대에는 법령을 모은《경제육전》을 편찬했고, 태종시대에 와서는 이것을 보완한 《속육전》을 편찬했다.

이도 역시 재위하자마자 《속육전》을 수정, 보완하는 작업을 이어갔다. 재위 2년부터 재위 17년에 이르기까지 약 16년에 걸친 대규모 사업이었다. 이도는 법령 하나하나를 직접 검토했다. 경연에서까지 법전을 강론하며 보완했다.

작업의 핵심은 태종 대의 《속육전》에 새로 만든 법령들을 추가하는 것이었다. 1426년(세종 8) 12월 원육전, 속육전, 등록의 편찬으로 첫 번째 결실을 보았다. 이후에도 지속적인 보완을 거쳐, 세종 10년(1428) 11월에 《신속육전》 5권과 등록 1권을 완성했다. 이것이 《육전등록》이다. 이후 이도는 경연에서까지 법전을 강론하며 다시 개선하는 작업을 통해 1433년(세종 15)에 《신찬경제속육전》을 완성했다.

이도가 통치한 시기는 조선왕조가 500여 년 동안 지속할 수 있는 토대를 놓은 시기였다. 그러한 토대 중의 하나가 바로 법의 정비다. 이도는 법전을 정비해 보급하고, 이를 강력히 시행했다. 그가 만들어 놓은 법전은 이후 성종 대에 《경국대전》 편찬으로 이어졌다. 조선은 인치와 예치를 표방했지만, 실제는 법치였다.

[표] 세종 대의 법전 정비

날짜	내용
세종 2년 윤1월 29일	《경제육전》 원전의 법규와 주요 법안을 제외하고, 이들과 모순되는 법령을 모두 삭제하고, 예조의 상정소로 하여금 함께 의논하여 분류하게 하다.
세종 4년 8월 11일	《속육전》을 더 완비하기 위해, 육전 수찬색을 설치하다.
세종 8년 2월 8일	《속육전》을 완성하다(1차).
세종 8년 12월 3일	수찬색에서 확정된 《속육전》 6책과 《속록》 1책, 《원전등록》 등을 제작하다.
세종 10년 11월 29일	상정소에서 중복과 착오를 다시 검토하여 《속전》 5권과 《등록》 1권을 제작하다.
세종 11년 3월 18일	《원육전》과 함께 《속육전》을 인쇄, 배포하다.
세종 12년 3월 27일	경연에서 《속육전》을 강론하고 검토하다.
세종 12년 4월 11일	이두로 된 《원육전》과 한문으로 된 《속육전》을 함께 시행하는 것을 검토하라고 지시하다.
세종 13년 5월 13일	이두로 된 《원육전》을 인쇄하여 배포 시행하고, 하륜이 개수한 《원육전》은 회수할 것을 지시하다.
세종 15년 1월 4일	《속육전》에 대한 지속적인 개수 검토 끝에 새로 편찬한 《경제속육전》 6권과 《등록》 6권을 인쇄하다.
세종 17년 11월 20일	새 육전을 검토하여, 빠진 조목 30여 조를 새 육전 끝에 첨부하기로 하다.

1. 재정 안정을 꾀하다

조세제도 개혁을 선언하다 ___ 부국강병을 위한 기반이 될 수 있는 화폐 개혁이 실패하고 말았다. 이에 이도는 또 다른 방안을 구상하고 실행에 옮긴다. 농민들에게 부과하는 전세田稅의 개혁이었다.

1427년(세종 9) 무렵부터 이미 이도는 개혁의 방향성을 설정했다. 그는 과거시험 문제에서 개혁의 방안을 사대부들에게 물었다.

왕은 말하노라. 예로부터 제왕이 정치를 할 적에 반드시 한 시대의 제도를 마련하는 것부터 시작했으니, 역사책을 살펴보면 알 수 있다. 전제田制의 법은 어느 시대에 시작되었는가. …… 나는 덕이 적은 사람으로 큰 기업을 계승하여, 선조들의 가르침을 우러러 생각하여 융평隆平의 정치에 이르기를 기대했다. 그러나 제대로 된 방법을 찾지 못하였

9 ___
통치 기반을
확립하다

으니, 어떻게 해야 이룰 수 있겠는가. 나라를 잘 다스리는 핵심은 백성을 사랑하는 것에 있고, 백성을 사랑하는 근본은 다만 백성들에게 거두어들이는 것에 법도가 있어야 할 뿐이다.

지금까지는 손실답험법을 시행해 왔다. 수확기에 관리를 경작지로 보내, 수확량에 따라 세금을 감면해 주는 제도다. 그런데 여기에는 몇 가지 문제점이 있었다. 우선 일일이 관리를 파견해 수확량을 확인하고 세금을 결정하는 데 막대한 비용이 들었다. 행정과 부패의 비용이다. 세금을 감면하는 제도라 일정한 재정을 확보할 수도 없었다. 이도는 개혁을 통해 기존의 손실답험법을 시행하는 비용을 국가 재정으로 흡수하고, 항상적인 재정을 확보하려 했다.

이미 이도에게는 복안이 있었다. 그는 과거시험 문제에서 이를 언급했다. "공법貢法의 좋지 못한 점을 보완해서 시행하려 한다면, 그 방법은 어떻게 해야 하겠는가?" 새로 도입하려는 공법은 별도의 조사 없이 단위 면적당 일정한 조세를 부과하는 제도였다. 문제는 일정한 세금을 걷게 되면 가난한 농부들이 입게 될 피해였다. 이들의 논밭은 토지의 품질이 형편없고 재해에도 취약했다.

맹자는 공법에 대해 경고한 바 있다. "풍년에는 수확량이 풍족해도 적게 거두고, 흉년에는 먹을 식량도 부족한데 일정량을 반드시 거둔다"《맹자》〈등문공〉). 공법은 안민安民이라는 유학의 가치와 충돌하는 제도였다. 그러나 이도는 안정적으로 국가를 경영하기 위해 이 제도를 꼭 도입해야 한다고 생각하고 있었다.

개혁의 정당성으로 백성을 내세우다 ___ 이듬해인 1428년(세종 10) 새해 벽두에 이도는 개혁에 대한 논의를 시작했다. "공법을 한 번 시행하기만 하면 풍년에 많이 거두는 걱정은 면할 수 있겠지만, 흉년에는 반드시 근심과 원망을 면할 수 없을 것이니 어떻게 하면 좋겠는가." 이미 시행할 것을 전제로 한 발언이었다. 황희가 대답한다. "추수 때마다 각 고을에서 수확량의 풍흉을 살펴서 3등급으로 나누어 보고하게 하고, 이에 따라 세금을 징수하는 것이 옳을 것입니다." 그러나 이날의 논의 이후 공법 개혁은 조금도 진척되지 않았다. 공법을 시행했을 때 가난한 농부들이 입을 피해를 해결할 뾰족한 수가 없었던 모양이다.

거의 2년이 지나서야 이도가 다시 이야기를 꺼냈다. "이 법을 실행하게 된다면, 반드시 백성들에게는 후하게 되고, 국가에서도 일이 간략하게 될 것이다. 또 답험할 때에 폐단이 막심하다. 우선 이 법을 한두 해 시행하여 시험해 보는 게 좋을 것 같다." 관리들을 보내 수확량을 확인하고 조세를 정하는 것을 답험踏驗이라고 했다. 답험을 하는 관리들이 농간을 부려 백성들이 피해를 입는다는 것이 임금의 주장이었다.

임금이 나서지 않으면 관료들은 움직이지 않는다. 이제 이도가 구체적인 지시를 내린다. "토지 1결에 쌀 15말을 받는다면 1년 수입이 얼마나 되며, 10말을 받는다면 얼마나 될지 호조에서 계산하여 보고하도록 하라. 또 신하와 백성들에게 찬반을 조사해 보고하도록 하라." 공법의 시행으로 재정을 확충할 목적이었으니, 구체적으로 세금이 얼마나 걷힐지 계산해 봐야 했다.

이듬해인 1430년 3월 5일 호조에서 보고가 올라온다. 건의 형식이었다. 보고서는 먼저 길게 백성들이 답험을 통해 입게 되는 폐단에 대해 나열한다. 그러고는 공법의 시행을 건의한다. "이제부터는 공법을 시행하여 전답 1결에 조세 10말을 거두게 하고, 평안도와 함길도는 1결에 7말을 거두게 하소서." 아마도 이러한 보고는 형식적인 절차일 것이다. 이미 이전에 호조의 고위 관료들이 예상 수세량을 보고했을 것이고, 이도는 10말을 거둬도 재정을 충분히 확보할 수 있다고 판단을 내렸을 것이다. 손실답험법은 시행 비용이 너무 많이 들었고, 일정한 수세량을 확보할 수 없다는 결정적인 문제가 있었다. 조선의 미래를 위해 보다 안정적인 조세제도가 필요했다.

문제는 공법이 가진 한계였다. 가난한 백성들은 매년 일정한 세금을 내기가 어렵다. 이러한 측면에서 보면, 수확량을 확인하여 세금을 감면하는 손실답험법은 그야말로 공정한 제도다. 고려 말기 백성들은 과중한 세금으로 고통을 받았다. 조선을 건국한 태조는 손실답험법의 기초를 마련했고, 태종은 이러한 제도를 본격적으로 시행하며 인정을 표방했다. 대신 태종은 조세를 부과할 수 있는 경작지의 숫자를 늘려서, 명분과 실리를 동시에 챙겼다. 그러나 거기까지였다. 이 제도는 장기적으로 시행하기에는 비용이 너무 많이 들었다. 이제 이도는 공법을 도입하기 위해 강수를 둔다.

17만 명 이상의 여론을 듣다 ___ 호조의 건의를 받은 이도는 법 개혁을 위해 여론 조사라는 초강수를 두었다. "의정부, 6조, 각 관사와 서울 안의 각 관리들, 각 도의 감사, 수령 및 관리들로부터 시골의 가난한 농민들에 이르기까지 모두 가부可否를 조사해서 보고하도록 하라."

현대 국가에서도 조세제도의 개혁과 같은 전문적인 사안은 다수결로 하지 않는다. 그러나 이도는 제도의 권위와 권력의 정당성을 확보하기 위해 다수결 혹은 여론에 의한 정책 결정을 시도했다. 두 가지 이유에서였다. 하나는 잦은 개혁으로 인한 관료들과 백성들의 불만을 줄이고 개혁에 동참시키기 위해서였다. 태조나 태종이 조세 개혁을 한 지 얼마 되지 않았다. 거기다 태종과 자신은 화폐 개혁을 여러 차례 시도하다가 실패했다. 그러나 이번의 조세 개혁은 꼭 필요한 조치다. 또 다른 이유는 공법 자체가 가진 결함이다. 공법은 가난한 농부들에게 많이 거두는 제도였다. 이도는 여론 조사를 통해 돌파를 시도했다.

약 4개월 후 여론 조사 결과에 대한 보고가 올라왔다. 호조판서 안순이 나서서 간략히 보고했다. 경상도의 인민들은 좋아하지만, 함길도, 평안도, 황해도, 강원도와 같은 척박한 지역의 농민들이 반대한다는 것이다. 이도가 여기에 반응한다.

백성들이 싫어한다면 이 법을 시행할 수 없다. 그러나 농작물의 잘되고 못된 것을 답험할 때에 각기 제 주장을 고집하여 공정성을 잃은 것이 자못 많았다. 또 간사한 아전들이 잔꾀를 써서 부유한 자를 봐 주고 가난한 자를 괴롭히고 있어, 내가 매우 우려하고 있다. 각 도에서 보고가 모두 도착하거든 공법의 편의 여부와 답사해서 폐해를 구제하는 등의 일들을 모든 관리에게 숙의하여 보도하도록 하라.

"백성들이 싫어한다면 시행할 수 없다"라는 말은 원론적인 수사에 불과하다. 이미 이도의 의중은 공법을 시행하는 것으로 굳어져 있었다.

그는 자세히 통계를 내고 상세히 논의해서 보고하라는 말로 호조판서를 압박한다. 약 한 달이 지나 8월 10일에 이르러 호조에서 다시 결과를 보고한다.

[표] 1430년(세종 12) 지역별 공법 여론 조사 결과(단위: 명)

지역/신분	찬성		반대	
	수령	백성	수령	백성
경기도	29	17,076	5	236
평안도	6	1,326	35	28,474
황해도	17	4,454	17	15,601
충청도	13	6,982	26	14,013
강원도	5	939	10	6,888
함길도	3	75	14	7,387
경상도	55	36,262	16	377
전라도	42	29,505	12	257
총합	170	96,619	136	73,193
	96,789		73,328	

약 17만 명에 해당하는 인원들의 여론 조사 결과가 정리되어 올라왔다. 백성들의 가부뿐만 아니라, 서울과 지방의 모든 관료의 의견 역시 세부적으로 정리된 보고서였다. 전근대의 왕정국가에서 이렇게 여론을 조사하는 것은 결코 쉬운 일이 아니다. 막대한 비용을 지출했을 것이다. 그만큼 이도가 공법의 개혁을 열망했다는 사실을 보여준다.

개혁을 진행하는 수단 이외에도 여론 조사는 두 가지 중요한 부수적인 효과가 있었다. 하나는 공동체 구성원들에게 국왕으로서의 역량을 과시할 수 있다는 점이다. 근대국가는 폭력을 독점하고 구성원들을 강제할 수 있는 수단을 다양하게 가지고 있다. 그러나 전근대의 국가는 그렇지 않다. 이만큼 구성원들의 피부에 와 닿도록 통치를 구현한 전근대의 통치자는 전 세계를 뒤져 봐도 얼마 되지 않는다. 또 다른 하나는 정치 참여층을 확대하고 정치 과정을 풍부하게 했다는 것이다.

"백성이 싫어한다면 시행할 수 없다[民若不可 則未可行之]." 이 말이 개혁을 위한 정치적 수사인 것은 분명하다. 그러나 그의 진심이 담겨 있지는 않았을까? 그는 학자군주였다. 그가 읽었던 《맹자》의 한 구절이다. "백성의 마음을 얻으면 최고의 통치자가 될 수 있다." 이도는 항상 백성들의 동의를 정책 실행의 요건으로 언급했던 국왕이었다. 원론적인 수사였다고 하더라도, 그는 분명 시대를 앞서간 인물이었다.

개혁을 철회하다 ___ 이도는 백성들에겐 단순히 가부만을 물었지만, 관료들에게는 자세한 의견을 요청했다. 의견은 크게 찬성, 보완 시행, 반대 세 가지로 나뉘었다. 각 관료의 의견을 살펴보는 것은 이도의 공론정치를 이해하는 데 크게 도움이 된다.

전직 관료를 포함해서 약 1,300명의 관료가 자신의 의견을 제시했다. 이 중 절반이 넘는 700명 이상이 공법 시행에 찬성했다. 공법의 미비점을 보완할 수 있는 다양한 의견들이 제시되었다. 시험해 본 이후에 시행하자는 의견도 있었다. 그러나 문제는 고위 관료들이 대체로 부정적인 견해를 표명했다는 사실이다. 좌의정 황희, 우의정 맹사성, 찬성 허조 등이 반대를 했다. 이들이 드는 근거는 역시 공법이 지닌 맹점이었다.

[표] 1430년(세종 12) 공법의 개혁에 대한 관료들의 의견

구분	인원	의견
찬성	안수산, 이천, 이순몽 등 고위 관료 9명과 3품 이하의 현직 관료 259명, 전직 관료 443명	그대로 시행
보완 시행	조말생, 황자후 등	공법과 손실답험법을 선택
	박초	토지의 품질에 따라 시행
	정인지	우선 경기도의 한두 고을에 시험
	유효통	상, 중, 하상, 하하로 구분 시행
	안지	산골과 평야의 수십 고을에 시험
	박서생, 조극관, 정길흥 등	3등급으로 세분화
	유지함, 윤처공, 권준 등	척박한 산지는 경작 여부 조사
	김달성, 원내인 등	강원도와 황해도의 조세를 하향
	이호문, 조수량, 남간 등	토지 등급을 9등급으로 세분화
반대	황희, 맹사성 등 고위 관료 30명, 3품 이하의 현직 관료 393명, 전직 관료 117명	시행 불가

비옥한 전토를 점유하고 있는 자는 거의 부유한 사람들이며, 척박한 전토를 가지고 있는 자는 거의 모두가 가난한 사람들입니다. 만약 호조에서 건의한 공법을 시행한다면, 부자에게는 다행한 일이겠지만 가난한 자에게는 불행한 일이 벌어지고 말 것입니다. 공법은 시행하기 어려울 것 같으니, 선조들께서 이룩해 놓으신 법을 이전과 같이 시행하는 것이 편리하고 유익하지 않을까 합니다.

일정한 양을 거두려 한다면, 가난한 자들은 상대적으로 많이 낼 수밖에 없다. 부유한 사람들은 토지의 질이 좋아서 생산량이 많지만, 가난한 사람들은 형편없는 토지를 소유하고 있다. 공법은 부자에게 유리하고, 가난한 자에게는 불리하다. 사실 이 법은 전통 동아시아에서 최

악의 조세제도로 혹평을 받아 왔다. 대부분의 고위 관료들은 건국 이후 20년에 가까운 기간 동안 시행해 온 손실답험법을 바꿔서는 안 된다는 의견을 제시했다.

황희가 나서서 쐐기를 박는다. "육전에 기재된 법이 해와 별처럼 밝게 있었기 때문에, 역대의 통치에서 백성들이 견고한 바위와 같이 편안했습니다. 어찌 부산스레 고쳐서 일이 많아지게 할 수 있겠습니까. 저는 모든 시행하는 정책이 한결같이 육전을 따라 백성에게 믿음을 보이고, 안정된 정치를 펼쳐 백성의 마음을 진정시켜야 한다고 생각합니다." 이미 화폐 개혁을 추진하는 과정에서 국가의 신뢰성을 크게 상실했다. 더 이상의 모험은 할 수 없다는 게 대신들의 의견이었다. 이도는 공법의 개혁을 철회하고 물러섰다.

2. 수취체제를 정비하다

양전을 시행하다 ___ 1428년(세종 10) 양전量田 사업이 시작되었다. 양전은 농경지의 크기와 모양, 경작자 등을 파악하는 국가 사업이다. 양전을 통해 작성하는 토지대장은 국가에서 조세를 부과하는 바탕이 된다. 전근대의 농경사회에서는 국가 수입이 대부분 토지로부터 나오기 때문에, 이도는 세심하게 주의를 기울였다. "양전은 국가의 중대한 사업이다. 처음에는 부지런히 하다가 뒤에 태만하기도 하고, 혹은 졸속으로 일을 마쳐 오류가 발생하기도 한다. 각 도의 담당 관리들이

나태해지지 않도록 독려해서, 공평함과 정확성을 기하도록 하라.”

이도는 대신들과 몇 차례 논의를 거쳐, 강원도와 전라도 두 곳을 먼저 양전하기로 결정했다. 이후 양전은 1429년(세종 11)에 경상도, 1430년(세종 12)에 충청도, 1432년(세종 14)에 경기도 지역까지 이어졌다. 이러한 작업을 통해 이도는 세금을 거둘 수 있는 120만 결의 토지를 확보했다.

[표] 고려 말에서 조선 초 세금을 거둘 수 있는 토지의 변화

구분	1388~1389	1405(태종 5)	1432(세종 14)	1450(세종 32)
수치(결)	50~60만	126만	120만	163만

이도가 벌인 양전 사업은 태종 대에 확보한 토지의 숫자를 정상화한 것이다. 1388년부터 1389년까지 진행된 전제 개혁 과정에서 조선 건국 세력은 양전을 통해 50~60만 결의 토지를 확보했다. 이후 태종은 1405년에 건국 이후 최초로 평안도와 함길도를 제외한 6도에서 양전을 시행했다. 그 결과가 126만 결의 토지였다. 그러나 문제는 실제로 조세를 거둘 수 없는 토지를 상당수 포함시켰다는 사실이다. 태종은 관리를 보내 수확량을 확인하고 조세를 감면해 주는 손실답험법을 병행하면서 대대적으로 국가에서 조세를 거둘 수 있는 토지를 확보했다. 1432년의 새로운 양전은 이러한 토지의 숫자를 정상화한 것이었다.

10만 결의 토지에서는 대략 20만 석의 조세를 거둘 수 있다. 4만 명의 군사를 1년간 운용할 수 있는 비용이다. 1392년 조선 건국 당시 군수용으로 배정한 토지가 10만 결이었다. 약 20퍼센트를 군수용으로 활

용한 것이다. 이로써 본다면, 1432년 당시 이도는 최소 25만 결을 군사용으로 확보한 셈이다. 다시 말해서 10만 명의 군사를 매년 운용할 수 있는 기반을 마련한 것이다.

후일 이도는 다시 한번 양전 사업을 시행한다. 1446년(세종 26)에 전세제도를 공법으로 개혁하면서 새롭게 토지를 측량한 것이다. 이를 통해 이도는 163만 결의 토지를 확보했다. 조선 전 시기를 통해서도 가장 많은 숫자였다.

농사를 권면하다 ___ 자연의 영향력이 절대적이던 시대였다. 임금은 매년 농사가 잘됐는지 신하들에게 묻는다. "올해 풍흉은 작년에 비하여 어떤가." 신하들이 대답한다. "작년에는 논이 밭보다 산출이 좋았는데, 올해는 밭이 논보다 낫습니다." 한두 번 묻는 것이 아니다. "충청도의 올해 곡식은 작년과 비교하면 어느 것이 더 잘 되었는가." 대신이 대답한다. "낮고 습한 땅의 곡식은 작년보다 잘 되었으나, 높고 건조한 땅은 작년만 못합니다." 매년 이러한 문답이 반복된다.

재위 32년 동안 재해가 없던 해가 드물었다. 자연을 극복할 수는 없는 시대였기에, 매번 어쩔 수 없이 농작물이 피해를 입었다. 흉년은 매년 찾아왔고, 백성들은 굶주렸다. 그렇다면 어떻게 대처해야 할까? 답은 절대적인 생산량을 증가시키는 것뿐이다. 세금 면제를 통해 개간을 독려하여 경작지의 숫자를 확대하고, 선진 농사기술을 보급해 단위면적당 수확량을 늘려 나갔다. 과학기술 분야의 수많은 업적도 결국은 농업 생산량을 증가시키기 위한 것이다. 그렇게 되면 백성들의 삶도 나아지고, 국가의 재정 역시 부유해질 것이다.

《농사직설》은 그러한 노력의 대표적인 결과물이다. 1429년(세종 11) 이도는 정초, 변효문 등의 신하를 시켜 농업에 관한 서적을 편찬하게 했다. 농업과 관련된 기존 서적들의 핵심을 간추리고, 조선의 농부들에게 풍토에 맞는 농법을 수집해서 함께 펴냈다. 이도는 이듬해에 이 책을 서울과 지방의 관리들에게 널리 보급했다. 임금이 말한다. "농사에 힘쓰고 곡식을 소중히 여기는 것이 왕도정치의 근본이므로, 내가 항상 농사에 정성을 쏟는 것이다." 그러나 《농사직설》은 농사를 짓는 농부들이 아니라 관리들을 책의 대상으로 한다는 점에서 한계가 있다. 감사와 수령들이 이 책을 가지고 농사를 권면해야만 했다. 여기서도 백성들이 쉽게 사용할 수 있는 문자의 창제가 필연적이었다는 사실을 확인할 수 있다.

안정적인 노동력을 확보하려는 조치도 이어졌다. 먼저 의약 분야의 개선이 이루어졌다. 양질의 노동력을 확보하기 위해 의료체계의 개선과 의서의 편찬이 이루어졌다. 1431년(세종 13)부터 의서를 편찬하기 시작해 1433년(세종 15)에 《향약집성방》이 완성되었다. 이것은 후일 중국의 의서와 국내 의서의 처방들을 총망라한 《의방유취》의 편찬으로 이어진다. 더불어 이도는 국가의 공사에 백성들을 동원하는 기간도 제한했다. 겨울 10월에 이르러서야 20일 이내로 동원하고, 봄철에는 함부로 동원할 수 없도록 법으로 제정한다.

이러한 노력을 바탕으로 농업 생산량이 획기적으로 증가했다. 고려의 성종 때에는 토지 1결당 소출이 6~11석 정도에 불과했다. 그러나 이도의 시대에는 많게는 50~60석을 수확하게 되었다. 소출이 5배에서 10배 가깝게 증대한 것이다.

지리서와 지도를 제작하다 ___ 이도의 시대에 이르러 조선은 본격적으로 통치의 시대로 접어들었다. 통치를 보좌할 수 있는 도구들이 만들어진다. 지리지와 지도는 대표적인 통치 보좌 도구다. 지리지는 특정 지역에 대한 종합적인 기록들을 모아 놓은 책이다. 이 책은 정치, 행정, 경제, 문화, 군사, 교육, 교통 등 여러 분야의 총괄적인 정보를 갖추고 있다. 지리지와 지도는 국가를 체계적으로 통치하기 위한 바탕이 된다.

이도는 건국 이후 처음으로 독립적인 지리서를 편찬했다. 이전까지는 부록으로만 실렸다. 1425년(세종 7) 즈음부터 편찬을 준비하는 기록이 등장한다. 아마도 춘추관에서 일을 맡았던 모양이다. 춘추관은 당대의 정치에 대해 기록하고 역사의 편찬을 맡은 관서이다. 춘추관의 관리들이 지리서를 편찬하는 데 필요한 자료를 지방으로부터 가져올 것을 건의했다. 그 결과물이 1432년(세종 14)에 편찬된 《신찬팔도지리지》이다. 그러나 이 책은 현재 경상도지리지 부분만 남아 있고, 나머지는 없어진 상태다.

《세종실록》의 부록으로 《세종실록지리지》가 삽입되어 있다. 《세종실록지리지》는 1432년에 편찬된 《신찬팔도지리지》를 기반으로 이도의 사후에 만들어진 지리지로, 《신찬팔도지리지》의 형식과 내용을 짐작할 수 있는 자료다. 《세종실록지리지》에는 각 고을의 연혁, 성씨, 성곽, 사찰 등 다른 지리지에 기록된 정보뿐만 아니라, 지역별 경작지, 군사의 수, 공물, 토산물 등 다른 지리지에서는 확인하기 어려운 다양한 정보들이 수록되어 있다. 이도가 종합적이고 체계적인 통치를 구현하려 했다는 사실을 보여 준다.

이도는 항상 이러한 지리지를 옆에 두고 통치에 활용했다. 1432년 1월 19일 맹사성, 권진, 윤회, 신장 등이 새로 편찬한 《신찬팔도지리지》를 올렸다. 임금이 말한다. "내가 앞으로 두고 보도록 하겠다." 이 해 4월에 이도가 말한다. "내가 지리지를 보니, 한 옛 성의 터가 백두산 앞에 가로놓여 있다. 이것이 그 땅이 아닌가 의심된다." 이도는 지리지를 통해 한양에 앉아 북방의 변경을 확인하고 있다. 1444년에도 이도가 지리지를 활용하는 기록이 등장한다. "지리지를 보니 청주 땅에 초자小椒子所가 있다고 한다."

지리지와 함께 각종 지도 역시 제작하여 통치에 활용한다. 전국 지도라고 할 수 있는 팔도도, 변경 지역의 지도인 양계도 등을 제작했다. 그러나 현재 남아 있지는 않다. 지도와 관련하여 성종 대에 양성지는 다음과 같이 말했다.

우리나라의 지도로는 고려의 중엽 이전에 5도양계도가 있었고, 우리 조선에 들어와서는 이회가 처음으로 8도도를 만들었고, 세종 조에는 정척이 만든 8도도와 양계 지역을 그린 대도, 소도 등이 있었습니다.

3. 근면한 통치자

신하들과 만날 수 있는 자리 ___ 임금은 보통 궁궐 안에만 있다. 그러므로 반드시 사람들을 만나보고 물어서 일을 처리해야만 정사에 잘못이 없게 된다. 이도는 신하들과 만날 수 있는 통로를 다양하게 확보했다. 그는 이러한 자리에 성실하게 임했고, 신하들은 그러한 임금을 높이 평가했다.

이도는 그동안의 국정 운영을 통해 거둔 성과들을 토대로 더욱 자신감을 가지고 의욕적으로 국정을 이끌어 간다. 그의 통치 방식은 신하들과 잦은 회의를 통해 자신의 의견을 관철해 가는 것이었다. 재위 10년 이후 이런 그의 스타일이 만개한다. 이도는 관료들이 의견을 자신에게 직접 전달할 수 있는 제도적 장치들을 활성화했다. 조회, 시사, 윤대, 경연 등이 그것이다. 임금과 신하가 만날 수 있는 경로들이었다.

[표] 세종 대의 조회, 시사 시행 건수

구분	조회	조회와 시사	시사	합계	월평균
즉위~11년	63	75	1,029	1,167	9.05
11~22년	837	456	275	1,568	10.59
23~32년	105	25	19	149	1.30

"상참을 받고, 정사를 보고, 윤대를 행하고, 경연에 나아갔다." 이 시기 이도의 일과를 잘 보여 주는 기록이다. 신하들이 국왕을 알현해 정무에 관하여 보고하는 조회인 상참常參과 조참朝參, 정무에 대한 토론을 하는 시사視事, 각 관아의 관리들이 돌아가며 국왕과 접견하는 윤대輪對, 고전에 토론하며 성학을 연마하는 경연을 정열적으로 이어 간다. 관료들과 직접 접할 수 있는 다양한 통로들이 활성화되면서, 정책 결정 과정의 객관성, 합리성, 공정성 등을 확보할 수 있었다.

이도는 재위 11년째인 1429년부터 각종 조회 의식을 세련되게 정비했다. 특히 상참을 정례적으로 시행하기 시작했다. 상참은 소수의 엘리트 관원들에게만 허락된 자리이다. 1429년 4월 25일에 최초로 상참을 시행했다. 이후 말단 관원들까지 참석하는 조참 의식도 정비했다. 이도는 관료들보다 오히려 정무에 적극적이었다. 대신들에게 "의정부와 6조의 당상관은 각각의 관사에 일찍 출근하고 해가 진 뒤에 퇴근하라"고 지시할 정도였다.

법궁 경복궁을 쇄신하다 ___ 1432년(세종 14) 11월 2일 경복궁에 원묘原廟를 조성했다. 이도는 신하들과 논의하여 이름을 봉성전奉誠殿으로 붙였다. 원묘는 죽은 국왕들의 초상화와 위패를 모셔 두고 때마다 제사를 지내는 곳이었다. 원原은 '이중' 혹은 '거듭'이라는 의미를 지닌다. 종묘와는 별도로 국왕과 가까운 곳에 설치해 제철 음식으로 때마다 제사를 지내는 곳이었다. 그런데 태조와 태종의 원묘가 따로 떨어져 있어 통합할 필요성이 있었다. 임금이 신하들에게 지시했다.

원묘를 설치한 목적은 계승한 임금이 돌아간 선조를 섬기기를 생존했을 때처럼 하고자 한 것이다. 그러므로 모든 천향薦享을 한결같이 생존했을 때처럼 하여 종묘의 제사와는 구별한다. 우리 조정에서는 이미 문소전과 광효전 두 전을 세웠다. 이것은 태조와 태종을 위해 세워서 영원히 옮기지 않도록 한 것이다. 그러나 일정한 제도가 없으면 후일 계승할 왕들도 반드시 매번 각기 원묘를 세워서 한이 없게 될 것이다. 세 의정과 허조, 신상, 정초와 함께 의논하여 보고하도록 하라.

1406년에 태종은 어머니인 신의왕후 한씨를 위해 창덕궁 북쪽에 인소전仁昭殿을 지었다. 1408년에 태조가 죽자, 태종은 인소전을 문소전文昭殿으로 고치고 태조의 초상화를 모셨다. 1422년에 태종이 죽자, 이도는 문소전과 별도로 창덕궁의 동쪽에 광효전廣孝殿을 지어 태종과 원경왕후의 초상화와 위패를 모셨다.

이도는 조선의 법궁法宮인 경복궁에서 통치했다. 이전에 설치했던 두 원묘가 경복궁에 없었던 이유는 태종이 경복궁을 꺼렸기 때문이다. 이도는 옛 제도를 살펴서 경복궁의 북쪽에 새롭게 원묘를 조성했다. 원묘가 완성된 후 문소전과 광효전이 이곳으로 통합되었고, 앞으로 5대의 선조를 함께 모시기로 했다. 기존의 문소전에 딸려 있던 불교 사원은 철폐했다.

이도는 조선의 법궁으로서 경복궁의 위상을 재정립했다. 1426년(세종 8) 10월 26일 집현전 학사들에게 지시해 경복궁 안의 문과 다리의 이름을 정했다. 근정전 앞 둘째 문은 홍례弘禮, 셋째 문은 광화光化라 하고, 동쪽의 문을 일화日華, 서쪽 문을 월화月華라 하고, 궁성 동쪽을 건춘建春, 서쪽을 영추迎秋, 근정문 앞 돌다리를 영제永濟로 했다. 1429년(세종 11)에 이르러서는 국왕이 정사를 보는 사정전을 새롭게 지었다. 사정思政이라는 이름은 1395년(태조 4)에 정도전이 지은 것이다. 이제 "매일 아침 여기에서 정사를 보고 생각하라"는 뜻에 걸맞은 통치가 이곳에서 펼쳐진다. 1433년(세종 15)에는 경회루와 강녕전을 수리했다. 다른 주요 전각 역시 새로 짓거나 수리했다. 북쪽에도 문을 내고, 담 안쪽에 간의대簡儀臺를 만들어 서운관 관리들이 기상을 관측하게 했다.

"백성들은 태평하고 평안하네" ___ 전근대 국가의 통치에 필수적인 요소들인 예악형정禮樂刑政이 점차 완비되어 갔다. 이 중에서 악樂, 음악을 살펴보자. 이도는 박연을 내세워 조회할 때의 음악을 바로잡았다. 1430년(세종 12) 윤12월 1일 아악보가 완성되었다. 이도가 말한다. "우리나라의 음악이 비록 다 잘 되었다고는 할 수는 없다. 그러나 반드시 중국에 부끄러워할 것도 없다. 중국의 음악인들 어찌 바르게 되었다고 할 수 있겠는가." 조선의 성취를 중국보다 앞선 것으로 자부하고 있다. 신하들도 말한다. "지금 우리의 아악이 아름다움을 기리는 뜻은 《시경》의 아雅와 송頌에도 뒤지지 않습니다."

"종률鍾律과 역상曆象의 법 같은 것은 옛날 우리나라에서 알지도 못하던 것인데, 모두 임금이 발명했다." 이도의 행장에 나오는 말이다. 이도는 1432년(세종 14)에 역법을 교정하여, 중국과 대등한 정도의 수준을 갖춘다. 세계적 표준의 수용이다. 이도는 이러한 작업을 책으로 남길 것을 지시했다. "다시 힘을 기울여 책으로 만들어서 후세 사람들이 오늘날 조선이 전에 없었던 일을 이뤘음을 알게 하고자 한다." 이것은 후일 《칠정산 내편》과 《칠정산 외편》으로 결실을 맺는다. 이도는 비교적 이른 시기부터 역법을 교정할 것을 지시했다. 1431년(세종 13)부터는 정초에 이어 정인지가 새로 역법의 교정에 참여했다. 간의대와 같은 천문관측 기구를 제작하는 작업에는 이순지와 이천을 동원했다.

1432년(세종 14) 4월 29일 새로 종을 주조했다. 예문관 대제학 정초가 종에 새기는 글을 지었다. 쇠나 돌 혹은 그릇에 새기는 글을 명銘이라고 한다. 정초가 말한다. "지금 임금께서 즉위하신 지 15년이다. 여름에 새로 종을 주조하여 궁궐의 문에 달게 되었다. 여러 신하가 명을 새기기를 청하므로 임금께서 명을 지으라고 지시하셨다." 정초가 지은 글의 일부를 옮겨와 본다. 태평의 정치에 대한 찬송이다.

아! 거룩하신 태조이시여. 총명하시고 신무하사 천명에 순응하고 인심에 호응하시니 동쪽 나라의 땅 남김없이 차지해 백성들의 왕이 되셨네. 용감하고 굳센 태종이시여. 밝은 정치 잘하시어 임금 노릇 잘하시고, 천자를 극진하게 섬기시니 크게 훌륭한 명성이 일어나고 나라는 번창하였네. 지금 임금이 즉위하여 기업基業을 이으시매 선왕의 남기신 훈업勳業을 더욱 두텁게 하시네. 정신을 가다듬어 정치에 힘쓰시니 모든 것이 마땅하여 결함이 없지만, 겸허하여 그 광명을 드러내지 않으시네. 충심으로 사대하고 성의로 교린하니, 천자는 은총을 내리고 우방은 평화를 지켜 백성들은 태평하고 편안하네. 이에 전적을 고증하여 예와 악을 일으키니 문물은 찬란하게 빛이 나고, 피리와 종경鐘磬 소리 번갈아 일어나니 화한 기운이 상서祥瑞를 불러오네.

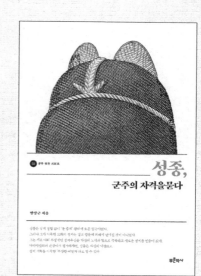

군주 평전 시리즈

성종,
군주의 자격을 묻다

방상근 지음

성종은 늘 겸양 없이 '윤종개' 임금에 오른 임금이었다.
그러나 그가 이룩한 고화는 탁지는 실로 않음에 의해서 낳기지 않으였다.
그는 치고 이와 주렁 친밀 인물이 인물 가지리 노력과 일으로 격개리로 개성관 성지를 만들어 있었다.
아마위시없이 신출에서 왕 다다루며, 신출은 속없이 있었고.
검시 기록을 이우린 '주성관' 이라지와 이소 알 수 있다.

푸른역사

4부
야망과 교착
[집권 중반기 2 : 1433~1437]

1. 북방의 골칫거리

야인이 침입하다 ___ 1432년(세종 14) 12월 9일 평안도 감사가 급보를 보내왔다. 야인 400여 기가 여연閭延 경내로 쳐들어왔다는 것이다. 강계 지역의 군사책임자 박초가 군사를 거느리고 그들을 추격했다. 그러나 적을 잡지는 못했고 잡혀 가던 사람 26명과 말, 소만을 되찾아왔다. 이 침입으로 사망 13명, 부상 25명이 발생했다. 약탈자들이 누구인지 파악하지도 못했다.

이 지방은 이도가 즉위했던 1418년부터 야인들의 침입이 있던 곳이었다. 그때 야인 40여 명이 8월과 9월 두 차례에 걸쳐 침입해 사람과 소를 약탈했었다. 친정을 시작했던 1422년에도 올량합 400여 기가 여연에 침입했다. 이때는 10여 차례에 걸친 전투 끝에 막아 냈다. 이도는 김효성과 24인의 장교단을 파견해 대응했다. 이후 야인들의 본격적인

10 ___
야인 정벌을
단행하다

침입은 없었다. 그러나 이들은 식량을 핑계로 변경 요새를 자주 정탐하며 골칫거리로 남아 있었다.

당시 야인으로 불리던 여진족은 통일된 국가를 이루지 못하고 드넓은 만주 벌판에 흩어져 살고 있었다. 명의 영락제는 이들을 건주여진, 해서여진, 야인여진으로 나누어 통제했다. 그러나 이들은 공식적인 직함만을 가지고 있었을 뿐, 실제로 통제를 받지는 않았다. 여진족은 거친 땅에서 농경을 통해 자급자족하지 못했기 때문에 조선 변방을 자주 침입하여 약탈했다.

정벌의 의지를 밝히다 —— 소식을 들은 이도는 격노했다. 그는 즉시 세 명의 의정 황희, 맹사성, 권진과 중앙군의 책임자 조말생, 병조판서 최사강을 불렀다. 그러고는 정벌을 위해 명나라 황제에게 표문을 올리는 방안을 의논하게 했다. 군사를 동원하여 적의 본거지를 공격하고 싶다는 의사를 주요 대신들에게 밝힌 것이다. 이 지역의 야인들은 명목상일 뿐이지만 황제가 설치한 건주위에 소속되어 있었다. 그래서 명나라 황제에게 표문을 보내 허락을 얻고자 한 것이다. 이도가 말한다. "우리가 그자들을 끝까지 추격하지 못한 것은 중국의 국경을 마음대로 넘어갈 수 없기 때문이다. 이러한 뜻을 잘 서술해서 황제께 아뢰는 것이 어떠할까." 그러나 누가 침입한 것인지도 몰랐다. 사실 임금은 정벌에 관심이 있었다.

여기에 대해 의견이 둘로 나뉜다. 황희, 조말생, 최사강이 반대했다. 이유는 두 가지였다. 하나는 방어를 위해 국경을 넘은 것이라면 굳이 이야기하지 않아도 황제가 이해할 사항이지만, 본격적으로 정벌의 군사를 일으키면 황제를 자극할 것이라는 이유다. 다른 하나는 전통적으로 오랑캐를 다루는 방법인 기미羈縻의 방책을 고수해야 한다는 것이다. 기미는 말의 고삐와 소의 굴레이다. 이것은 당근과 채찍으로 동물을 속박하고 얽어매어 통제하듯 적극적으로 개입하거나 아예 단절하지도 말고 이민족에게 소극적으로 대응하는 외교적 방식을 말한다. 반면 맹사성, 권진은 이도의 의견에 찬성했다. "주상의 말씀대로 황제께 주문하는 방법이 좋겠습니다." 이날의 회의는 결론을 내리지 못하고 여기서 끝났다.

다음 날 이도는 더 많은 신하를 불러 똑같은 안건을 의논하게 했다. 정흠지, 안순 등이 맹사성, 권진과 함께 이도의 의견에 동의했다. 반면 황희, 최사강, 조말생은 본래대로 반대 의견을 고수하고, 여기에 허조, 최윤덕이 가담했다. 황희는 만주에 흩어진 야인들이 연합하여 대항할 후환이 있을 것이라는 우려를 표했다. 노련한 무장인 최윤덕은 자신의 경험을 바탕으로 만주 지역에 군사작전을 펴기 어렵다는 이유를 들어 거사를 반대했다. 허조 역시 기미책으로 회유할 것을 주장했다.

사실 의논하라는 지시는 정벌을 진행하겠다는 의지를 신하들에게 보여 주기 위한 이도만의 방식이다. 어찌되었든 이도는 군사를 일으켜 만주 땅에 들어가서 야인들에게 본때를 보여 주고 싶다는 생각을 하고 있었다. 그는 이날의 회의를 "황제에게 주문할 초안을 작성한 뒤에 다시 여러 대신과 의논하겠다"라는 말로 끝내 버렸다.

이도는 천천히 정벌을 위한 방안들을 준비하기 시작했다. 바로 다음 날 이도는 최윤덕, 허조, 하경복, 정흠지, 조말생, 이천, 최해산 등을 부른다. 그러고는 군사적인 대응 몇 가지를 의논하게 했다. 이 중 최윤덕,

허조, 조말생은 정벌에 반대한 이들이다. 이도는 이들에게 군사적 대비 태세에 대한 사항들을 논의하게 했다. 여연과 강계 지역의 화포 배치와 운용, 석성이나 목책을 쌓는 방안, 내년에 있을 군사들의 열병에 대한 안건들이 논의되었다. 이날의 회의에서 이도는 신하들에게 야인 정벌을 표면적으로 내세우지는 않았다. 그러나 여전히 내년에 군사들을 훈련해서 정벌을 감행하겠다는 의지가 엿보인다.

재미있는 것은 이틀 후의 이도와 최윤덕의 대화이다. 12월 13일 최윤덕은 야인을 정벌하기보다 방어에 치중해야 한다는 의견을 피력한다. 그는 여연 지방의 좋은 땅을 골라 성을 쌓고 신중히 방어해야 한다고 건의했다. 방어론을 이야기한 것이다. 여기에 대해 이도는 명나라 사신들의 왕래로 평안도의 인민들이 곤궁하여 성을 쌓기 어렵다고 응수한다. 이도는 정벌의 뜻을 굽히지 않았다. 그러나 최윤덕은 언젠가 오랑캐가 다시 변경을 침략할 것이 분명하니 성을 쌓을 수밖에 없다며 맞섰다. 그러고는 성을 쌓는 구체적인 방안까지 제시했다. 여기에 대해 이도는 "장차 깊이 생각해 보겠다", "앞으로 대신들에게 의논하도록 하겠다"라고 대응했다. 서로 물러서지 않고 전초전이 끝났다.

껄끄러운 명나라의 황제 ____ 정벌을 진행하기 위해 가장 문제가 되는 것은 명나라였다. 형식적이긴 하지만 만주 지역은 명나라의 관할 아래에 있었다. 명나라의 영락제는 1403년에 건주위를 시작으로 만주의 야인들을 포섭하기 시작한다. 야인 추장들에게 작위를 주어, 군사기지의 책임자로 임명하는 방식이었다. 이에 조선은 동맹가첩목아와 같이 기존에 자신의 영향력 아래에 있던 인물들을 명나라에 빼앗기고 만다. 이후 영락제가 죽으면서 만주에 대한 명나라의 영향력은 줄어들었다. 포섭되었던 야인들마저 명나라에 반란을 일으키고 약탈을 자행하는 등 관계가 악화되었다. 그러나 이들은 형식적으로는 여전히 명나라 황제에게 임명을 받은 관원들이었다. 이도 역시 황제의 제후를 표방했기에 함부로 정벌을 감행할 수 없었다. 이도가 정벌을 위해 명나라 황제에게 주문을 보내고자 했던 것은 이러한 배경을 가지고 있었다.

12월 21일 평안도 관찰사로부터 보고가 올라왔다. 건주위의 야인 추장 이만주李滿住가 이번 약탈이 홀라온 올적합의 짓이라고 주장하고, 잡혀 갔던 남녀 7인을 돌려보냈다는 것이다.

이도는 바로 회의를 소집해 말했다. "내가 예전에 황제께 주문하고자 하였으나, 잡혀 간 사람들의 숫자를 자세히 알지 못하므로 내버려두고 기다렸다. 이제 대략 알았으니 주문함이 어떻겠는가?" 그동안 신하들이 줄곧 반대했음에도 불구하고 야인 정벌의 뜻을 포기하지 않았던 것이다. 신하들의 의견이 반반으로 나뉘었다. 정벌을 반대했던 황희, 안순, 하경복 등이 말한다. "이만주가 거짓으로 홀라온 올적합의 소행이라 꾸며서 말한 것인지 의심이 드니, 아직은 명령을 정지하셨다가 홀라온의 소행이라는 말이 사실인지 확인한 후에 주문하셔도 늦지 않을 것입니다."

이제 정벌을 하겠다는 주문을 명나라 황제에게 보내는 것은 기정사실이 되어 버렸다. 그러나 황희 등이 덧붙였다. "이것이 비록 이만주가 한 짓이라 하더라도, 그가 이미 잘못을 뉘우쳐 포로를 송환했으니 용서할 만하다고 하겠습니다. 더구나 실제로 홀라온이 벌인 일이었는데, 이만주가 탈환했다면 더욱 공이 있는 것입니다." 여전히 야인 정벌을 감행해서는 안 된다는 주장을 반복했다.

그러나 이도는 빨리 주문하는 것이 가장 좋은 방법이라고 선언했다. 이날 늦은 새벽에 주본이 완성되었다. 주본의 내용은 영락제가 보냈던 교지의 내용을 언급하면서, 앞으로 야인들의 약탈이 반복되면 국경을 넘어 이들을 쫓아 잡도록 허락을 구하는 것이었다. 정벌하러 간다는 것을 완곡히 둘러서 표현했다. 영락제는 1408년에 "야인들이 침범하여 횡포를 부리거든 쫓아 잡아서 모두 죽여라"라는 내용의 교지를 태종에게 보냈었다. 그러나 이 주문을 명나라에 보내는 일은 없었다. 다음 날 보내지 않기로 결정을 번복했기 때문이다.

다음 날 신상, 정초 등의 신하가 전날의 회의를 전해듣고 건의했다. "저 야인들은 집 앞의 정원에 들어온 도적입니다. 변방의 장수가 군사를 정비하여 토벌하는 것은 당연한 일입니다. 어찌 칙명을 기다린 후에야 이를 제어하겠습니까? 비록 강을 건너가 마구 살해한다고 해도 반드시 죄를 묻지 않을 것입니다." 이도가 대답했다. "서북쪽의 야인으로 말하면 중국과 가까워서 내 마음대로 추격하여 잡는 것이 의리를 해치지 않을까 염려스러웠다. 그러므로 표문을 올려 뒷날에 변명하여 대답할 거리를 준비하고자 한 것이다."

이제 이도는 마음에 거치적거리는 표문도 보내지 않기로 결정했다. 이미 14년간의 통치를 통해 군사적 역량을 축적했고, 명나라 황제의 신임도 충분히 확보했다. 약탈 주모자가 누구인지는 아직도 확실하지 않았다. 그러나 이도는 이미 정벌에 대한 결단을 내렸다. 그 대상은 누구라도 관계없었다.

2. 정벌의 의지를 관철하다

건주위의 이만주 ___ 약탈의 주모자가 밝혀지지 않은 채 해가 지나 버렸다. 1433년(세종 15) 1월 9일 평안도 관찰사가 관계자들을 조사하여 보고했다. 이도는 이것을 보고 이만주의 소행이라고 단정했다. 그러나 그것이 사실인지는 알 수 없다. 이로부터 이틀 뒤, 이도는 본격적으로 정벌을 반대하는 신하들을 설득하기 시작했다. "야인들이 우리 지경에 가까이 있으면서 이유도 없이 변경을 침범하여 인민을 죽이고 사로잡아 간다. 국가에서 가만히 앉아 보고 있으면서, 후일 자주 침범당하게 되는 근심을 열어 놓는 것이 괜찮을까. …… 군사와 무기들을 가지고 그 지역에 깊이 들어가는 것이 아니다. 군사를 정돈하고 움직여서 무위를 보이는 것이 나의 의도이다." 대대적인 공격을 원하는 것이 결코 아니라는 변명이다. 임금의 강변이 신하들의 마음을 움직였다. 황희가 드디어 임금의 뜻에 동의했다. "군대를 훈련하여 무위를 보이는 것이 마땅하다고 생각합니다." 여기까지 오는 데 한 달이 넘게 걸렸다.

유일하게 허조가 여전히 정벌을 반대했다. "이 야인들은 종류가 많습니다. 지금 가서 공격해도 후일 반드시 대대로 우리나라의 근심이 될 것입니다. 정벌의 해로움이 너무 큽니다." 정벌이 불러올 후폭풍을 예고한 것이다. 그러나 이도의 강력한 의지로 반대하는 사람들은 극소수에 불과하게 되었다.

이도는 착실하게 정벌 준비를 해 나갔다. 1월 13일 황희와 맹사성 등을 불러 여연, 강계 지역 백성들의 구휼 방법과 봉화 설치를 의논했다.

평안도와 함길도의 군사적인 상황도 점검했다. 1월 15일에는 정벌할 때에 화포를 운용하는 방안을 검토하도록 지시를 내렸다. 이도가 말한다. "화포의 법을 우리나라에서 정밀하게 익혔지만 한 번도 사용하지 않았다. 내 생각으로는 화포를 말에 싣고 한 사람이 타며, 화포를 쏘는 사람도 말을 타고 전장에 들어가서는, 말에서 내려 화포를 쏘면 잘 쓸 수 있을 것으로 생각한다." 수뇌부를 어떻게 구성할 것인지도 결정했다. 대장 최윤덕, 부장 김효성을 비롯해 장교 50여 명을 중앙에서 파견하기로 했다.

1월 18일 허조가 눈물을 흘리며 정벌을 중지할 것을 청했다. 만주의 지세가 험난하여 야인들이 정벌에 쉽게 대처할 것이고, 정벌 이후 국경의 분쟁이 끊이지 않을 것이라는 염려였다. 이에 대해 이도는 정벌의 명분을 다시 한번 언급했다. "크게 군사를 일으켜 남김없이 소탕하려는 것이 나의 본의가 아니다. …… 비록 크게 이길 수 없을지는 몰라도, 위력을 보이면 적의 마음을 굴복시킬 수 있을 것이다." 예조판서 신상이 임금에게 힘을 실어 주었다. "일찍이 왜적이 와서 침범했던 일을 생각한다면, 지금 이 야인의 피해는 매우 적습니다. 국가가 밖으로부터 환란을 당한 후에야 사람들이 경계하고 두려워하는 마음을 갖게 되고, 예기치 않은 변란을 방비해야만 태평한 시대를 누리게 됩니다. 만약 환란이 없다면 편안함에 익숙해지게 됩니다." 이제 문제는 정벌의 구체적인 방법과 들어갈 비용이었다.

공론정치의 전제, 강력한 리더십 ___ 연구자들은 공법의 개혁 과정과 함께 야인 정벌의 논의 과정을 세종 대 공론정치의 대표적인 사례로 든다. 이도가 정벌을 계획하면서 관료들의 다양한 의견을 받아들여 정책 시행의 오류를 최소화한 것은 분명하다. 그러나 주의할 점은 공법의 개혁이나 야인 정벌의 사례 모두 신하들의 반대를 무릅쓰고 국왕 이도의 강력한 의지로 추진한 정책이라는 사실이다. 세종시대의 공론정치는 단순히 다수의 의견을 수렴하는 차원이 아니었다. 야인 정벌의 경우, 이도는 약 3개월 동안 20여 차례의 회의를 개최하며 정벌을 반대하는 신하들을 설득했다. 요컨대 공론정치는 강력한 리더십을 전제로 한다. 단순하게 여러 사람의 의견을 듣는 것만으로는 정책이 결정되거나 진행되지 않는다. 논의는 정책의 방향을 결정하는 리더십이 있어야만 의미가 있다.

야인 정벌을 구체화해 나가는 이도의 행동에 주목해 보자. 1월 19일 변경을 방비하고 앞으로 있을 정벌을 준비하기 위해 총사령관 최윤덕 일행이 한양을 떠났다. 이도는 이들을 만나보고 격려했다. 그는 이 정벌이 야인들에게 조선에 대한 두려움을 심어 주길 원했다. "태종은 1410년에 함길도 경원에서 야인들을 공격하고, 1419년에 대마도를 정벌하여 적들에게 두려움을 심어 주었다." 그는 이번 정벌이 태종의 정책을 계승한 것이라고 당위성을 부여했다.

반면 총사령관 최윤덕은 떠나는 자리에서도 우려를 표명했다. "대마도의 일은 100년 동안의 준비가 있었고, 오늘의 일은 겨우 10년 동안의 준비가 있었습니다. 더군다나 같은 야인이라도 동쪽과 서쪽의 차이가 있으니, 중국과 너무 가깝습니다." 짧은 준비 기간과 명나라와의 가까운 거리를 지적했다. 이에 대해 이도는 부담을 줄여 주는 말을 꺼낸다. 정찰을 통해 한두 마을만 파괴하는 성과를 거둬도 충분하다는 것이다. 그러자 최윤덕이 자신이 생각하는 정벌의 구체적인 방안을 밝혔다. "지금은 땅이 얼고 물이 흘러넘치니, 4월이나 5월에 봄물이 마르기를 기다려 행군하는 방안이 좋을 것 같습니다. 만약 일의 기미가 있으면 용사 20여 명을 청하겠습니다." 이도는 이제 총사령관의 마음을 얻었다.

이로부터 야인 정벌의 방안을 논의하는 회의가 2월까지 10여 차례에 걸쳐 이어졌다. 특히 2월 15일의 회의에서는 정벌의 구체적인 방안들이 논의되었다. 이도는 비밀리에 의정부와 6조 대신들, 삼군의 무신들에게 정벌 이전에 야인들에 대한 대처, 죄를 성토할 말 그리고 구체적으로 토벌할 계책 등을 진술해 올리도록 지시했다. 아마도 《세종실록》에 있는 가장 긴 기록이 이날의 회의에 대한 기록일 것이다. 실록에는 20쪽이 넘는 분량으로 영의정 황희, 우의정 맹사성, 우의정 권진 등 대신 23인이 써 낸 계획을 구체적으로 기록하고 있다. 이도는 관료들을 계속해서 닦달했다.

이러는 동안 정벌 대상인 이만주에게는 기만책을 펼쳤다. 이만주를 접촉한 사람들은 마치 앞으로 정벌이 없을 것처럼 친근하게 행동한다. 정벌 이후에 명나라에 어떻게 말할 것인가 하는 염려도 나왔다. 주청하지 않고 군사를 일으켜 강을 넘었다가 묻는 일이 있다면 어떻게 대응할 것이냐는 지적이었다. 그러나 이도는 황제가 야인보다는 자신의 편에 설 것이라는 자신감이 있었다.

점차 정벌 계획이 완성되어 갔다. 2월 20일의 회의에서는 토벌할 때 보졸을 뽑아서 가도록 지시했다. 2월 21일에는 대신들을 불러 평안도에서 쓸 병장기와 잡물의 수량 등을 논의하고 있다. 이 자리에서 군사들의 갑옷 확보 문제, 기병과 보병의 숫자, 진법을 훈련할 것인가의 여부, 그리고 압록강을 건널 부교를 놓는 사안 등이 논의되었다. 권진의 의견에 따라 3,000명의 군사를 동원하는 것이 결정되었다. 그러나 이 숫자는 이후의 논의를 통해 점점 늘어나게 된다. 별도의 군사훈련 없이 기습을 가하는 것으로 정벌의 대전략도 정해졌다.

정벌을 단행하다 ___ 문제가 생겼다. 지난해 12월 26일에 보냈던 사신 김을현金乙玄이 제멋대로 행동했다. 명나라 예부에 야인이 조선의 변경을 침입한 사실을 보고하고 군사를 동원해 응징할 수 있도록 허락을 요청한 것이다. 이것은 선덕제에게 보고되었고, 김을현은 자랑스럽게 황제가 내린 칙서를 가지고 왔다. 선덕제가 칙서에서 말한다. "홀라온이 노략한 왕국의 인민을 모두 돌려보내도록 지시할 것이다. 도둑이 만일 마음을 고치지 않거든 국왕이 공격해도 괜찮다." 몰래 공격하고 상황을 보아 대처하려 했는데 난감해졌다.

황제의 칙서가 도착하는 것과 함께, 파저강 유역의 이만주를 정탐했던 박호문이 한양으로 돌아왔다. 그는 군사 3, 4명을 거느리고 술과 과일을 가지고 이만주를 위문하는 척하면서, 정벌할 지역을 정찰했다. 이들은 산천의 험준하고 평탄함, 도로의 굽고 곧음, 부락의 많고 적음을 살피고 그 결과를 이도에게 낱낱이 보고했다.

3일 뒤인 3월 25일 이도는 치료차 작년부터 예정되어 있던 온천행을 떠났다. 목적지는 충청도 온수현이었다. 왕세자 이하 종친, 부마 그리고 의정부, 6조, 대간과 호위 무장들까지 대규모 인원이 이도를 따라갔다. 그는 약 한 달간 온수현에 머물다가 4월 20일 다시 한양으로 돌아왔다.

이도가 온천욕을 즐기는 사이 야인 정벌이 실행에 옮겨졌다. 예정되어 있던 온천행이 기만책이 되어 버렸다. 4월 2일 이도는 명나라 황제에게 정벌을 알리는 다음과 같은 주본을 보냈다.

홀라온 지방은 본국과 멀리 떨어져 있고 본래 원수진 일이 없습니다. 그러므로 실제는 파저강의 야인들이 그들을 유인하여 먼저 와서 도둑질을 하고는, 그들에게 도적의 괴수라는 누명을 씌운 것입니다. 홀라온 야인이 본래부터 마음을 먹고 도둑질한 것은 아니라고 생각합니다. 지금도 파저강 야인들은 다시 도둑질하려고 변경의 고을을 엿보고 있습니다. 만약 갑자기 침입을 당하게 되면 사변에 대응하기 어려울 것이기에, 변방의 장수를 시켜 군사를 거느리고 가서 적당한 계책을 세우고 기회를 보아 처치하게 하였습니다. 파저강 야인들이 사건 전후에 왕래하면서 도둑질한 일과 홀라온이 일으킨 것처럼 사건을 꾸며서 속이려 했다는 뚜렷한 증거를 하나하나 열거하여 삼가 보고합니다.

이도는 파저강의 이만주를 정벌해야 하는 당위성을 호소했다. 그러나 이 보고는 사후보고에 가까웠다. 이미 이도는 3월 17일 정벌을 개시하라는 지시를 내렸기 때문이다. 4월 19일 총사령관 최윤덕이 압록강을 넘어 군사작전을 개시했다.

정벌군은 모두 1만 5,000명에 달했다. 평안도와 황해도의 기병과 보병을 동원했다. 이들은 4월 10일에 강계에 모였고, 7개의 부대로 나누어 작전을 개시했다. 각각의 부대는 4월 19일에 이르러 이만주와 이만

장수	직책	통솔 병력	목적지
최윤덕	평안도 절제사	2,599	임합라의 거처
이순몽	중군 절제사	2,515	이만주의 거처
최해산	좌군 절제사	2,070	거여
이각	우군 절제사	1,770	마천
이징석	조전 절제사	3,010	올라
김효성	조전 절제사	1,888	임합라 부모의 거처
홍사석	조전 절제사	1,110	팔리수

주 휘하의 세력들을 목표로 진군했다.

3. 거센 후폭풍

초라한 성과 ___ 정벌의 목적은 여러 가지가 있었을 것이다. 북방 변경 지방의 안정, 야인들이 사는 만주 지역에 대한 영향력 확대, 그리고 국내정치에서 자신의 입지 강화 등이 그것이다. 그러나 정벌은 자체적인 성과와 사후의 영향 두 가지 측면에서 모두 성공했다고 평가하기 어렵다. 우선 적의 수괴 이만주를 제거하거나 사로잡지 못했다. 정벌 자체의 전과 역시 크지 않았다. 오히려 야인들을 자극해 국경 지역에서 산발적인 침입에 대비해야만 하는 대가를 치르게 되었다. 또 명나라에는 정벌을 보고하긴 했지만, 사후보고에 가까웠기에 문책이 예상

되었다. 다가올 난관들이 도처에 있었다.

4월 25일 평안도 감사가 전쟁에서 이겼다는 소식을 보고한다. 이후 파저강에서 연이어 장수들이 돌아와 승전을 보고했다. 그러나 이도는 결과가 썩 좋지 않다고 판단한 것 같다. "다행히도 크게 승리하였으니, 진실로 기쁜 일이지만 또 두렵다. 지금은 비록 성공하였을지라도, 어떻게 이 공을 보전하여 영구히 후환을 없게 할 것인가?" 앞으로 벌어질 사태가 걱정이다. 이만주를 잡지 못했다는 것이 결정적이었다. 정벌을 반대했던 신하들이 눈앞에 있었다. 정벌은 본인이 강행한 것이기에 책임도 본인이 감당해야 했다. 이도는 자신이 본래 문치를 숭상하는 군왕이며, 군공을 세우기 위해 야인 정벌을 감행한 것이 아니라고 변명했다. 이날 이도는 신하들과 정벌 이후에 벌어질 일들에 대한 대응 방안을 논의했다.

5월 7일 정벌군의 책임자 최윤덕이 사람을 보내 결과를 보고했다. 급습에 가까운 군사작전이었기 때문에 조선 측의 피해는 크지 않았다. 생포한 여진인은 모두 248명이었고, 참수한 자는 모두 178명이었다. 그 밖에 소와 말 177필과 무기 등의 물자를 노획했다. 약 1만 5,000명의 대규모 병력을 동원한 작전치고는 초라한 전과였다. 보고를 받은 이도가 말한다. "오늘의 일은 실로 천지와 조종의 덕을 힘입어 여기에 이른 것이니, 내가 감당할 공적이 아니다. 군사가 돌아온 후에 반드시 보복이 있을 것이니 더욱 군사를 정비하여 방어하라." 벌집을 건드린 꼴이 되었다.

이날 이도는 경회루 밑에서 왕세자 및 종친과 의정부, 6조의 신하들과 여섯 명의 대언을 모아 놓고 연회를 열었다. 이도가 신하들에게 말했다. "파저강의 도적이 모두 평정되고 우리의 군사가 완전하니, 내가 승전을 종묘에 고하고자 하는데 어떤가." 영의정이 대답했다. "이는 실로 신 등의 생각이 미치지 못한 것입니다. 지금 임금의 말씀을 들으니 참으로 이치에 합당합니다." 그러나 황희의 대답을 거꾸로 읽어 보자. "그럴 정도로 승전을 했다는 말인가?"라는 반문이 된다. 역시 성과가 초라했다는 것을 보여 주는 대화이다. 이도에게는 굴욕이었을 것이다.

신하들은 정벌이 성공했다고 생각하지 않았다. 이도가 최윤덕을 승장으로 직접 나가 맞이하려 하자, 황희가 말했다. "오늘의 일은 영토를 수복한 것과 같은 공이 아니고, 또 큰 전쟁도 아닙니다. 다만 좀도둑을 친 것일 뿐이니 나가서 맞이할 필요까지 있겠습니까."

무의 정치를 내세우기 시작하다　　　《세종실록》편찬자들은 이도의 정치를 "문과 무의 정치가 빠짐없이 이루어졌다"라고 평가했다. 이도는 그동안 문치文治를 표방하며 국내정치의 안정에 노력을 기울여 왔다. 그가 무의 정치를 내세우기 시작한 시점은 바로 재위 15년째인 1433년의 야인 정벌부터였다. 그는 명나라 황제와의 마찰을 각오하면서까지 파저강의 이만주에 대한 정벌을 감행했다.

정벌은 자신이 주도한 것이다. 성과와는 별개로 정벌은 승전으로 포장되어야 했다. 이도는 승전 의식을 성대하게 치른다. 5월 13일 옛날의 제도들을 검토하여 의식을 정했고, 5월 15일 의식을 거행했다. 이도는 국왕으로서 예복을 입고 근정전에 나아가 왕세자 및 문무 군신들로부터 승전을 축하받았다.

그러고는 교서를 발표했다. 교서는 명나라가 아니라 조선이 중심이 되는 독자적인 시공간적 질서를 강조한다. 먼저 이도는 이번 정벌이 태조와 태종을 계승한 것임을 선언한다. "우리 태조 강헌대왕께서는 천운에 순응하여 개국한 뒤로부터 안으로 정치를 닦고 밖으로는 외적을 물리쳐 동국을 편하게 했다." 또한 "태종 공정대왕께서는 대통을 이어 유업을 계승하고 널리 포용하고 보호하는 마음으로 그 무리를 굴복시켜서, 섬 오랑캐와 산 오랑캐를 모두 통솔했다." 그런데 자신의 시대에 이르러 "무지한 야인들이 지방이 험한 것을 믿고 천리를 거슬러 우리 변경의 백성을 죽였다. 저들은 재앙을 스스로 취한 것이니, 내가 어찌 노여워하지 않을 것인가." 이도는 정벌을 정당한 전쟁으로 선언했다.

이제 이번 정벌이 대성공이라는 것을 선포했다. "조종의 영령이 하늘에 계심에 힘입어, 사졸들이 용감하게 길을 떠나 적을 무찌른 공을 아뢰고, 전군이 무사히 돌아왔다. 아! 적의 소굴을 소탕하였으니 추악한 무리가 모두 사라질 것이다. 국경을 싹 청소했으니 한번 움직여 영구한 평화를 거두었다. 중외에 포고하여 모두 다 듣고 알게 하노라." 승전한 장수들이 속속 환대를 받으며 귀환했다. 총사령관 최윤덕이 귀환하자 이도는 직접 나가서 그를 영접했다.

이도는 처음부터 독자적인 국가의 정당한 전쟁으로 이번 정벌을 진행했다. 태조와 태종 모두 강력한 명나라를 의식해 군사행동을 꺼려 왔다. 그러나 이도는 이번에 그동안 축적해 온 국가적인 역량을 한번 시험할 만한 때가 왔다고 판단했다. 일국의 군주로서 그는 '동국東國' 조선을 중심으로 한 시공간적 질서를 회복하길 원했다. 출정하기 두 달 전부터 관련된 옛 제도들을 탐색하고, 출정하는 의식들을 차례대로 거행해 전쟁을 정당화했다. 또 종묘와 사직에 제사를 지내고, 압록강에서 승전을 비는 제사를 지냈다. 전쟁 수행 과정에서 불로 된 약, 화약火藥의 사용과 죽인 적의 머리나 왼쪽 귀를 베어 바치는 헌괵獻馘 등은 조선을 중심으로 한 시공간적 질서가 회복되었다는 것을 극적으로 시각화한 의례들이다.

1433년 5월 16일, 이도는 무장인 최윤덕을 파격적으로 우의정에 임명했다. 무장으로 정승의 자리에 오르는 사람은 드물었다. 앞으로 문과무의 정치를 함께할 것이라는 임금의 의지를 과시하는 상징적인 조치였다. 후일 최윤덕은 우의정의 자리를 사직하기도 했지만, 이도는 오히려 그를 좌의정으로 승진시켜 보좌하게 했다.

황제가 정벌을 책망하다 ___ 명나라와의 마찰은 예정된 것이었다. 제후국의 국왕이 황제가 임명한 관원에 대한 정벌을 감행했기 때문이다. 정벌 이후 이만주는 자신이 아무 잘못도 없는데, 갑자기 조선의 공격을 받았다고 명나라에 보고했다. 그가 황제에게 호소했다. 자신은 화살에 맞았고, 아내와 아이들이 죽었고, 잡혀 가고 죽은 인민들도 매우 많으며, 아울러 명나라 황제가 자신에게 하사한 칙유勅諭와 고명誥命 같은 것들도 조선이 빼앗아 갔다는 것이다.

1433년 윤8월 10일 황제의 사신들이 한양에 도착했다. 황제가 칙서를 통해 말한다. "국왕은 건주 등지에서 얻은 칙유 및 고명 등과 인구와 가축 따위의 물건을 다 돌려주어야 할 것이다. 지금 이후로는 두 사람 다 하늘의 도에 순응하여 변방의 수비를 조심해 튼튼히 하고, 이웃나라와 평화스럽게 지내면서 아랫사람들을 경계하고 단속하여 서로 침범하는 일이 없도록 하라." 정벌을 힐책하고 이전의 상태로 되돌아갈 것을 지시한 것이다. 이도는 정벌을 감행하면서 황제의 신임을 믿고 있었다. "황제가 야인을 가깝게 대하면서 우리나라를 외면하지는 않을 것이 분명하다." 그러나 황제는 그의 기대와는 다르게 나왔다. 정벌에서 얻은 이익을 야인들에게 모두 되돌려주고, 앞으로도 섣불리 공격하지 말 것을 지시한 것이다.

1433년 4월 야인 정벌의 본질은 명나라의 현상유지 정책과 이도의 공세적인 북방정책 사이의 마찰이다. 정벌의 이면에는 북방 지역의 확보에 대한 이도의 의지가 있었다. 이것은 영락제와 태종 이전 시기로의 복귀를 의미한다. 조선을 건국한 태조 이성계는 명나라가 조선이 여진과 손을 잡고 요동으로 진출할 가능성이 있다고 판단할 정도로 여진 부족들을 영향력 아래에 두고 있었다. 그러나 태종은 영락제와의 야인 추장 포섭전에서 대부분의 영향력을 상실했다.

1434년(세종 16) 10월 12일부터 11월 13일까지 약 한 달간 세 명의 명나라 사신이 한양에 체류했다. 이 기간 동안 사신들은 국왕 이도에게 파저강 전역에서 조선이 돌려주지 않은 여진인 포로와 수탈한 물자를 남김없이 찾아서 돌려주기를 강요했다. 이도는 자신의 예상과는 다르게 명나라로부터 강력한 압박을 받았다. 그동안 지성사대를 통해 쌓아온 것들을 재검토하게 되었을 것이다.

정책은 보통 의도한 대로의 결과를 가져오지도 않는다. 또 항상 많은 부작용을 수반한다. 이도는 자신이 주도한 야인 정벌을 통해 이러한 사실을 깨달아 가고 있었다.

1. 수확의 계절

어느 야인 추장의 죽음 ___ 북방의 경계에서 일어난 우연한 사건이 이도에게 또 다른 기회를 제공했다. 정벌을 감행한 지 얼마 되지 않아, 양목탑올(양무타우)이라는 자가 약 800명 병력을 동원해 동맹가 첩목아 부자를 살해한 사건이 일어났다. 동맹가첩목아는 알목하(회령) 지역에 거주하던 알타리 세력의 추장이었다.

조선 초기 북방의 외교는 동맹가첩목아를 빼놓고 이야기하기 어렵다. 동童은 영락제가 명나라에 입조한 그에게 하사한 성이다. 맹가猛哥는 '영원한'을 의미하는 '몽케'의 차음, 그리고 첩목아帖木兒는 '무쇠'를 의미하는 '터무르'의 차음이다. 여진족과 특수한 관계를 맺었던 이성계가 죽자, 함길도의 변경에 야인들이 침입하기 시작했다. 이에 대해 태종은 유력 야인 추장들을 포섭하여 변경을 튼튼히 하고 영토를 확장

11___
영토 개척을
시작하다

하는 구상을 펼쳤다. 이 중에서 알목하 지역의 맹가첩목아는 세자 이제의 호위대장으로까지 임명한 인물이었다.

태종의 노력은 일부 성과를 거두기도 했지만, 1405년 맹가첩목아는 영락제에게 투항했다. 거주 지역도 두만강 일대보다 명나라에 더 가까운 압록강 일대로 옮겨갔다. 영락제의 북방 원정에도 참전하는 등 충성심을 과시하기도 했다. 하지만 이러한 친명 노선은 명나라에 배타적인 만주의 다른 야인 집단과의 갈등으로 이어진다. 명나라의 북방 원정으로 타격을 입은 타타르족이 보복에 나서려 하자 그는 1423년(세종 5)에 다시 두만강 일대로 도망쳐 왔다.

만주에는 다양한 여진세력이 분포하고 있었다. 먼저 동북쪽에는 이도가 이 해에 정벌을 단행했던 이만주의 건주위가 있었다. 그도 역시 개원 지역에 있다가 1424년(세종 6) 파저강 유역으로 되돌아왔다. 서북쪽 국경 근처에는 동맹가첩목아가 이끌던 두만강 유역의 알타리 부족이 있었다. 이 밖에도 올량합, 올적합의 야인세력이 있었다. 이들은 통일된 국가를 이루지 못하고 서로 대립하거나 연합하는 등 세력균형을 이루며 살아가고 있었다.

동맹가첩목아의 살해는 우연한 사건이었다. 1433년(세종 15) 양목답올은 개양성 근처의 명나라 인구를 포획해 갔다. 이에 명나라에서는 동맹가첩목아에게 그를 압송하고 피랍된 인구를 쇄환하라고 압박했다. 그러나 양목답올은 도리어 동맹가첩목아를 습격하여 살해했다. 북방의 정세가 급변하고 있었다.

"영토를 넓힐 시기가 무르익었다" ___ 기회가 왔다. 이도는 이번에 죽은 동맹가첩목아가 다스리던 지역을 조선의 영토로 편입하고 싶어 했다. 만약 명나라 황제가 추장이 죽었다는 말을 듣고 군사기지라도 설치한다면, 그때는 후회해도 별다른 방법이 없을 것이다. 그러나 얼마 전 강행한 야인 정벌의 결과가 좋지 않은 것이 문제였다. 이런 상황에서 다시 한번 국력을 쏟아야 하는 영토 확장을 진행해야만 했다. 이제 자신의 의도대로 일을 처리해 나가는 이도의 정치술을 살펴보자.

1433년(세종 15) 11월 19일 이도는 황희, 맹사성, 권진 세 정승과 하경복, 심도원 등 북방의 군사책임자를 역임했던 이들을 불러모았다. 그는 먼저 변명부터 했다. 저번의 정벌 때문이다. "수성하는 임금은 대체로 사냥놀이나 여색을 좋아하거나, 큰 것을 좋아하고 공을 세우기를 즐겨 하는 폐단이 있다. 이것은 예로부터 지금에 이르기까지 조상의 왕위를 계승하는 임금이 마땅히 경계해야 할 일이다." 신하들은 자신이 공적을 탐해서 무리하게 정벌을 진행한 것이 아닌지 의심하고 있었다. 이도는 선을 긋는다. "나는 조종의 왕업을 계승하여 국가를 편안히 유지하는 과제를 항상 마음에 새기고 있다."

이제 저번의 야인 정벌을 언급한다. "저번 파저강 전역 때에는 대신과 장수와 재상들이 모두 불가하다고 말했다. 이 말들은 바로 만세에 변함없을 정론이었다." 신하들은 오랑캐에 대처하는 비개입주의, 기미책의 전통을 따라서 정벌에 나서지 말 것을 권했었다. 이제 자신의 오류를 인정한 것이다. 이어서 정벌의 성과에 대해 평가했다. "내가 정벌을 명령하여 성공하였으나, 그것은 특별한 행운이었을 뿐 숭상할 만한 것은 못 된다." 사실상 정벌이 실패였다는 고백이었다. 이도는 자신이 주도한 일은 그 결과를 온전히 책임져야 한다는 사실을 깨달았을 것이다. 앞으로는 대신들의 의견을 따라 일을 진행하겠다는 선언이었다.

이어서 이도는 자신의 본심을 밝힌다. "동맹가첩목아 부자가 동시에 사망한 것은 마치 하늘이 멸망시킨 것 같다. 지금 시기를 잃어 버릴 수 있겠는가. 더군다나 두만강이 우리의 국경을 빙 둘러싸서 흐르니, 하늘이 만든 험지이다. 옛사람이 큰 강을 연못으로 삼는다고 한 뜻과 매우 합치한다. 나의 결심은 이미 섰으니, 경 등은 충분히 의논하여 의견을 제시하라."

구구절절했지만 여전히 이도 특유의 화법이 관철되고 있다. 이도는 자신의 의사를 밝히고 신하들의 동의를 구했다. 뜻밖에도 모든 대신이 찬성하고 나섰다. 만주로 들어가는 공격이 아니라, 비어 있는 땅을 선점하는 것이기 때문일 것이다. 하경복과 심도원이 즉각 찬성했다. "기회를 놓칠 수 없습니다." 영의정 황희와 우의정 권진도 찬성한다. "빈틈을 타서 군사기지를 설치하기에 적당한 시기입니다." 구체적인 방안도 덧붙인다. 1,000호 이상의 인구를 함길도, 평안도, 황해도에서 이주시켜야 한다는 것이다. 좌의정 맹사성 역시 찬성했다. "지금은 절호의 시기이니, 바로 국토를 넓힐 적기[闢國之秋]입니다." 조선이 지금까지 쌓아 온 힘을 알목하 지역을 확보하는 데 사용해야 한다는 공감대가 형성되었다.

수사를 동원해 설득하다 ___ 이날 이도는 영토 확장의 명분으로 "알목하는 본래 우리나라 영토 안에 있던 땅"이라고 주장했다. 그러나 이 말은 진위가 분명하지 않다. 그는 근거를 이렇게 제시한다. "태조께서는 경원을 공주孔州에 두었고, 태종께서는 경원을 소다로蘇多老에 두었다. 그 뒤에 한흥부가 전사하고, 곽승우가 화살에 맞아 패했다. 그러나 태종이 오히려 차마 버리지 못하여 부거참에 목책을 설치하고 군사를 주둔시켜 지키게 하셨다. 이것은 선조들께서 알목하를 우리의 경계로 삼으려던 마음이다."

태조는 1397년에 정도전을 함길도로 보내 선조들의 무덤이 있던 경원과 경흥 지역을 확보했다. 이어서 태종은 1409년 경원을 북쪽으로 옮겨서 설치하려 했지만, 1410년 몇 차례에 걸친 야인들과의 교전에서 패하면서 후방의 경성 지역으로 국경을 후퇴시킬 수밖에 없었다. 여기에는 명나라의 영락제가 포섭했던 맹가첩목아와 같은 야인들과의 갈등이 있었다. 그러나 맹가첩목아가 건주위 쪽으로 옮겨간 틈을 타, 태종은 1417년 부령 지역의 부거참에 방어기지를 설치했다. 이도는 이러한 우여곡절을 알목하, 즉 회령 지방을 확보하기 위한, 그리고 영토 확장을 정당화하기 위한 명분으로 만들었다.

이틀 뒤, 이도는 교서를 통해 북방 개척을 공식적으로 선언한다. 여기에도 정당화의 수사들이 실려 있었다. 이도는 세 의정과 두 개의 군사기지를 전진 배치할 것을 논의하고 교서를 지어 병조에 내렸다. 그는 항상 자신이 어떻게 역사에 기록될 것인지를 염두에 두고 있었다. 이것은 교서의 첫 구절부터 나타난다. "옛날부터 선조들이 일어난 땅을 근본으로 삼는 일을 소중하게 여기지 않은 제왕은 없었다. 이것은 여러 역사책을 상고해 보면 분명하게 알 수 있다." 사실 이성계의 선조들이 있었던 땅은 경원과 경흥이다. 경원과 경흥의 지명은 경사가 일어난 땅이라는 의미가 있다. 이도가 이것을 알목하 지역을 확보하는 명분으로 삼아 정당화를 시도한 것이었다.

이제 이도는 영토의 개척이 아니라 방어라고 선언한다. "조종으로부터 물려받은 천험의 국토를 지키고, 변방 백성들이 교대로 수비하는 노고를 조금이나마 덜어 주고자 할 뿐이다. 이것은 큰일을 좋아하고 공을 세우기를 즐겨서 국경을 열어 넓히려는 것과는 다르다." 이도는 선을 긋는다. 선조들이 물려준 영토를 지키는 것일 뿐, 국경을 넓혀 공적을 세우려는 것이 아니라는 주장이다. 그러나 이렇게 계속 반복되는 부정은 오히려 이도가 유위有爲의 정치를 지향했다는 것, 다시 말해서 역사에 기록될 만한 공적을 세우려고 했다는 것을 확인시켜 준다.

1388년 위화도 회군 이후 탄생한 조선은 명나라가 주도하는 국제정세 속에서 소극적인 모습을 보여 왔다. 이것은 영락제의 공세적 확장정책에 대응해야 했던 태종의 시대까지 이어졌다. 이도의 시대에 들어서야 조선은 독자적인 국가로서 국가이익을 위해 전쟁이란 수단을 활용하기 시작했다. 그 출발은 1419년 상왕 태종이 약 1만 7,000명의 병력을 동원하여 단행한 대마도 정벌이었다. 1433년에 이르러서 이도는 이제까지 축적한 힘을 야인 정벌과 북방 영토 개척에 사용하기 시작했다.

2. 김종서를 함길도로 파견하다

인재를 육성하고 시험하다 ___ 이도에게는 7명의 배향공신이 있다. 국왕을 보좌하는 데 가장 공이 높다고 생각되는 신하들을 선정하여 종묘의 공신당에 배향한 인물들을 배향공신이라고 한다. 임금의 형제인 양녕대군과 효령대군을 제외하면, 황희, 허조, 최윤덕, 신개, 이수가 신하 중에서 뽑혔다. 공이 많았는데도 선정되지 못한 인물들도 있다. 대표적인 인물이 김종서(1383~1453)와 정인지(1396~1478)이다.

　김종서는 북방 개척에 공로가 있었고, 후반기의 주요 대신으로 활약했다. 후일 문종에게 후사를 부탁받은 고명대신이기도 했다. 그러나 그는 수양대군이 일으킨 정변에서 살해되었고, 권력을 탐닉한 권신權臣으로 역사에 남았다. 정인지는 역사, 천문, 역법, 아악, 언문 등 이도가 남긴 수많은 업적을 진두지휘한 인물이다. 그는 성종 대까지 오래 생존해 있으면서 국가의 안정화에 일익을 담당했다.

　이도는 인복이 괜찮았다. 그러나 이도 스스로 많은 인재를 길러 냈다는 점이 높게 평가되어야 한다. 그는 인재를 보는 눈이 탁월했다. 많은 시간을 들여 인재들을 육성하면서, 동시에 쓸 만한 인물인지 시험했고, 최종적으로는 적재적소에 배치해 활용했다. 그중에서도 김종서와 정인지는 이도가 육성한 대표적인 인물이다. 이도는 이 둘을 재위 중반부터 활용해 본격적으로 업적을 창출하기 시작했고, 두 사람은 임금의 기대에 부응했다.

　김종서와 정인지의 관직 이력을 보면, 이도가 인재를 육성했던 두 가지 경로를 확인할 수 있다. 먼저 김종서는 대간과 승지를 거치며 승진했던 인물이다. 그는 태종 대까지는 지방관을 떠돌았다. 임금에게 간언을 담당하는 기관은 사헌부와 사간원이 있다. 사헌부는 관리들의 규찰을 위주로 하고, 사간원은 임금에 대한 간쟁, 논박을 위주로 한다. 이도는 김종서를 1423년(세종 5)부터 사헌부의 관리로 삼았다. 이후 그는 6

년 동안 김종서의 일 처리를 눈여겨보고 있다가 1429년(세종 11) 비서 격 직책인 대언으로 임명하여 곁에 둔다. 이도는 왕명 출납을 맡았던 비서기관인 승추부를 1433년(세종 15)에 승정원으로 고쳤는데, 이때 대언 직이 승지로 이름이 바뀌었다.

김종서가 전통적인 관료 엘리트 코스를 밟았다면, 정인지는 이도만의 또 다른 엘리트 코스를 밟았다. 정인지는 문과 시험에서 태종이 직접 1등으로 뽑은 당대의 수재였다. 겨우 18세에 불과한 나이였다. 그러나 그는 초임 관료 시에 여러 차례 실수를 범해 옥에 갇히기도 했다. 정인지를 일찍부터 주목해 온 이도는 1423년(세종 5) 그를 집현전의 관리로 임명해 경연과 출판 업무를 맡겼다. 정인지는 우수한 학자로 성장해 이도 재위 중반기에 예문관 제학, 성균관 대사성을 거치며 최고의 학술을 겸비한 정치가로 성장했다.

총애와 질투 인재는 한순간에 육성되지 않고 그 과정이 순탄하지도 않다. 초임 관료로서 익숙하지 않은 일부터 배워야 하고, 권력을 다루는 자리에 서게 되면 쉽게 청탁과 부패에 노출되기도 한다. 관료들 사이의 경쟁도 있다. 한 명의 인재가 이러한 과정을 거치며 노련한 관료로 성장하기 위해서는, 임금의 끝없는 관심과 애정이 필요하다. 정인지와 김종서는 누구보다 이도가 총애하면서 양성했던 인물이었다.

먼저 정인지의 경우를 보자. 겨우 18세에 불과한 나이에 문과에서 1등으로 급제한 그는 외교문서를 작성하는 부교리 직책을 맡게 된다. 그런데 어느 날 요동으로 보내는 자문에 날짜를 잘못 적는 실수를 저지른다. 태종이 나중에 용서하긴 했지만, 상관인 윤회와 함께 의금부에 투옥되는 경험을 맛본다. 이도가 왕위에 오르고 나서도 정인지는 실수를 반복한다. 명나라 사신이 가져온 황제의 교서를 맞이하는 의식이 있을 때였다. 이번에도 그는 황색 의장을 빼놓는 실수를 저질렀다. 이 실책으로 정인지는 집으로 돌아가 근신하다가 태장 40대에 속죄를 받았다. 2년 후에는 군사를 훈련하라는 명령을 따르지 않다가 옥에 갇히기도 했다. 이도는 각종 실무에 서툰 그를 아예 집현전에 데려와서 육성하는 배려를 베푼다. 그는 정인지를 10년을 넘게 학술적인 측면을 중심으로 육성하다가 1435년(세종 17)에야 충청도 관찰사로 내려보낸다.

김종서는 대언으로 발탁해 이도의 총애가 두터웠다. 환관 대신 밤낮으로 곁에 두고 자신의 말을 전하게 하면서 개인적인 이야기를 건넬 정도였다. 그러자 다른 신하들의 견제가 들어온다. 어느 날인가 김종서는 관직 청탁을 받았다는 구실로 옥에 갇혔다. 사실 이도는 김종서의 사람됨을 봤을 때 그럴 리 없다는 것을 잘 알고 있었지만, 사건이 진행되는 것을 묵묵히 지켜보기만 했다.

김종서가 풀려나자 이도가 말한다. "병조에서 경을 미워하여 꾸며서 얽은 것이다. 엊저녁에 여러 대언이 '김종서가 어젯밤에 첩의 집으로 가 갔다'라고 했지만, 나는 곧이듣지 않았다." 다른 대언들까지 김종서를 시기한 모양이다. 김종서가 대답한다. "병조판서 최사강이 저를 미워하여 해치고자 온갖 계략으로 공격하는데, 신이 비록 어리석으나 어찌 최사강과 같이 옥에 갇혀 다른 한 가지 죄를 더 범하였겠습니까. 만일 임금께서 밝지 않으셨다면, 신은 죄의 그물에서 벗어나지 못했을 것입니다."

김종서가 말을 마치고 흐느껴 운다. 그러자 이도가 말한다. "임금이 신임한 신하를 동료들이 미워하는 것은 예로부터 그러한 것이다. 경은 부끄러워 말라. 이번 일 때문에 기가 꺾이지 말고, 더욱 심기를 가다듬어 전과 다름없이 나를 수행하라." 한 명의 인재를 양성하는 일이 얼마나 어려운지 잘 보여 주는 일화다.

파격적인 발탁 ___ 1433년(세종 15) 12월 9일 이도는 김종서를 함길도 관찰사로 임명했다. 관찰사는 감사라고 부르기도 하며, 한 지방의 최고 행정장관이다. 함길도의 경우 북방의 경계를 맡고 있어 무재가 필요했다. 그런데 문신인 그에게 파격적으로 영토 개척의 임무를 맡긴 것이다. 며칠 전만 해도 그는 좌승지 직책으로 임금을 보좌하고 있었다. 조말생이 함길도 관찰사로 가 있었지만, 임무를 맡기기엔 못 미더웠던 모양이다. 이 해 11월 17일에 조말생이 병으로 사직서를 제출하기도 했다.

조정에서 북방 영토 개척이 결정되던 11월 19일, 맹사성은 다음과 같이 말했다. "경원에서 아군이 패한 것은 한흥부가 적임자가 아니었기 때문입니다. 만약 지략이 있는 장수가 거기를 지킨다면 어찌 패하는 일이 있겠습니까." 1410년(태종 10) 함길도의 국경을 후퇴시켜야 했던 이유가 군사를 잘못 통솔한 장수 때문이었다는 견해다. 이후 임금과 신하들은 영토 개척을 담당할 만한 사람이 누가 적당한지 논의한 듯하다. 이날 김종서를 임명한 데에는 임금의 신임뿐만 아니라 황희, 권진, 맹사성과 같은 대신들의 동의가 있었을 것이다.

이제 김종서는 막중한 임무를 지게 되었다. 그는 북방의 변경에 생소한 문관이다. 그러나 국왕은 주도면밀했다. 이도는 군사 방면에 노련한 하경복과 심도원을 먼저 보냈다. 또 군사를 통제하는 도절제사에 성달생을 이미 임명해 놓은 상태였다. 이도는 이들에게 가서 상황을 보고, 군사 요새를 건설하고 백성들을 이주시키는 것을 관찰사와 상의해 진행하라고 지시했다. 12월 18일 김종서가 관찰사로 떠날 준비가 끝났다. 이도는 그를 접견하고, 털옷과 털모자를 주며 영토 개척의 임무를 상기시켰다.

김종서는 함길도에 도착하자마자 상황을 파악하고 새로운 군사기지를 세우는 일을 진행하기 시작했다. 이제 언제 끝날지 모르는 북방 영토 개척이 시작되었다.

3. 어렵고 지루한 북방 개척

사민과 축성의 시작 ___ 영토를 확장한다는 것은 쉬운 일이 아니다. 사람들을 이주시켜야 하고, 그곳을 지키기 위한 요새를 건설해야 한다. 이제 기나긴 사민徙民과 축성 작업이 시작된다. 인력, 물력 그리고 행정력이 모두 장기간에 걸쳐 필요한 거대한 사업이었다.

1434년(세종 16) 1월 6일 함길도 관찰사로 부임한 김종서의 첫 번째 보고서가 올라왔다. 경원부와 영북진을 북쪽으로 이전하면서 동원할 이주민들과 성벽 축조 인원에 대한 건의였다. 이주민의 수와 배정, 이주민들에게 지급할 식량의 양, 지급할 곳, 수송 방안, 그리고 행정을 담당할 지방관의 설치에 대한 논의 등이 이어졌다. 이도는 의욕적이었다. "새로 창설하는 초기이다. 지방관을 설치하여 사기를 돋우는 것이 급선무이기도 하니, 관직의 숫자를 줄이지 말고 김종서가 건의한 그대로 시행하게 하라."

두 지역에 입주시킬 민호는 모두 2,200호로 정해졌다. 1호가 4명 이상이니, 1만 명 이상의 백성들을 이주하는 작업이었다. 가까운 지역인 경원에서 350호, 단천 280호, 북청 280호, 홍원 40호, 경성 550호, 길주 500호가 배정되었고, 함길도 남부에서 함흥 45호, 영흥 45호, 정평 30호, 안변 20호, 문천 12호, 의천 10호, 용진 10호 고원 15호, 예원 13호가 배정되었다. 성을 쌓은 인부들은 경원에서 500명, 경성 800명, 길주 2,500명, 단천 1,000명, 북청 1,000명, 홍원 300명 등 모두 6,100명을 동원하기로 했다.

문제는 이제 확보한 지역을 지키는 것이었다. 영구적인 확보를 위해서는 인구를 늘리고 농지를 확보해야만 한다. 인구를 옮기는 사민정책이 시행되었다. 5년 이상 걸릴 대사업이었다. 함길도 안의 인구를 북쪽 변방으로 옮기고, 그것을 채우기 위해 하삼도인 충청도, 전라도, 경상도에서 옮겨와야 한다. 1435년(세종 17)부터는 평안도의 4군 지역에도 사민정책이 확장된다. 이도가 말한다. "평안도는 지역이 야인과 접하여 도적의 침략이 없는 해가 없다. 믿을 것이라고는 단지 그 경계에 험하고 긴 강을 끼고 있다는 것뿐이니, 수비와 방어 대책을 급히 서둘러야만 할 것이다."

영토 개척은 야인들의 반발을 샀다. 점차 그들의 침입이 늘어나기 시작했다. 이에 따라 더 많은 백성을 이주시켜야 했고, 더 많은 성을 쌓아야만 했다. 백성들의 입장에서는 새로운 지역에 정착하는 것조차 쉽지 않은 일이다. 거기에다 성을 쌓고 방어를 위해 동원되어야 하는 이중고를 겪었다. 도망자가 속출하고, 또 도망한 숫자를 채우기 위해 하삼도에서 양민들을 이주시켜야 하는 악순환이 벌어졌다. 지난한 작업이 시작되었다.

군사기지를 추가 건설하다 ___ 북쪽으로 옮겨 설치한 두 개의 군사기지는 오늘날 특별시에 해당하는 도호부가 된다. 이 해에 영북진을 종성군으로 독립시키고, 5년 후인 1440년(세종 22)에 종성도호부로 승격시켰다. 경원부는 두만강 유역의 회질가會叱家 지역으로 전진 배치하였는데, 이것이 경원도호부이다. 이로써 이도는 태종 대에 후퇴했던 지역을 확보하게 되었다.

맹가첩목아가 있던 알목하 지역에는 회령진을 두었다. 알목하의 한자 음차인 '오음회吾音會'의 회에 '영북진寧北鎭'의 영을 합친 것이다. 이도는 회령진을 1434년(세종 16)에 회령도호부로 승격시켰다. 또 원래 경원부가 있던 옛날의 공주孔州 지역은 1435년(세종 17)에 공성현을 설치했다가 1437년(세종 19)에 명칭을 경흥군으로 바꿨다. 이곳은 1443년(세종 25)에 성을 새롭게 쌓고 경흥도호부로 승격시켰다. 처음에는 두 개의 군사기지를 계획했었는데, 네 개가 건설되었다.

이도는 후일 김종서를 보낸 이유에 대해 다음과 같이 말했다. 인재를 보는 그의 안목을 확인할 수 있다.

김종서는 본래 유신儒臣으로 몸집은 작지만 관리로서의 재주는 넉넉

252

하다. 그러나 무예가 모자라 장수로서는 적합하지 못하다. 다만 그는 일을 만나면 부지런하고 조심하며, 일 처리가 정밀하고 상세하다. 4진을 새로 설치할 때에도 일을 처리한 것이 알맞아서 빠르게 그 효과를 보았다.

이제 두만강을 따라 네 개의 군사도시를 배치해 국경 방어선을 확립했다. 후일 여기에 두 개의 군사도시가 더 추가된다. 1440년(세종 22)에는 종성과 경원 사이를 방어하기 위해 새로 온성군을 설치했고, 1441년에 온성도호부로 승격시켰다. 마지막으로 1449년(세종 31)에 배후의 군사기지로 부령도호부가 건설되었다. 6진의 완성이다. 그러나 그것은 후일의 일이었다. 이 지역을 안정적으로 확보하기 위해 이도는 10년 이상에 걸쳐 막대한 비용을 소모해야 했다.

신뢰와 위임 ___ 김종서는 7년 동안 영토 개척에 헌신했다. 1435년(세종 17) 3월 27일 이도는 김종서를 아예 군사를 관장하는 함길도 도절제사로 임명했다. 그는 1440년(세종 22)까지 도절제사를 맡았다. 신뢰가 바탕이 된 인사였다. 그렇지만 또 완전히 믿는 것도 아니었다. "지난번 함길도의 절제사 김종서와 관찰사 정흠지가 직접 아뢰기를, '전염병을 앓아 죽은 사람의 수가 그다지 많지는 않습니다' 하였으나, 이것이 어찌 정말로 아는 것이겠는가." 실수하지 않는 사람은 없다. 그러나 오랫동안 북방의 전권을 맡기고, 작은 허물에 대해서는 논죄하지 않는다는 것이 이도의 신념이었다. 이도가 말한다. "최윤덕, 성달생, 하경복 등이 모두 변방의 일을 맡았으나, 끝에 가서는 허물이 있었는데 내가 모두 석방하고 불문에 부쳤다. 이것은 다른 이유가 아니라 변방을 지키는 장수를 소중히 대우하고 전적으로 위임하려 했기 때문이다."

그렇지만 시기하고 음해하는 사람들이 있게 마련이다. 김종서는 임금의 총애 때문에 한양에 있을 때조차 시기하는 사람들이 많았다. 1440년 7월 박호문이라는 자가 김종서를 탄핵했다. 야인들에게 개인적으로 뇌물을 받았다는 것이다. 그러자 김종서가 글을 올려 결백함을 주장한다. "이처럼 분명한 일도 오히려 모함하고 헐뜯는데, 기타 비슷한 일들도 반드시 자주 헐뜯을 것입니다. 머나먼 변방에서 변명할 길이 없어 가슴을 치며 눈물을 훔칠 뿐입니다." 다음 날 이도는 박호문을 국문할 것을 지시한다. "이미 나에게 김종서를 헐뜯고 또 개인적으로 김종서에게 아부했다. 그가 간사하고 아첨한 것이 이와 같으니, 관리에게 내려 국문하는 것이 어떤가."

승지 시절에도 누명을 벗겨 준 것처럼, 이번에도 이도는 그의 결백을 믿어 주었다. 그러나 이 해에 김종서가 관장하던 알목하 지역의 야인들이 건주위 쪽으로 옮겨가는 일이 있었다. 공식적으로 문책하지 않을 수 없었다. 결국 1440년(세종 22) 12월 3일 이도는 김종서를 조정으로 복귀시켰다. 중요한 것은 이후 이도의 대응이다. 그는 바로 김종서에게 교지를 보냈다.

이제 이세형으로 경을 대신한다. 교체할 때에 인심이 동요할까 염려되어, 이세형에게 지시해 새로운 감사를 기다리지 말고 속히 직임에 나아가라고 했다. 경은 비록 교체되었다 하더라도 북방 변경의 일은 전대로 관장하여 다스리고, 경이 다 시행하지 못한 방어의 책략은 모름지기 새로운 후임자에게 일일이 전달하여 일이 어그러지게 하지 말라.

직위는 교체하지만, 조정에 돌아와 북방의 일을 그대로 관장하라는 지시였다. 김종서는 돌아와서 형조판서에 임명되었다. 그리고 1년 후 예조판서를 거쳐 의정부 우찬성의 직책을 맡게 된다. 그러면서 병조의 판서까지 겸직했다. 이도는 죽을 때까지 그에 대한 신뢰를 놓지 않았다.

1. 소란스러운 북방

지속적인 소요 ___ 4군과 6진의 북방 영토 개척 과정은 순탄하지 않았다. 평안도에 건설된 여연, 우예, 무창, 자성의 4군은 애초에 성공했다고 보기도 어렵다. 설치하고 방어하는 데 막대한 비용이 소모되었기 때문이다. 또 훗날 세조는 4군을 아예 폐지하고 국경을 물리기까지 했다. 반면 6진의 설치는 성공하긴 했지만, 역시 우여곡절이 있어 후퇴론이 등장하기도 했다.

1433년 4월의 야인 정벌에서 이도는 이만주를 제거해 변경의 안정이라는 목표를 거두고자 했다. 그러나 실패했다. 그리고 반대하던 신하들의 주장처럼 만주 지역의 여러 야인이 결집했다. 여기저기서 침입의 첩보가 날아들었다. 명나라 황제도 조선의 변경에 야인이 침입해 올 것이라는 소식을 전했다. 파저강의 이만주가 사자를 보내 홀라온이

12___
교착 상태에
빠지다

1,000여 기병을 끌고 조선을 침범하려 출동했다고 보고했다. 나름대로 화해의 몸짓이었다. 그러나 그를 믿을 수 없었다. 이 해 3월 28일 이만주 관하의 남녀 10명이 귀화하여 말한다. "이만주가 4월 10일에 군병을 이끌고 침입하려 합니다."

북방은 마치 벌집을 쑤셔 놓은 것 같았다. 다음 표는 야인 정벌 이후 평안도의 야인 침입을 정리한 것이다.

[표] 1433년 이후 평안도의 야인 침입(단위: 명)

일시	부족명	인원	침입한 곳	피해 상황
15/06/09	올량합	16	여연	2명 전사
17/01/18	올량합	2,700	여연	2명 전사, 2명 포로
17/07/25	야인	20	조명간구자(여연)	3명 전사
18/05/23	올량합	500	조명간구자(여연)	14명, 말과 소 85 약탈 1명 전사, 7명 부상
19/05/06	올량합	300	조명간구자(여연)	–
19/12/13	야인	3,000	벽동	목책 파괴
21/07/10	야인	미상	산양회구자(초산)	5명 부상
22/04/27	올량합	200	조명간구자	피로 7인, 말 32, 소 5
23/08/26	올량합	20	우예구자	1명 전사, 6명 포로
23/윤11/20	올량합	400	여연	미상
28/04/20	야인	50	무창	5명 사망, 17명 포로

정벌 이후 지속적인 침입이 이어졌다. 정벌이 도리어 야인들의 규합을 야기했다. 이도가 첩보를 입수했다. "알타리와 올량합이 혐진과 원수처럼 생각했었지만, 지금은 원한을 풀고 서로 화친을 맺었다고 한

다." 물론 원정 이후 세력을 회복한 이만주가 그들을 결속시키는 중심이었다. 그는 원한을 품고 수백 명에서 수천 명의 야인을 동원하여 여러 차례 국경을 침범해 왔다. 이도는 그 사실을 잘 알고 있었다. "이만주가 보복하려는 마음을 조금도 풀지 않았다." 이만주가 명나라로 가는 사신들을 습격할지도 모른다는 걱정에 사행로를 변경하려는 시도까지 할 정도였다. 1435년(세종 17) 초반에 대규모 침입을 겪은 이도는 평안도 변경의 방어를 강화하기 위해 사민과 축성을 서둘렀다.

북방 영토 경략이 진행되고 있던 함길도의 경우도 비슷했다. 새로운 군사기지의 건설이 야인들을 자극하고 있었다.

[표] 1433년 이후 함길도의 야인 침입(단위: 명)

일시	부족명	인원	침입한 곳	피해 상황
16/02/07	올적합	70	동량북(무산군)	말과 소 약탈
17/11/20	올적합	400	회령	149명, 말과 소 445 약탈
18/09/07	올적합	8	회령	9명, 말 1필 약탈
18/09/26	올적합	3,000	경원	16명 사상
22/05/12	미상	30	무산	1명 사망, 말 7필 약탈
25/09/23	올적합	400	종성	2명 사망, 28명 부상

야인들의 침입과 함께 영토 경략도 순조롭지 않았다. 회령과 공주 등지에서 남쪽으로 도망한 거주민들이 절반이 넘었고, 거기에 억지로 머물러 있는 병력도 식량이 바닥나고 있는 형편이었다. 설상가상으로 눈이 깊이 쌓여 건초가 부족했다. 농사짓는 소와 전투용 말까지 쓰러져 갔다. 첩첩산중이었다.

야인과 갈등이 고조되다 ___ 1436년(세종 18)은 특히 야인들과의 갈등이 고조된 해였다. 1436년 5월 23일 올량합 500여 기가 여연의 조명간구자를 약탈하는 일이 벌어졌다. 조사 결과 사람 14명, 말 51필, 소 34두를 약탈당했고, 이들을 막는 과정에서 7명이 부상, 1명이 전사했다. 문제는 방어 태세가 허술해서 피해를 더 키웠다는 것이다. 이 일로 평안도 절제사 이각과 여연의 군사책임자 김윤수를 해임하고 귀양 보냈다. 그동안 평안도의 방어를 맡아 온 최윤덕까지 좌의정 자리에서 물러나게 되었다. 이도는 특별히 영중추원사라는 자리를 마련해 최윤덕에게 그대로 군사와 관련된 임무를 관장하게 했다. 그러나 그동안 문무의 정치를 함께 표방해 왔던 이도의 권위가 실추될 수밖에 없었다.

몇 달 뒤 함길도에서 올적합 3,000여 기가 경원성을 포위 공격하는 일이 벌어졌다. 화살에 맞아죽은 사람이 8명, 사로잡힌 사람이 8명이었다. 다행히 대응을 잘해 피해는 크지 않았다. 그러나 당시 이도의 충격은 컸던 모양이다. 그는 다음과 같이 말하고 있다.

내가 젊었을 때는 혈기가 한창 왕성하여 일을 생각하는 것이 주도면밀했다. 그러므로 계획한 것을 실행하면 항상 좋은 결과를 얻었었다. 그러나 근래에는 혈기가 쇠약하여 생각하는 것이 조금씩 착오가 생기고 행동으로 옮기면 문득 불길해진다. 지금 함길도 경원의 인민들이 약탈과 살해를 당하니, 내가 매우 부끄럽게 여긴다. …… 옛사람이 말하기를, '끝이 없는 만 가지 일에 오직 이것이 큰일이로다' 하더니, 바로 변경의 경보를 말하는 것이로다.

갓 마흔의 나이에 판단력이 예전과 같지 않음을 토로한다. 일이 마음먹은 것처럼 진행되지 않았다. 야인 정벌과 영토 확장을 단행한 것이 실수일지도 모른다고 생각한다. 그러나 물은 이미 엎질러져 있다. 강행할 수밖에 없었다.

1436년 11월 9일 함길도 도절제사 김종서가 올적합 토벌을 건의했다. "내년 가을 8, 9월의 바뀌는 때에, 본도의 정병 4,000명을 뽑아서 올량합, 알타리 가운데 혐진 올적합에게 원망을 가진 사람을 모집하여 길잡이로 삼아 길을 나누어 가서 정벌하고자 합니다." 그러나 이도는 반대했다. "근래에 재이가 자주 나타나고 가뭄으로 흉년이 들었다. 백성이 굶주렸고 북방의 민심이 안정되지 않았으니, 경솔히 군사를 일으킬 수는 없다. 비록 경은 4,000명의 군사를 가지고 토벌할 수 있다고 하지만, 성공 역시 확실하지 않다."

이 시기 이도의 머릿속은 야인 문제로 가득했다. 1437년 3월 11일 이도가 야인을 토벌할 계책을 생각해 김종서에게 보냈다. "경이 저번에 올린 혐진을 치자고 청한 글을 내가 자세히 생각해 보았다. …… 4진의 설치가 오로지 이 적을 방비하기 위한 것인데, 지금 까닭 없이 침입하여 인민을 죽이고 잡아 가니 나도 징계하지 않을 수 없다고 생각한다." 그 역시 문제의 원인을 완전히 쓸어 버리고 싶었다. 그러나 지금은 새로 건설한 군사기지를 안정시키는 데 힘을 쏟아야 할 시점이었다. "4진이 새로 건설되어 민심이 안정되지 않았으니, 지금 곧 군사를 일으키기에는 형세가 어려울 것 같다. 만일 두어 해를 기다려서 천시와 인사가 모두 따르게 되면 죄를 물을 수 있을 것이다."

다시 정벌을 모색하다 ___ 이 시기 이도의 신경은 온통 영토를 확장하고 있는 함길도의 북방에 쏠려 있었다. 그런데 한 사건이 그의 시선을 다른 곳으로 돌리게 했다. 1437년 5월 8일 함길도 관찰사 이숙치가 보고했다. "이만주가 명나라 황제의 교지를 받들고 회령 지방으로 오고 있습니다." 건주위의 이만주가 새로 군사기지를 건설하고 있는 함길도의 북방까지 와서 이도를 자극했다. 죽은 맹가첩목아를 이어 오도리 부족을 이끌고 있던 지도자 범찰凡察을 포섭하러 온 것이었다. 더구나 명나라 황제에게 보고해 허락까지 받아서 왔다.

1437년 5월 12일 관찰사가 이만주가 가져온 황제의 칙서를 알아내 보고했다. "조선의 군사와 말이 그곳에 머물고 있어, 소란하여 편안하지 않다고 들었다. 너희가 건주위로 옮겨가서 이만주와 같이 살고자 하나, 정말로 조선국에서 막고서 놓아 보내지 않는가? 지금 사신을 보내니 상황을 살펴서 처리하라." 이도는 알목하 땅에 갑자기 군사기지를 설치하고 영토를 확장했다. 본래 그 지역에 살고 있던 오도리 부족에게는 날벼락 같은 일이었다. 두 달 후 오도리 부족의 지도자 범찰이 한양으로 와서 이도에게 조회했다. 그는 휘하의 야인들이 조선인들에게 차별받고 있다는 것을 임금에게 호소한다. "어리석은 백성들이 무지해서 법을 범하여 죄에 저촉되면 용서해 주지 않으시고, 변방 사람들이 우리 백성들을 업신여깁니다. 또 말과 소를 서로 내놓아 벼와 곡식을 밟아서 해치는 까닭으로 물러가서 살려고 하는 것이지, 조금이라도 다른 마음은 없습니다."

이도는 영토 개척을 방해하고 있는 이만주가 아주 눈에 거슬렸다. 5월 16일 대신들을 불러 놓고 말했다. "이만주가 우리나라에 진실로 원수의 혐의가 있는 것을 누가 알지 못하겠는가. 이제 성지를 구실로 우리 국경에 와서 머무르니, 농사철을 당하여 멀리 올 까닭이 없는데도 어찌 이러한가. 그 마음이 반드시 괴이하니 군사를 내어 토벌함이 어떠할까." 이도는 이제 다시 한번 파저강의 이만주를 정벌하고 싶다. 그러나 대신들이 모두 반대했다.

그는 명나라 황제가 보낸 성지를 들고 왔다. 황희가 나서서 말했다. "이만주의 마음은 진실로 알 수 있습니다. 그러나 성지를 받들고 왔으니 가서 토벌할 수 없으며, 저들이 침략하려는 단서가 없는데도 명분 없는 군사를 일으킬 수는 없습니다. 그리고 명나라가 이것을 알게 되면 더욱 불가합니다." 정벌을 단행한다면 명나라와 마찰이 불가피했다. 그러나 이도의 결심은 단호했다. "비록 성지라고 하지만, 우리나라에 관계된 것이 아니다. 성지를 가지고 논할 것이 없다. …… 아무 이유 없이 문득 국경 가까이에 이르렀으니 어찌 토벌하지 않을 수 있겠는가?" 이제 황제도 이도의 눈에는 들어오지 않았다. 그는 그저 이만주를 제거하고 싶을 뿐이다.

명나라 황제가 보낸 성지를 가져왔다고 해도 이도는 전혀 개의치 않는다. 이미 저번 정벌을 선덕제에게 책망받았다. 황제는 이도에게 포로와 전리품을 전부 돌려주고 다시 침범하지 말 것을 지시했었다. 그때는 이도 역시 납작 엎드렸다. "신이 어찌 감히 사소한 야인의 포로와 우마와 재산을 점유하고 아끼면서 돌려보내지 않을 리가 있습니까." 한마디로 굴욕이었다. 그런데도 이도는 이렇게 다시 정벌을 강행하려 했다. 이유는 무엇일까? 그것은 얼마 전에 명나라 황제가 바뀌었기 때문이다.

1435년(세종 17) 1월 10일 선덕제가 죽고 그의 아들 정통제가 9세의 나이로 즉위했다. 황제가 교서를 내렸다. "국왕의 조공은 한결같이 정해진 예를 따르고, 이전에 칙서를 내려 요구한 사람과 기타 모든 물건은 모두 혁파한다." 선덕제가 요구하던 공녀, 환관과 잡다한 기호품들을 모두 바치지 말 것을 지시한 것이다. 이제 명나라와 조선의 관계가 바뀌기 시작했다. 영락제의 유산이 사라지고 있었다. 이도는 그동안의 전략적 인내에서 태도를 바꿔 북방 경략에 몰두했다.

2. 재정 위기에 봉착하다

지독한 가뭄 ___ 문제는 재정이었다. 1436년(세종 18) 봄부터 최악의 가뭄이 들었다. 4월 25일 이도는 좌우의 신하들에게 말했다. "올해 가뭄이 심하니 밀과 보리가 반드시 말라 버렸을 것이다. 경이 들은 소식은 어떠한가." 도승지 신인손이 말했다. "근래에 해마다 가물었으나, 올해처럼 심한 적이 없었습니다. 우물과 냇물도 모두 말랐고, 밀과 보리가 다 말랐으니 매우 걱정입니다."

2년 전부터 충청도, 경상도, 전라도의 하삼도를 중심으로 가뭄이 들었다. 그런데 올해는 더 심한 가뭄이다. 1423년(세종 5)의 가뭄을 뛰어넘는 이른바 '병진 대가뭄'이었다. 후일 이도가 말한다. "백성들 가운데 늙고 병든 자는 도랑에서 허덕이고, 젊은 장정들은 사방으로 흩어졌었다." 백성들이 지독한 기근에 시달리고 있었다.

본래 유학자들은 음양의 조화를 비는 기우제를 금기시한다. 그러나 상황이 긴박했다. "제사를 지낼 만한 신은 다 제사하라"라는 옛말까지 들어가며 기우제를 지내게 했다. 그러나 기다리는 비는 오지 않았고, 상황은 더 심각해져 갔다. 5월 30일에 이르러 이도가 말했다. "이제 가뭄으로 인해 한 달 가깝도록 비가 오지 않으니, 역대의 제왕과 선조들께서 재변을 그치게 한 옛일들을 모두 시행하라." 할 수 있는 수단을 다 동원할 정도로 상황이 좋지 않았다.

4월 말부터 시작된 기우제가 초가을인 7월 말까지 계속되었다. 그러나 8월이 되어도 비는 내리지 않았다. 농작물이 모두 말라 버려 수확을 기대하기 힘들어졌다. 가장 피해가 심한 곳은 충청도였다. 7월 1일 이도는 올해의 토지세를 걷지 말도록 충청도에 지시했다. 끼니를 해결하고 내년에 심을 종자로 활용하라는 것이었다. 며칠 뒤 이도는 충청도 관찰사 정인지에게 흉년을 구제하는 방안을 적어 보내며 당부했다.

도내의 가뭄이 너무 심해 벼가 말라 죽었다고 들었다. 백성들이 생계를 장차 어떻게 하겠는가. 그중에 조금이라도 곡식이 익어서 큰 흉년에 이르지 않을 곳이 몇 고을이나 되겠는가. 도내에 올해 생산되는 곡식이 올해 말까지 민간의 소비를 지탱할 수 있겠는가. 의창義倉은 빈민에게 대여하는 것이고, 국고는 군수에 대비하는 것이다. 옛날 사람들도 말하기를, "나라에 3년을 견딜 저축이 없으면 나라가 제구실을 할수 없다"라고 했다. 내년에 풍년이 들지 흉년이 들지 아직 확신할 수없으니, 뒷날의 염려도 또한 잊어서는 안 된다. 그러나 눈앞의 급한 문제를 구제할 일이 뒷날의 일을 계획하는 것보다 급하다. 무슨 겨를에 내년의 계획을 생각하겠는가. 도내에 있는 의창과 군자軍資의 저축이 내년에 보리와 밀이 익기 전까지 백성들을 구제할 수 있을 것인가. 대여하기도 하고 혹은 진휼하기도 해서, 백성을 구제할 방법을 상세히 의논하여 보고하라.

피해의 정도는 덜했지만, 다른 도의 상황도 마찬가지였다. 수확량이 턱없이 부족했다. 이도는 이 해 전국적으로 공물을 면제했다. 기민 구제를 위해 여러 지출도 줄였다. 군사훈련도 정지하고, 향교도 방학했다. 이도가 말한다. "올해는 가뭄이 벌써 심하다. 그러나 백성들이 기근에 허덕이고 고생하는 것은 올해만은 아닐 것이다. 저축한 것이 이미 다 떨어졌으니, 내년에 풍년이 들더라도 백성들이 반드시 농사에 힘쓰지는 못할 것이다." 황희가 대답한다. "진실로 하교와 같습니다." 임금이 한동안 탄식하며 언짢아했다. 1422년에 있었던 대가뭄 역시 이후두 해 동안의 흉년을 불러왔다.

흉년에 대한 구제 대책이 강구되었다. 국고에 저장된 소금을 곡식으로 바꾸어 백성을 구휼하고, 물가를 올리는 상인들을 단속한다. 횡행하는 도적들을 방지할 방안을 논의하기도 하고, 칡뿌리와 같은 구황식량을 확보하는 방안을 전수하기도 한다.

이듬해인 1437년 2월 9일 전국의 피해 상황이 이도에게 보고된다. 경기도 남부와 남쪽의 세 도가 모두 농사에 실패했다. 경상도와 전라도는 바닷가의 두어 고을이 조금 결실이 있을 뿐이었다. 심한 곳은 끝내파종도 하지 못했다. 곡식 싹이 한 자도 자라지 못한 곳도 있었다. 초목이 무성하지 않았고, 보리도 성숙하지 않았다. 콩을 심었으나 나지 않아서 흙을 헤치고 도로 줍는 실정이었다. 10말을 파종한 데서 7, 8말을 수확했는데, 볶은 것과 같아서 먹을 만하여 굶주린 백성들이 주워 먹을 정도였다. 충청도의 상황은 가장 열악했다. 충청도의 이재민만 70만 1,289인이나 되었다. 이도는 전라도의 쌀 5만 석을 옮겨와서 이들을 구휼하도록 지시했다.

긴축정책을 펴다 ___ 1436년의 심한 가뭄 전에도, 이미 연이은 흉년으로 인해 국가 재정은 열악했다. 1436년 1월 20일 이도가 호조판서에게 상황을 물었다. 심도원이 대답했다. "쓸 곳은 매우 많은데 저장된 수량은 적습니다. 2년 경비를 지탱하기가 어렵겠습니다." 이도는 예산을 줄일 항목들을 계산하여 보고하게 했다. 그러나 보름 후 호조에서 다시 보고했다. "근년에 흉년으로 인하여 국가에서 쓸 경비가 겨우 1년을 지탱할 만하니, 진실로 염려스럽습니다. 여러 종류의 비용을 줄이기를 청합니다."

우선 이도는 궁궐을 경비하는 정예 병력인 갑사를 줄이고자 했다. "우리나라의 군사 중에서 중요한 것이 갑사만한 것이 없다. 원래 500명이던 것을, 내가 즉위하던 무술년[1418]에 500명을 더해 1,000명이 되었다. 그러나 근년 이래로 국가의 경비가 매우 많아져서 걱정이다. 절반을 줄이고자 하는데 어떻겠는가." 예전에 이도가 국왕으로 즉위하고 태종이 상왕이 되자 태종은 갑사를 1,000명으로 늘렸다. 이도가 그동안 권력을 유지한 기반이었다. 그런 갑사를 본래대로 줄이는 방안이 어떤지 관료들에게 묻고 있다. 다양한 의견이 나왔지만, 결국 이도는 "경솔하게 시행할 수 없으니, 다시 생각해 보겠다" 하고 물러난다.

다른 방책들이 요구되었다. 5월 26일 말을 관리하는 사복시에 100필만 남기고 목장에 방목하도록 지시했다. 5월 28일에는 중궁 시녀, 무수리, 동궁의 시녀 15명을 내보냈다. 6월 2일에는 각 부서에 보조하는 비용을 줄였고, 7월 13일에는 궁인 8명과 방자 3명을 내보내고 급료를 줄일 것을 지시했다.

당시 국가 재정을 정확하게 보여 주는 기록이 있다. 7월 16일 의정부의 보고이다.

국가가 1년간 지출하는 쌀이 5만 7,280석입니다. 그러나 지금 풍저창
豊儲倉에 저장된 쌀이 겨우 12만 3,300여 석뿐입니다. 이제 가뭄으로
인하여 세곡을 징수한 것이 매우 적기 때문에, 내년 쓸 것이 반드시 모
자라게 될 것입니다.

당시 창고에는 2년 사용할 분량의 쌀이 남아 있었다. 올해 가을 수확을 기대할 수 없었기 때문에, 내년에는 반드시 재정이 바닥날 것이 뻔했다. 올해는 전세뿐만 아니라 각종 공납 역시 걷지 말도록 지시했었다. 북방 영토 개척을 위해 필요한 재정과 겨울 이후 이재민의 구휼 비용을 고려하면 더 많은 긴축이 필요했다.

겨울이 다가왔다. 이도는 사람을 보내 각 도의 상황을 살피게 했다. 굶주려 부종이 생긴 백성이 많았다. 지방관들에게 지시를 내렸다.

사람은 하루에 두 번 먹지 않으면 굶주린다. 3, 4일을 굶은 사람은 그
생명이 가는 실과 같다. 만약 제때에 진휼하지 않는다면, 목숨이 잠깐
사이에 꺼지게 된다. 비록 이처럼 죽게 된 사람이 있더라도, 숨기고 알

리지 않고서 구렁에 버려 둔다면 내가 어찌 알겠는가. 만약 창고에 저축이 다 없어지면, 비록 진휼하고자 하더라도 어찌할 수가 없을 것이다. 그러나 지금은 비록 흉년이 들었어도 국고가 다 없어지지는 않았다. 수령들이 각자 마음을 다해 순찰하여 구휼한다면, 어찌 굶주려 죽는 사람이 있겠는가.

통치자로서 백성에 대한 연민을 확인할 수 있다. 지금 당장은 굶주리는 백성을 살리는 것이 전부였다. 그러나 진퇴양난이다. 이렇게 가다가는 재정이 고갈되는 것도 시간문제였다.

무엇을 위한 정치인가 ___ 이도는 긴축정책을 이어갔다. 해가 지나 1월 6일에 호조에서 보고했다. "하삼도는 쌀과 베가 나는 곳입니다. 그러나 연이은 흉년으로 공납과 조세를 면제했기 때문에, 창고가 텅 비어 예산이 바닥날 것입니다. 관리들의 봉록을 줄이길 청합니다."

이제는 관료들의 봉급을 줄이는 데까지 와 버렸다. 1품에서 2품까지는 콩 3석을 감하고, 3품에서 6품까지는 콩 2석을 감하고, 7품 이하는 콩 1석을 줄였다. 함께 주던 비단, 삼베, 동전의 양도 모두 줄였다. 관료들이라고 해서 흉년에 여유가 있을 리가 없었다.

공정성을 기하기 위해 이도는 또 다른 조치를 취했다. 1월 8일 여러 종친이 부리는 심부름꾼을 줄이고, 1월 12일 친아들과 친손자들에게 배정된 과전을 줄였다. 그러고는 말했다. "내가 덕이 없는 사람으로서 큰 기업을 이어받아 융성한 정치[治平]를 이룩하지 못해 저 백성들이 굶어죽게 되었다. 국가의 녹만 허비하고 공역에 동원하는 일도 많아서,

감응으로 부른 재앙이 있는가 생각되어 내가 매우 부끄럽다." 그는 이후 왕자들이 받는 토지가 제일 높은 관료인 정1품의 두 배라는 사실을 거론했다. 역시 며칠 전 관료들의 봉록을 줄인 조치에 대한 미안함이 있었다. 그는 왕자들의 과전을 50결 줄이고, 부마의 과전을 30결 줄이는 조치를 단행했다.

이후 기민들의 구제에 사활을 걸었다. 지방관들의 진휼 정도를 따져 승진과 처벌을 정하게 하고, 고아가 된 아이들의 소식에 급히 구휼을 지시했다. 또 한양 근처에 여러 개의 구호소를 설치해 전국에서 몰려든 굶주린 백성을 보살폈다. 기민들의 부담을 크게 덜어 주는 조치가 병행되었다. 별도의 조건 없이 기민들이 원하는 바를 따라 모두 진휼하고, 진제가 끝난 뒤에는 이름을 기록한 문서를 모두 태워 없애도록 했다. 절의 승려들과 산속의 백성들까지도 구휼할 것을 각 도의 감사들에게 지시했다. 이 해 가을까지 이도는 국가의 모든 역량을 동원했다.

1436년(세종 18)의 가뭄은 1423년(세종 5)의 가뭄과 비견될 수준의 것이었다. 그러나 이도가 친정을 시작했던 1423년의 가뭄에 대한 대처와 비교한다면, 1436년의 대처는 국가의 역량을 총동원했다. 인명 피해도 훨씬 적었다. 정확하게 국가 재정이 파악되고 있으며, 예산 집행에서도 후일의 계획에 대한 고려가 있었다. 재해 현장의 상황과 굶주린 백성들의 현황도 파악되고 있다. 이도는 전국에 파견된 관리들을 통해 소식을 듣고 즉각적인 조치를 취했다. 1436년의 대처는 이도가 재위 기간 동안 쌓은 통치자로서의 역량을 잘 보여 준다.

1437년 내내 재정에 대한 위기감이 고조되었다. 하삼도의 백성을 구제하느라 창고의 저축을 다 소비하여 재정이 말라 버렸다. 지방마다 둔 의창의 저축도 모두 고갈되었다. 이 해에 회수한 환자는 10에 2, 3이 채 되지 않았다. 더구나 미래 역시 불투명했다.

왜 지금까지 국가를 운영해 온 것인가. 지금과 같은 위기 상황에서 대처하기 위한 것이 아닌가. 이도에 대한 후일의 높은 평가는 그가 창출했던 업적보다는 위기에 빠진 백성들에 대한 그의 대처에서 찾을 수 있을 것이다.

3. 고뇌를 토로하다

골칫거리 며느리 ____ 수신, 제가, 치국, 평천하. 《대학》에서 내세우는 정치의 순서다. 임금이라면 이 말은 더욱 적절하다. 국가의 통치자이자 왕실의 수장이기 때문이다. 공적인 성격과 사적인 성격이 섞여 있는 존재. 국왕이야말로 왕실을 잘 다스리는 것이 국가를 잘 다스리는 것으로 연결될 수 있다.

"근년 이후로 일이 성취되지 않는 것이 많아서 마음이 실로 편치 않다." 국정이 제대로 되지 않는다. 그런데 며느리가 또 골머리를 썩게 한다. 1436년 10월 26일 이도가 모든 신하를 물리치고, 도승지 신인손과 동부승지 권채만을 불러서 말한다. "요사이 또 한 가지 괴이한 일이 있는데 말하는 것조차도 수치스럽다." 이 말을 시작으로 이도는 며느리에 대해 느낀 불만들을 털어놓았다. 임금의 뜻이 세 의정 황희, 노한, 신개에게 전달되었다. 결국 왕세자빈을 폐하는 일을 종묘에 고하고, 봉씨奉氏를 폐출하고 일반인으로 강등하여 예전 집으로 돌려보냈다.

이미 세자가 열네 살 때 첫 번째 며느리 김씨를 폐출시켰다. 이후 새로 맞아들인 봉씨 역시 세자와 금슬이 좋지 않았다. 이도가 한숨을 쉬며 말한다. "내가 중궁과 함께 매번 가르치고 타일러서, 그 후에는 조금이나마 대하는 모양이 다르게 되었다. 그러나 침실의 일까지야 비록 부모라도 어찌 자식에게 다 가르칠 수 있겠는가." 아들에게도 문제가 있는 것 같다. 이후 두 번째 며느리도 폐출시켰다.

며칠 뒤 이도는 교서를 내려 세 명의 의정에게 그동안의 사정을 말했다. 통치자로서 부끄러움이 담겨 있었다. "세자는 전에 김씨를 폐했는데 또 봉씨를 폐하게 되었다. 이것은 나와 세자가 몸소 집안을 올바르게 거느리지 못한 까닭이다. 아마 나라 사람들이 말하기를, '자기 몸을 반성하지도 못하면서, 다만 남의 허물만을 찾아 내려고 애써서 내보내기만 잘 한다'라고 할 것이다." 그러나 그동안 느꼈던 봉씨의 교만함과 무례함이 눈앞에 아른거렸다. 세자가 이렇게 말할 정도였다. "제가 그를 총애한다면 투기하고 사나워져서, 비록 칼날이라도 가리지 않을 것입니다. 만약 그녀의 뜻대로 된다면 옛날의 한나라 여후呂后라도 이보다 더하지는 못할 것입니다." 이도는 세자빈을 폐출하는 뜻을 세 대신에게 낱낱이 전한다며, 봉씨에 대한 험담을 가득 늘어놓았다.

"통치한 보람이 조금도 없다" ___ 이도의 근심이 깊어졌다. 그는 결국 자신에게 원인을 돌렸다. 이듬해인 1437년(세종 19) 3월 27일에 이르러 이도가 다음과 같이 말하고 있다.

지금까지 왕위에 있은 지 20년인데, 통치한 보람이 조금도 없다[略無治效]. 요즈음 해마다 흉년이 들어 기근이 끊이지 않고, 이웃의 도적이 자주 변경을 소란스럽게 하며, 정치와 교화[政敎]가 무너지고, 간사한 도둑이 날마다 불어나니, 모든 정책이 시행하기만 하면 후회만을 남긴다. 임금으로서 짊어진 무거운 직무를 이겨내지 못할까 매우 두렵다.

이도가 처음으로 세자에게 국왕의 일을 대리시키겠다고 언급했다. 그는 자신에 대한 신뢰를 잃어 버리기 시작했다. 이어지는 자신에 대해 평가를 보자.

요즈음 생각하니, 내가 겨우 마흔이 넘었다. 옛사람이 말하듯이 도명道明, 덕립德立의 나이이니, 근무에 게으를 때가 아니다. 그러나 위에 있은 지가 이미 오래고, 일을 경험한 것이 또한 많다. 날카로운 의지가 이미 쇠하여 90세 늙은이와 다름이 없다. 또 병이 있어서 이른 아침부터 밤늦게까지 정사를 듣기가 참으로 견디기 어렵다.

지난날에는 근면한 통치가 통했다. 그랬기 때문에 더 의욕적으로 여러 일을 추진했다. 그러나 이제는 더 이상 좋은 결과가 나오지 않았다. 더불어 하늘도 재앙을 내렸다. 이도는 이제 지쳐 버렸다. 그러나 사실 그것이야말로 통치가 아닌가. 사실 그는 재위 초반부터 현실의 정치가 이론과는 다르다는 것을 알고 있었다. 통치자는 현실의 한계 속에서 최악의 상황을 피하려고 노력해야 하는 존재다.

"세자의 지위로 여러 업무를 결단하는 것이 무엇이 해로운가." 이도는 임금의 직무를 세자에게 분담시키려 했다. 도승지 신인손이 대답했다. "성상의 하교가 비록 간절하지만, 어찌 세자가 반드시 직접 정사에 임하여 재결할 필요가 있겠습니까." 도승지가 대신들에게 임금의 하교를 전하고, 대신들이 이에 반응했다. "신 등의 어리석음으로는 진실로 그 옳은 것을 알 수 없습니다. 지금에만 시행할 수 없을 뿐 아니라, 후일에 전하의 춘추가 높아지더라도 또한 시행할 수 없습니다." 쓸데없는 생각은 하지 말고 통치에 임하시라는 따끔한 충고였다.

신하와 격려를 주고받다 ___ 넉 달 뒤인 1437년(세종 19) 8월 6일의 《세종실록》에는 일을 맡긴 임금과 일을 맡은 신하 사이에 오고 간 긴 편지가 기록되어 있다. 《세종실록》의 클라이맥스다. 임금이 직접 집무실에서 글을 짓고, 세자에게 쓰게 하여 함길도 절제사에게 보냈다. 편지를 받은 김종서 역시 직접 글을 써서 밀봉해 국왕에게 보내왔다. 국왕과 신하가 서로를 격려하는 내용이었다.

이도가 운을 띄운다. "나는 큰일을 이루기 위해서는 오히려 처음에 반드시 순조롭지 못한 일이 있어야 나중에 좋은 결과를 바랄 수 있다고 생각한다." 그러나 그는 걱정이 많았다. 그는 김종서에게 자신의 두 가지 걱정을 말하고 의견을 물었다.

첫 번째 걱정은 재정이다. "남도에서 발병한 군졸이 거의 숫자가 천에 이르고, 또 성을 쌓는 군졸이 2, 3만 명이나 된다. 이렇게 해서 그치지 않는다면, 10년이 못 되어 재력이 다하고 민력이 다해서 반드시 원망하고 도산하게 될 것이다. 그러므로 뒷날의 효과를 기필할 수 없게될 것이다."

두 번째 걱정은 함길도의 현지 상황이다. "함길도는 땅이 비좁고 백성이 적다. 그렇지만 부역이 원래 가벼워서, 선왕들의 관대한 정사에 깊이 감화되어 있었다. 그러나 내 몸에 이르러 이익을 주는 정치를 펼치지 않고 번거롭고 요란스러운 일만 날로 많아지니, 내가 매우 부끄럽고 두렵다. …… 지금 스스로 지키기도[自守] 부족하거늘, 하물며 뜻을 이루기를[得志] 바랄 수 있겠는가."

그러고는 김종서의 의견을 묻는다. "4진을 설치한 것이 장차 효과가 있겠는가. 백성의 재력이 장차 다할 것인가. 백성의 원망이 날로 더욱 더할 것인가. 4진의 민심이 장차 안정될 것인가. 야인의 변은 앞으로 종식될 것인가."

김종서가 직접 글을 써서 밀봉하여 여기에 답한다. 여기에 주요 부분을 발췌한다.

신이 삼가 임금의 편지를 보고, 낮이면 읽고 밤이면 생각한 지가 여러 날이 되었습니다. 성상께서 백성을 사랑하시기를 지극히 인자하게 하시고, 나라를 깊이 걱정하시는 것을 깨달아 감격함을 이길 수 없습니다. …… 오늘날 네 고을을 설치하는 목적은 오로지 북방을 수호하려는 것이며, 오늘날의 성곽을 쌓는 것은 오로지 번병藩屛을 공고히 하려함이며, 오늘날의 변방을 군사를 보내 지키는 것도 역시 저들 적을 방어하여 우리 백성을 편하게 하려는 것입니다. 그러므로 오늘날의 일은 하지 않아도 될 일인데도 경솔하게 백성들의 힘을 사용하는 것이 아니며, 큰일과 공훈을 좋아하여 병력을 남용하는 것도 아닙니다. 백성은 지극히 어리석으면서도 신묘하니 어찌 이 뜻을 모르고 경솔하게 원망하겠습니까.

…… 성상께서는 빨리 이루는 것을 구하지 마시고 작은 이익을 귀하게 여기지 마십시오. 작은 폐단을 걱정하지 마시고 작은 근심을 염려하지 마십시오. 세월을 쌓아 오래도록 기다리십시오. 뜬소문이 저절로 없어지고 민심이 자연히 안정될 것이며, 민폐가 자연히 제거되고 백성의 원망이 자연히 근절될 것입니다. 백성의 먹을 것이 자연히 넉넉해지고 병력이 자연히 강해져서, 도둑이 자연히 굴복되어 새 읍이 영원히 견고하게 될 것입니다.

…… 누가 충직하고 누가 간사하며, 누가 공정하고 누가 사악한지, 공사의 구분과 충성과 간사함을 변별하는 것은 오직 임금의 밝으심에 달려 있습니다. 예로부터 외방에서 일을 건의하는 신하들은 반드시 참소와 비방을 만나니, 재앙을 벗어나지 못한 경우가 많습니다. 고려 때의 신하 윤관이 그런 대표적인 사례입니다. 윤관은 유력한 집안과 큰 공으로도 면하지 못하였거늘, 하물며 신은 아주 작은 공도 없고 일을 건의할 재주도 없어, 하는 일마다 잘못이 많으니 어찌 한심하지 않겠습니까. 신은 절실함을 이기지 못해 삼가 죽기를 무릅쓰고 말씀드립니다.

김종서가 임금을 안심시키고, 자신을 믿어 달라고 말한다. 임금이 편지를 다 보고 나서 관리를 보내 자신이 입던 옷 한 벌을 내려주면서 답한다. "내가 북방의 일에 대하여 밤낮으로 염려하고 있었는데, 이제 경의 글을 보니 걱정이 없겠다." 이도는 김종서를 신뢰하고 위임했다. 이로부터 한 달 후인 1437년 9월 7일, 이도는 평안도에서 2차 파저강 정벌을 감행했다.

5부
전환의 모색
[집권 후반기 1 : 1436~1442]

1. 의정부 서사제를 시행하다

6조 직계제에서 의정부 서사제로 ___ 1436년(세종 18) 4월 12일 이도는 의정부 서사제로 통치제도를 전환했다. 서사署事는 일을 처리한다는 말로, 의정부의 대신들이 주요 안건들을 미리 검토, 의논하여 국왕에게 보고하는 통치제도이다. 그동안 이도는 6조 직계제의 통치제도를 활용해 국정을 운영해 왔다. 태종은 1414년(태종 14) 4월 17일 의정부 서사제를 폐지하고 6조 직계제를 시행한 바 있다. 그로부터 약 22년이 지난 시점에서 이도가 의정부 서사제로 되돌린 것이다.

이도는 왜 통치제도를 전환했던 것일까? 그 이유를 알기 위해서는 먼저 6조 직계제에 대한 이해가 필요하다. 6조 직계제는 의정부 서사제보다 국왕 개인의 능력에 의존하는 통치제도이다. 6조의 정치적 현안들이 대신들을 거치지 않고 바로 임금에게 전달된다. 반면 의정부 서

13___
통치제도를
전환하다

사제는 중간에 의정부의 재상들을 거친다.

[그림] 의정부 서사제의 통치구조

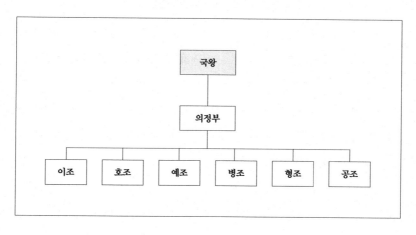

태종은 명나라의 통치제도를 모방해 6조 직계제를 시행했다. 명나라의 태조 주원장은 재상제도를 폐지하고 6부 관원들이 직접 황제에게 보고하여 일을 처리하도록 했다. 명나라는 이후 재상부를 없애 버렸다. 1414년 4월 17일 태종은 의정부의 모든 업무를 나눠서 6조에 분산시켰다. 대신 승추부, 후일의 승정원을 강화했다. 승정원은 왕명의 출납과 비서 업무를 맡아 보는 기구다. 국왕의 최측근 비서로서 승추부의 대언들은 각각 6조의 업무를 나누어 담당하여 각 부문의 행정실무를 태종에게 직접 보고했다. 태종은 대언을 6조 출신의 관료 중에서 발탁했고, 여기서 퇴임한 관료들을 다시 6조의 핵심관료로 기용하여 행정실무에 대한 장악력을 극대화했다.

그렇다고 태종이 자의적이고 전제적인 권력을 추구했던 것은 아니다. 그런 목적이었다면 태종은 사찰기관이나 첩보기구를 강화했을 것이다. 실제로 중국의 황제들은 환관과 같은 친위조직이나 강력한 첩보조직 그리고 대량숙청을 통해 황제권을 강화했다.

송나라 태종은 태조 때의 무덕사武德司를 황성사皇城司로 확대, 강화하여 외척과 환관 등을 책임자로 임명해 전국적인 규모의 정보정치를 했다. 명나라의 태조 주원장은 환관의 정치 개입은 막았으나 대신 수많은 옥사와 역모사건의 날조를 통해 황제권을 강화했다. 그의 후계자 영락제는 환관을 친위조직으로 다시 중용했고, 동창東廠과 같은 비밀 첩보기구를 통해 황제권을 강화했다.

태종이 6조의 기능을 강화하고 자문·보좌 기구인 승정원을 강화한 것은 하륜과 같이 집권 과정에서 권력을 비대하게 얻었던 세력들을 억제하기 위해서였다. 이로써 소수의 중신들에게 제한되었던 정치적 논의 공간이 다양한 소장파 관료들과 사대부들에게 개방된다.

이도는 6조 직계제를 물려받았다. 그러나 이제 더이상 중신들을 견제할 필요는 없었다. 그는 공론의 폭넓은 형성과 확대를 통해 왕권을 행사했다. 이른바 '공론정치'로 이야기되는 이도의 정치 운영 방식이다. 그러나 앞서 언급했듯이, 6조 직계제는 국왕의 개인적인 능력에 의존하는 통치제도이다. 재위 18년째인 1436년 즈음에 이르러 이도는 그것을 더이상 유지하기 어렵다고 판단했다.

첫 번째 권력의 이양 ___ 이도가 의정부 서사제로 통치제도를 변경한다고 교서를 선포한 것은 4월 12일이었다. 한 달 전인 3월 8일에 이도는 강무를 떠났었고, 3월 19일에 돌아왔다. 그는 닷새 만인 3월

24일에 넷째 아들 임영대군 이구李璆의 집으로 거처를 옮겼다. 드문 일이었다. 항상 경복궁에만 있던 그였다. 그는 일주일을 임영대군의 집에 머물다가 4월 1일에야 경복궁으로 돌아온다. 그리고 또 4월 6일에도 임영대군의 집으로 향했다. 무슨 이유였을까?

분명한 것은 이즈음의 이도가 자신의 통치를 되돌아보고 있었다는 사실이다. 교서를 선포하기 사흘 전인 4월 9일, 그는 근정전에 나아가 과거시험 문제를 출제했다.

한나라와 진나라부터 송나라에 이르기까지 백성을 교화시키는[化民] 정치와 오랑캐를 제어하는[御戎] 정책을 누가 잘했고 누가 잘못했던가? 우리 태조께서 하늘의 천명을 받았고 태종께서 위대한 사업을 이어받아서, 문과 무의 정치가 함께 찬란하여 태평성대와 비교해도 손색이 없었다. 내가 보잘것없는 역량으로 큰 기업을 계승하였으니, 아침 저녁으로 걱정하면서 부지런하게 일하여 조금도 쉴 틈이 없었다.

'백성들의 교화'와 '오랑캐의 제어'로 문무의 정치를 동시에 표방하고 있는 이도의 모습을 확인할 수 있다. 그동안 그는 태조와 태종을 계승한 국왕으로서 자신의 임무를 충실히 수행하기 위해 성실하게 노력해 왔다. 이제 마흔이 되었다. 부왕 태종은 18년을 재위했고, 이제 자신도 통치를 시작한 지 꼭 18년이 되었다.

부왕이 남긴 통치제도는 이만큼 유지했으면 되었다고 생각했다. 사흘 뒤 이도는 의정부 서사제로의 전환을 선언했다. 표면적으로 내세운 이유는 이 제도가 고대의 이상적인 정치에 부합하는 통치제도라는 것이었다. 그는 3대三代, 즉 중국 고대의 이상 국가인 하나라, 은나라, 주나라를 거론하고 있다. 당시 위대한 통치자들은 백규百揆와 총재家宰에게 모든 관원을 통솔하게 했는데, 재상에게 중대한 권한을 부여했던 모범적인 사례라는 것이다. 이러한 수사에 주목한다면, 의정부 서사제로의 전환은 옛 제도의 연구를 통한 이상적인 정치의 이해, 그리고 의례 및 제도의 정비와 왕권의 안정화에 따라 정치적 여건이 성숙되면서 이루어진 발전으로 볼 수도 있다. 그러나 수천 년 전의 모델들을 언급한 것은 정당화의 수사에 가깝다. 의정부는 당장 고려 말의 도평의사사라는 합의기구를 계승한 것이고, 도평의사사는 원나라 이후의 중서문하성이라는 재상부를 모델로 한 것이다. 수사에서 벗어나 보다 근본적인 이유를 이도 개인에게서 찾아볼 필요가 있다.

6조 직계제와 의정부 서사제의 차이에 주목해 보자. 이도가 지시한다. "6조는 안건을 먼저 의정부에 보고하고, 의정부에서는 가부를 의논하여 아뢴 뒤에 임금의 분부를 받아서 도로 6조로 돌려보내서 시행하게 하라." 이도는 의정부의 재상들에게 자신이 해야 하는 일들을 배정했다. 물론 임금의 대권만은 자신이 그대로 가지고 있었다. "이조와 병조에서의 관리 제수나, 병조의 군사동원, 형조의 사형수 판결"은 이전처럼 자신이 담당하기로 했다. 그 외의 안건들은 해당 6조에서 의정부에 보고하고, 의정부가 논의해서 자신에게 보고하게 했다.

요컨대 의정부 서사제는 자신의 업무를 줄이는 것이었다. 권력의 첫 번째 이양이다. 그는 자신에게 몰려 있던 권한을 단계적으로 이양해 나가기 시작했다. 이 해 가을부터 이도는 세자에게 자신의 업무를 맡기려고 했다. 그러나 대신들이 임금이 아직 한창 나이라는 것을 이유로 반대해 뜻을 이루지는 못했다. 권력 이양의 시도는 이후로도 계속되었다.

정치적 책임을 분산하다

이도는 왜 1436년부터 권력을 이양해 나갔던 것일까? 물론 그의 건강이 좋지 않았던 것은 사실이다. 그 역시 자신의 질병을 이유로 들고 있다. "병이 있어서 이른 아침부터 밤 늦게까지 정사를 듣기가 참으로 견디기가 어렵다." 그러나 마흔은 그야말로 한창의 나이이다. 건강 때문만은 아니었다.

주된 이유는 정치적 책임의 분산이다. 이 시기에 이르러 자신이 주도적으로 추진했던 각종 정책이 난관에 부딪히고 있었다. 야인 정벌과 북방 영토 개척이 대표적이다. 1436년의 있었던 대가뭄은 하늘의 견책으로 보였다. 이도는 자신에게 쏠린 정치적 책임을 의정부 재상들에게 분담시켰다. 그리고 산적한 문제들을 성공적으로 처리하기 위해 의정부 재상들을 동원했다. 그는 독단적으로 강행한 정책의 실패를 체감하고, 공동체의 미래를 위해 더 나은 정치를 모색하고 있었다.

의정부는 고위급 재상들이 모인 기구이다. 관직제도에서 6조의 책임자인 판서는 정2품의 품계를 가지고 있다. 의정부는 이미 그런 판서를 경험한 노련한 대신들로 구성된다.

이도는 의정부 서사제의 시행을 알리는 교서를 내리는 한편, 의정부에 다음과 같이 지시했다. "옛날에 우리 조정에서 의정부가 서사할 때는 좌우의 의정만 도맡아 다스리고 영의정은 참여하지 않아, 옛날의 3공에게 전임專任하는 본의와는 달랐다. 이제부터는 영의정 이하가 함께 가부를 논의해서 시행하게 하라." 자신의 재위 기간에도 좌의정과

[표] 의정부의 구성

품계	관직 및 인원	비고
정1품	영의정 1인, 좌의정 1인, 우의정 1인	3정승, 3공三公
종1품	좌찬성 1인, 우찬성 1인	이상貳相, 아상亞相
정2품	좌참찬 1인, 우참찬 1인	삼재三宰, 이공貳公
정4품	사인 2인	-
정5품	검상 1인	-
정8품	사록 2인	-

우의정은 각각 병조판서와 이조판서를 겸임하면서 문반과 무반의 인사에 참여하고 있었다. 또 전환 이후 얼마 지나지 않은 시점에 의정부의 요청에 따라 중요성이 낮은 업무는 6조 직계제에서 처리하던 기존의 방식을 따르도록 했다. 그렇다면 의정부 서사제 전환의 핵심은 영의정의 역할 변화에 있다. 영의정이 실질적인 임무를 맡게 되었다는 점이다.

다음 쪽의 표는 의정부 서사제 시행 이후 3정승의 변화를 나타낸 것이다. 가장 먼저 눈에 들어오는 인물은 단연코 황희이다. 요컨대 의정부 서사제의 실시는 영의정인 황희에게 자신의 권력을 나눈 것이라고 할 수 있다. 황희는 1431년(세종 13) 9월 영의정이 되었고, 1449년까지 영의정을 맡아 이도의 치세를 함께했다. 이제 이도의 동반자였던 황희에 주목해 보자.

[표] 재위 18년부터 32년까지 의정부 서사제 시행 이후 3정승의 변화

구분	영의정	좌의정	우의정
18년	황희	최윤덕	노한
19년		-	-
20년			허조
21년		허조	신개
22년		-	
23년			
24년			
25년			
26년			
27년		신개	하연
28년		-	
29년			
30년		하연	황보인
31년			
32년	하연	황보인	남지

2. 정치적 동반자, 황희

치세를 함께하다 ___ 이도는 자신의 재위기에 많은 인재를 육성했다. 그럼에도 불구하고 그는 태종이 육성했던 황희를 자신의 가장 중요한 정치적 동반자로 삼았다. 이도는 재위 기간 내내 황희를 파격적

으로 대우한다. 예를 들어 그는 70세를 맞이한 황희의 사직 상소에 이렇게 대답한다. "어찌 보통의 규칙에 얽매여, 그대를 은퇴하도록 할 수 있겠는가." 이도는 황희를 중용했고, 후일 황희는 죽은 지 얼마 되지 않아 이도의 배향공신으로 선정된다.

황희는 몇 가지 문제점을 가지고 있는 인물이었다. 첫 번째 문제는 많은 나이였다. 1418년에 이도가 22세의 나이로 즉위했을 때, 황희는 이미 56세였다. 두 번째 문제는 부패와 비리에 대한 지속적인 논란이다. 그는 좌의정으로 재직하던 시절부터 뇌물과 청탁에 연루되어 지속적으로 곤욕을 치렀다. 세 번째 문제는 황희가 태종의 후계자였던 이제(양녕대군)의 후원자였다는 점이다. 이제가 세자로서 명나라 황제에게 조회할 때, 태종은 상중이던 황희를 불러 수행원으로 임명한 바 있다. 그는 충녕대군을 세자로 임명할 때까지도 이제가 국왕이 되어야 한다는 소신을 굽히지 않는다. 그 결과 황희는 태종에 의해 유배당했다가 1422년(세종 4)에야 조정으로 복귀할 수 있었다.

그렇다면 이러한 장애물에도 불구하고 이도는 왜 황희를 중용했던 것일까. 많은 이유가 있을 것이다. 그러나 핵심은 황희가 선대의 정치적 유산에 대해 가장 잘 알고 있는 사람이었기 때문으로 보인다. 그는 태종의 재위 기간 중 유일하게 6조의 판서를 모두 역임했다. 국왕의 기밀 사무를 관장하는 승추부의 지신사를 비롯해 6조의 판서를 두루 거쳤다. 황희는 국가의 전반적인 정치 운영을 경험한 거의 유일한 관료라고 할 수 있었다.

이도는 황희를 '옛사람'이라고 불렀다. 황희의 사직 상소에 답하는 한 기사를 통해 이도의 황희에 대한 인식을 엿볼 수 있다.

어려움을 극복하는 임금은 보필하는 재상의 능력에 힘입는 것이니, 어찌 힘써 임용한 옛사람이 물러가고 나아가는 일을 가볍게 처리할 수 있겠는가. 경은 덕과 그릇이 크고 두터우며, 지식과 국량이 침착하며 깊고, 큰일을 잘 결단하며, 헌장憲章을 밝게 익혔도다. …… 돌아보건대 그렇게 많던 여러 대신이 점차 새벽의 별처럼 드물게 되고, 오직 한 사람의 나이 많은 재상이 의젓하게 높은 산처럼 우뚝 솟아 서 있다. 시정時政을 모아 잡을 만한 인망이 공이 아니라면 그 누구에게 있겠는가. 그러므로 3공의 우두머리에 위치하여 신하와 백성들의 사표가 되게 한 것이다.

이도는 황희가 가진 여러 장점을 거론하고 있다. 이 중에서 핵심은 '헌장憲章'이라는 말에 있다. 국왕 이도에게 황희는 선왕의 유산인 '헌장'을 밝게 익힌 '옛사람'이었다. 선대 국왕들의 정치를 파악하고 있는 인물들이 점차 줄어들고 있었다. 이도는 황희가 자신을 도와 왕업을 지켜 나가기를 당부했고, 죽기 직전까지 황희를 곁에 두었다.

헌장의 수호자 ___ 이도는 과거의 정치에 대해 매번 황희에게 묻는다. 의정부 서사제를 시행하기 직전의 사례를 보자. 1436년(세종 18) 4월 5일 이도가 조회를 끝내고 정사를 보다가 황희에게 묻는다. "고려 때의 정색政色은 어떤 관원으로 겸하게 하였으며, 정승 외에도 겸임한 자가 있었는가." 황희가 대답한다. "두 정승 외에도 두 사람이 또한 다른 관원으로서 겸했었습니다." 임금이 다시 묻는다. "건국 초에도 역시 겸한 자가 있었는가." 노대신의 말은 막힘이 없다. "건국 초에도 역시 그러하였습니다." 임금이 또 묻는다. "태종시대에는 어떠하였는가." "태종 때에 이르러서야 비로소 고쳤습니다." 이도가 고려 말, 태조 대, 태종 대의 겸직에 대해 차례대로 묻고, 황희는 막힘없이 대답한다. 선대의 정치에 대한 계승을 표방했던 이도에게 황희는 누구보다 중요한 인물이었다.

이도는 황희를 "헌장에 밝다"라고 표현했다. '헌장憲章'은 선왕인 태조와 태종이 이룩한 정치적 유산이다. 황희의 졸기 역시 그의 정치적 기여를 다음과 같이 요약하고 있다. "세종이 중년 이후에 새로운 제도를 많이 세웠는데, 황희는 '조종의 예전 제도를 경솔하게 변경할 수 없다'라고 생각하고 홀로 반박하여 중지시켜 막은 것이 많았다." 이도의 개혁 시도에 맞서 기존의 정치적 유산을 지키려고 했던 황희의 역할을 높이 평가한 것이다. 그는 선대 국왕들이 남긴 제도를 유지하려 했던 헌장의 수호자였다.

이도는 32년이라는 오랜 기간 국왕을 역임했다. 국왕으로서 경험과 연륜이 쌓일수록, 그는 많은 혁신을 추구했다. 자신의 통치 경험을 반추하고 앞으로 조선을 통치할 후계자들을 위해 바람직한 시스템을 구축하려는 것이었다. 반면 황희는 보수적인 입장을 견지했다. 한 사직 상소에서 그는 다음과 같이 자신의 역할을 이도와 구분했다. "하고자 하는 바를 반드시 그대로 하는 것은 임금의 중요한 권한[대법大法]이지만, 할 수 없는 것을 그치게 하는 것은 충성스런 신하의 지극한 마음입니다."

황희를 이도의 배향공신으로 선정하면서 신하들은 그의 공로를 다음과 같이 이야기했다. "황희가 수상으로 있던 것이 20여 년입니다. 비록 전쟁에서 세운 공로는 없지만, 군주를 보좌한 공로는 매우 큽니다. 대신의 체통을 얻었으니, 선왕께 배향시킨다면 사람들이 모범으로 삼을 것입니다."

유위와 무위의 정치 ___ 재위 중반기부터 이도는 혁신을 지향하는 유위有爲의 정치를 펴려 했다. 반면 황희는 기존의 정치제도를 고수해 정치적 안정성을 확보하는 무위無爲의 정치를 지향하는 인물이었다. 제도의 개선과 혁신만이 좋은 정치는 아니다. 오히려 무분별한 변화는 공동체의 불안정을 초래한다. 기존의 정책이 문제가 없다면, 현재의 상태를 유지하는 것만으로도 좋은 결과를 확보할 수 있다.

유위의 정치라는 관점에서만 이도의 정치를 바라본다면, 황희의 이러한 역할은 가볍게 치부될 수 있다. 중요한 사실은 이도 자신이 그러한 황희를 곁에 두었다는 점이다. 황희는 자신의 혁신을 반대할 수도 있는 껄끄러운 인물이었다. 그럼에도 이도는 의정부 서사제로 통치제도를 전환하고, 황희를 수장으로 하는 의정부에 일부 권력을 이양했다. 이를 통해 이도는 자신에게 몰려 있던 정치적 책임을 분산시키고, 보다 신중한 정책 결정의 과정을 확보했다. 단순한 권력론의 입장으로는 설명할 수 없는 선택이다.

조선 건국기의 정치이론가 정도전은 자신의 저작을 통해, 최고위 재상의 역할을 강조하는 '재상주의'를 제시했다. 정도전의 이러한 정치 기획은 권력론의 입장에서 독해하는 것이 일반적이다. 그러나 건국이라는 시대적 배경을 고려하면, 정도전의 재상주의는 조선이라는 국가 공동체의 안정적인 운영이라는 측면에 주목한 것으로 보아야 한다. 정도전의 재상주의는 정책적 연속성을 국왕이 아닌 신하를 통해서 확보하려는 기획이었다. 이도 역시 황희를 통해 동일한 시도를 하고 있었다.

인간은 누구나 죽고, 결정권을 가진 군주 역시 결국 교체될 수밖에 없다. '조선의 설계자' 정도전은 재상을 통해 정책의 연속성과 안정성을 확보하려 했던 것으로 보인다. 이것은 관료와 주권자를 분리하여 안정성을 확보하려는 구도이다. 군주의 교체는 기존의 제도적 안정성이나 평형 상태, 세력균형을 무너뜨릴 가능성이 있다. 정도전의 구상은 이러한 위험성을 기존의 관료제를 통해 완충시키고 정책의 연속성을 확보하기 위한 것이었다. 이도와 황희의 사례는 바로 그러한 정도전의 재상주의 구상이 현실화한 사례로 보인다. 이도는 새롭게 다수의 정책을 시행하면서도, 황희를 통해 정치적 안정을 확보할 수 있었다.

3. 실질적인 수상, 신개

"내 신개를 얻음이 늦었다" ___ 황희는 국왕의 의견에 사사건건 반대할 수 있는 인물이다. 수상이라는 자가 매번 그런 태도를 보이면, 다른 신하들도 그에게 동조할지도 모른다. 국왕인 이도에게는 부담스러운 상황이 올 수도 있다. 그러나 주도면밀한 국왕이다. 그는 의정부에 자신의 의중을 파악하고 힘을 실어 줄 수 있는 심복들을 임명해 놓았다. 대표적인 인물이 신개申槩(1374~1446)였다.

그는 이도에게 배향된 7명의 배향공신 중 하나다. 그러나 다른 인물들에 비해 신개는 생소한 인물이라고 할 수 있다. 배향공신 중에서 양녕대군과 효령대군은 국왕의 형제라는 이유로 고종 대에 와서 추가했다. 이들을 제외하면, 이수(1374~1430)는 이도의 스승이었다는 점에서 배향의 이유를 확인할 수 있다. 황희(1363~1452), 허조(1369~1440), 최윤덕(1376~1445)의 경우는 공로가 잘 알려져 있다. 신개 역시 이들만큼의 공로가 있었다는 말이 된다.

신개가 부상한 계기는 1433년(세종 15)의 1차 야인 정벌이었다. 그는 1446년(세종 28) 1월에 73세의 나이로 죽었는데, 졸기에 그가 발탁된 계기가 기록되어 있다.

계축년[1433]에 야인이 변방을 침범하여 사람과 가축을 죽이고 사로잡아 갔다. 임금이 마음을 단단히 차려 이를 토벌하려 하니, 대신들이 옳지 않다고 하는 사람이 많았다. 신개는 임금의 뜻을 헤아려 알고 글을 올려 토벌하기를 청했다. 정벌의 구체적인 전술과 길을 나누어 가서 치는 데 있어, 지나는 도로에 이르기까지 자세하게 말하지 않은 것이 없었다. 말이 자못 상세하여 임금의 뜻에 매우 합하였으므로, 임금이 보고 매우 기뻐했다. 이로부터 갑자기 발탁하여 쓰고, 신개를 늦게서야 얻었다고 말했다.

당시 야인 정벌을 강행하려는 임금의 뜻에 동조하는 대신은 거의 없었다. 그러나 신개는 임금의 의향에 적극적으로 찬성하며 나섰다. 이후 그는 임금의 총애를 받게 되었다. 이도가 이렇게 말할 정도다. "신개는 직위가 가진 재주와 맞지 않는다." 이도는 야인 정벌을 감행했던 해인

1433년 11월에 신개를 이조판서로 임명한다. 의정부 서사제를 시행했던 1436년 전후로는 그에게 의정부 참찬과 찬성의 자리를 맡겼다. 그리고 1439년(세종 21) 6월 12일에 이르러서는 드디어 그에게 우의정의 자리를 선사했다.

2차 야인 정벌을 주도하게 하다 ___ 1437년(세종 19) 5월 눈엣가시 이만주가 황제의 칙서를 가지고 함길도의 변경을 방문했다. 이도는 다시 한번 그를 제거하기 위해 파저강을 공격하기로 마음먹는다. 그러나 대신들이 다시 반대 일색이었다. 6월 19일 이도가 자신의 불편한 마음을 토로했다.

전처럼 정벌을 다시 할 생각이 없지는 않았는데 지금까지 참았다. 그러나 저들은 후회하는 마음이 없고 더 악독한 짓만 골라서 한다. 하물며 황제가 예전 칙서에서 공격해서 제거하도록 허락한 적이 있다. 나는 공격하지 않는 것이 이롭다는 주장을 이해하지 못하겠다. 이천이 '평안도 내의 정병만을 쓰겠다'라고 보고하였으니, 큰 폐해는 없을 것이다.

이도가 결단을 내렸다. 자신의 측근들에게 정벌의 구체적인 계획을 신개와 함께 작성하도록 지시한 것이다.

비록 우리가 참는다 하더라도 저들은 오히려 죄악을 고치지 않을 것이다. 변경 백성들의 고통이 이루 말할 수 없으니, 방어가 진실로 공격보다 어렵다. 저번에 찬성 신개가 건의하기를, '토벌하지 않을 수 없다' 라고 했다. 너희 두 사람은 어두울 때를 타서 신개의 집에 가서 정벌 계획을 정하고, 다른 사람에게는 알리지 말도록 하라.

다른 신하들과 달리 신개는 계속해서 다시 정벌이 필요하다고 이도에게 건의해 왔다. 그동안 야인들에게 은혜를 베풀었어도 효과가 없었으니, 정벌을 통해 엄하게 질책해야 한다는 판단이었다. 이도가 이제까지 한 말도 신개가 주장한 것이었다. 그가 임금에게 바람을 넣었다. 임금이 신개에게 야인 정벌의 계획을 전부 위임했다.

비밀스럽게 일이 진행되었다. 임금과 신개 그리고 몇 명의 승지만이 정벌 계획을 공유했다. 그리고 7월 18일 이도가 정벌의 개시를 지시한다. 평안도 도절제사 이천에게 도내의 정예병 수천 명을 동원하여 이만주를 기습해서 사로잡게 했다. 제한전이었다.

1437년(세종 19) 9월 7일 총대장 이천이 8,000여 명의 군사를 이끌고 작전을 개시했다. 그러나 결과는 1차 정벌보다도 좋지 않았다. 적들이 모두 도망가 버렸고, 죽이고 사로잡은 야인은 총 60여 명에 불과했다. 그러나 이도는 정벌을 다시 성공으로 포장하고 관련자들을 포상했다. 그 과정에서 반대 의사를 표명한 우의정 노한은 사퇴하게 할 정도로 강경했다.

역시 마음먹은 대로 되는 일이 없다. 국왕의 체면이 말이 아니었다. 충분히 의욕이 떨어질 만한 상황이었다. 이제 평안도 역시 방어로 전략을 전환했다.

총애를 선사하다 ___ 신개에 대한 총애는 변하지 않았다.《서경》에서 한 임금은 대신을 자신의 복심腹心으로 비유했다. 이도에게는 신개가 그러한 복심이었다. 의논할 일이 있으면 번번이 개인 집무실로 불러들였다. 후궁의 승급과 같은 지극히 개인적인 일까지도 신개와 상의를 거쳐 결정할 정도였다. 그런 이도에게 신개는 충성을 바쳤다. 1436년 공법 개혁을 다시 진행하는데 신개가 선봉장으로 나선다. 후일 이도가 말한다. "신개가 건의했기 때문에, 공법을 시행하고자 한 것이었다."

1439년(세종 21)에 와서는 드디어 우의정에 임명한다. 신개가 글을 올려 사퇴를 청하니 임금이 말했다. "이것은 내 뜻이 아니라, 태종께서 남기신 가르침이다." 1444년(세종 26)에는 안석과 지팡이를 내려주었고, 또 관복 한 벌을 특별히 내려주면서 말했다. "경이 수상으로 이 옷을 입고 있으면, 모든 관원이 누군들 우러러보고 본받지 않겠는가. 모름지기 항상 이 옷을 입어서 그들을 인도하도록 하라."

1445년(세종 27)에는 좌의정으로 승진시켰다. 그러나 1년 만에 그가 죽음을 맞는다. 73세의 나이였다. 임금이 매우 슬퍼하여 3일 동안 조회를 하지 않았고, 조문과 부의를 의식대로 하고 나라에서 장사를 치렀다. 문희文僖라는 시호를 내렸다. 학문에 부지런하고 묻기를 좋아하는 것을 문文이라 하고, 조심하여 두려워하는 것을 희僖라 했다.

그는 살아서는 정치적 영광을 누린 신하였다. 그러나 당대의 그에 대한 여론은 부정적이었다. 졸기를 기록한 사관은 다음과 같은 평가를 마지막 부분에 덧붙이고 있다.

사람됨이 너무 지나치게 살폈다. 재상의 직위에 있게 된 뒤에는 일을 의논할 적에 오로지 임금의 마음에 맞기만을 힘썼다[專務逢迎]. 각염推鹽(소금의 전매), 입거入居(북방으로의 사민), 공법貢法, 행성行城(군사 주둔지 일대에 성을 쌓는 일) 등 백성에게 불편한 것은 모두 신개가 건의하여 수창首唱한 것이었다. 그러므로 당시의 여론이 그를 비난했다.

신개는 이도의 오른팔이었다. 사관은 임금이란 표현을 쓰지 않았으나, 위 인용문의 번역에는 임금이라는 표현을 추가했다. 사관의 비난은 이도에 대한 비난으로 읽어도 좋을 것이다.

1. 권력의 이양을 시도하다

준비된 세자 ___ 통치제도를 바꿔 분위기의 쇄신을 모색했다. 그러나 동시다발적으로 좋지 않은 일들이 벌어져 임금의 머릿속을 혼란스럽게 만들었다. 1436년(세종 18) 5월 23일, 평안도 여연에 500여 명의 야인이 침입했다. 현장 지휘관의 대응이 좋지 않아 피해가 컸다. 이도는 최윤덕을 비롯해 그동안 평안도의 변경 방어를 맡아 왔던 인물들을 모두 해임했다. 9월 26일에는 함길도에 야인의 침입이 있었다. 3,000명 이상의 병력을 동원한 대규모 침입이었다. 이렇게 야인에 대한 대처로 골치가 아픈 와중에 또 가뭄이 찾아왔다. 하삼도와 수도 이남의 경기도에 흉년이 극심했다. 이미 2년 동안 가뭄이 들었었는데, 이번에는 더 심한 가뭄이다. 굶어죽는 백성들이 도처에서 나왔다. 백성들의 생존을 위해 구휼 작업에 전력을 쏟아야 했다. 그러나 이미 궁핍해

14___
누적되는
피로

진 재정은 바닥을 향해 가고 있었다.

첩첩산중이었다. 이제는 임금이라는 의무로부터 해방되고 싶었다. 돌아보니 이미 세자가 장성해 있었다. 자신은 스물둘에 국왕이 되었는데, 세자가 벌써 스물셋이었다. 자신은 변변한 후계자 수업도 없이 국왕이 되었는데, 세자는 이미 1421년부터 오랫동안 후계자 수업을 받아왔다. 이도는 그에게 자신이 맡은 일들을 넘겨주고, 자신은 뒤에서 중요한 안건들만 처리하고 싶었다.

이도는 태종이 자신에게 했던 것처럼 이원적 통치체제를 구축하기를 희망했다. 그러나 시대가 달라졌다. 태종처럼 하고 싶다고 마음대로 할 수는 없었다. 정해진 원칙을 따라야 하는 시대였다. 이도는 주변적인 것에서부터 출발하기로 했다. 강무의 대행이었다. 임금이 강무의 중요성에 대한 일장연설 끝에 본론을 꺼냈다.

…… 흉년이 든 해에 더욱 무비武備를 정돈하여 비상한 변고에 대비하는 것은 옛날의 법이다. 그러므로 강무에 대한 모든 일을 준비하면서 될 수 있는 한 간략히 했다. 그러나 임금이 한 번 움직이면 드는 비용이 적지 않으니, 세자에게 지시하여 대신 시행하고자 한다.

이에 영의정 황희 등이 대답했다. "병권兵權은 세자에게도 줄 수 없습니다. 또 올해는 흉년이 들었으니, 잠정적으로 강무를 정지하는 것이 좋겠습니다." 대신들은 강무의 대행을 '병권'을 넘기는 것으로 콕 집어 말했다. 이런 전례를 만들어 두면, 뒷날에 어떤 일이 벌어질지 알 수 없다. 이도는 그대로 따를 수밖에 없었다.

해가 지났다. 지친 이도가 다시 사전 작업을 했다. 1437년(세종 19) 1월 3일 곁에 있는 승지들에게 말했다. "내가 몸이 불편한 때가 많아 올해는 만기萬機를 직접 결단할 수가 없겠다. 그러하니 이조와 병조의 인선과 군국의 중요한 일은 내가 직접 들으면서 결단하고, 나머지 작은 일들은 왕세자가 처결하는 방법이 어떠할까?" 이도는 마흔하나, 세자는 스물넷이었다. 이제는 정말 권력을 이양해야 할 때가 되었다고 생각했다. 그러나 승지들은 매우 중대한 사안이라 가볍게 처리할 수 없다고 일축해 버렸다.

세자의 섭정을 꺼내들다 ___ 석 달이 지나 이도는 드디어 세자의 섭정을 공론화했다.

세자는 왕위를 잇고 종묘의 제사를 주관하는 사람으로서 앞으로 국가를 책임질 사람이다. 지금 나이가 스무 살이 넘었고, 경전과 사기를 두루 보았으며, 뜻과 기개가 바야흐로 왕성하여 능력이 있을 때이다. 그러므로 여러 업무에 참여하여 결단을 내리도록 하고 싶다. 이조와 병조의 인선, 예조의 빈객, 병조의 용병, 형조의 중요한 판결, 그리고 공조의 성곽 등과 같은 대사는 내가 예전처럼 듣고 판단할 것이다.

젊은 세자는 이미 준비가 되어 있었다. 반면 임금은 자신에게 지워진 책무로부터 도망치고 싶었다. 그는 신하들에게 호소한다. 자신은 왕위에 있은 지 18년이 넘었고, 그동안 의욕이 감퇴해서 늙은이와 다름이 없다. 또 병이 있어서 이른 아침부터 늦은 밤까지 정사를 듣기가 정말로 견디기 어렵다. 이원적 통치체제를 구축하겠다는 선언이다. 태종은 자신에게 서무를 맡기고 상왕으로 있으면서 중대사를 처리했다. 마찬가지로 자신이 군국의 중대사를 맡고 세자가 나머지 사소한 업무들을 담당한다면 지금보다 훨씬 좋은 통치가 이루어질 것이다.

이에 대해 영의정 황희와 우의정 노한 등이 나서서 강력하게 반대했다. 3대의 이상적인 정치에서도 나이가 많다는 것을 이유로 세자에게 권력을 넘겨주지는 않았다. "지금만 시행할 수 없을 뿐 아니라, 후일에 전하의 춘추가 높아지더라도 역시 시행할 수 없을 것입니다." 대신들은 앞으로도 이도가 이럴 것을 알고, 싹을 자르려고 했다. 결국 이도는 강경한 반대에 부딪혀 꼬리를 내렸다.

사흘도 지나지 않아 임금이 다시 세자의 섭정을 언급했다. 이번에는 자신이 저질렀던 실정을 강조했다. "내가 젊어서는 나라를 위한 일에 힘써서 실수를 범하지 않았다. 그러나 최근에는 일마다 내 뜻과 같지 않다. 동남 지방에는 가뭄으로 흉년이 들었고, 서북 지방에는 야인의 침략이라는 걱정거리가 있다." 그렇게 된 이유는 자신이 통치자이기 때문이다. 야인의 끊임없는 침입을 방어하느라 백성이 고통 받고, 끝없는 가뭄에 굶주림을 견디지 못한 백성이 도적이 되어 버렸다. 설상가상으로 자신은 병이 점점 심해지고 기력은 쇠해져만 갔다. 이제 자신은 병들고 지쳤다.

황희가 나서서 반대했다. "성상의 춘추가 겨우 마흔이 넘었습니다. 옛사람이 말한 것처럼 힘써 벼슬할 때입니다." 상황이 재미있다. 그동안 황희가 많은 나이 때문에 사직을 청해도 허락하지 않던 국왕이다. 임금보다 나이가 서른넷이나 많은 황희도 영의정의 직책을 수행하고 있다. 그런 황희에게 이도의 말은 용납되지 않는다. 이도는 이 해에 더이상 섭정 이야기를 꺼내지 않았다.

논전에서 물러나다 ___ 다시 1년이 지났다. 이도가 또 세자의 섭정 이야기를 꺼냈다. 이번에는 자신의 병세를 강조했다. "내가 전부터 물을 자주 마시는 병이 있고, 또 등 위에 부종을 앓는 병이 있다. 이 두 가지 병에 걸린 것이 이제 벌써 2년이나 되었다. 이제 병의 뿌리가 다 뽑히지 않았는데, 다시 또 임질을 얻어 이미 열하루가 지났다. 번다한 서무를 듣고 결재를 하고 나면 기운이 노곤해진다." 그야말로 구구절절하다. 걸어 다니는 종합병원과 같은 자신의 병세를 호소했다.

병을 치료하기 위해 자신에게 안정이 필요하고, 그러기 위해서는 세자의 섭정이 필요하다는 주장이다. 그러나 늙은 황희가 보기에는 아직 위급하지 않았다. "아직 긴급한 일은 없사오니, 전례에 의해 시행하는 일 같은 것이야 간혹 잠깐 정지한다고 해도 무슨 지장이 있겠습니까. 그러므로 동궁이 대신 다스리게 할 수는 없습니다." 정론이다. 임금의 대권은 둘로 나눌 수 없다.

그런 황희가 이도는 불만이었다. 이제는 서운함을 대신들에게 드러냈다.

만약 진심으로 임금을 사랑하고 그의 병을 근심한다면, 내가 지시하는 바에 따라 세자에게 섭정하도록 하는 것이 옳을 것이다. 그러나 우리나라의 풍속이 본래 이렇게 박하니 어쩌겠는가. 긴급하지 않은 일은 내 병이 낫기를 기다려서 보고하고, 시기를 잃어서는 안 될 긴급한 일은 매일 보고하여 지체하는 일이 없도록 하라.

자신의 마음을 알아주지 않는 대신들이 서운하다. 상황에 따라 원칙을 굽힐 수도 있어야 하는 것 아닌가. 그러나 그 역시 원칙을 어겨서는 안 된다는 것을 누구보다 잘 안다. 이번에도 신하들의 뜻을 따를 수밖에 없었다. 그러나 여전히 마음속에는 1, 2년 안에 세자에게 여러 업무를 대리시킨다는 생각이 있었다.

다음 해에도 이도는 세자의 섭정을 언급하고, 세자가 강무를 대신 시행할 것을 주장했다. 이번에는 자신이 임금이 되어서는 안 되었는데 임금이 되어 재앙을 불러왔다는 회고까지 덧붙였다. 이 해에 다시 가뭄이 와서 마음이 불편했기 때문이다. "내가 무술년(1418)에 세자로 있을 때 벼농사가 꽤 잘 되었는데, 가을에 이르러 즉위한 뒤에 장맛비로 벼가 상했다. 기해년(1419)에 이른 가뭄이 있었고 경자년(1420)에 또 이른 가뭄이 있었으니, 내가 즉위하지 못할 사람인데 임금으로 즉위했기 때문일 것이다."

황희가 다시 원칙을 내세웠다. "천하의 만사가 모두 옛 법이 있습니다. 옛날의 제왕들이 다 깊이 생각하고 지극히 염려하여 이러한 법을 만세에 전했던 것입니다. 뒷사람은 다만 마땅히 준수할 뿐이고 새로운 법을 세워서는 안 됩니다. 새 법이 세워지면 폐단이 반드시 생기니, 후회해도 돌이킬 수 없습니다."

임금과 신하 사이의 논전이 이어진다. "내 뜻으로는 아름다운 일이라고 생각되는데, 왜 경은 불가하다고 하는가." 늙은 신하가 임금을 압박한다. "역사 이래 이런 법은 없었습니다. 전하께서 굽히셔서 늙은 신하의 말을 따르시길 바랍니다." 임금이 결국 대신의 뜻을 따르지만, 여전히 의향은 한결같다. "나는 이미 계획을 정했으니 언젠가는 반드시 시행할 것이다. 다만 지금은 비가 오지 않아 시기가 좋지 않으니, 다시 생각하여 후일을 기다리도록 하겠다."

아름다운 논전이다. 지존의 위치에서도 끝까지 대신들과 대화를 통해 일을 풀어 나가는 국왕의 모습을 확인할 수 있다. 이도는 재위 18년 1회, 재위 19년 4회, 재위 20년 2회, 재위 21년 4회, 재위 24년 3회로 세자에게 서무를 대리시키겠다는 발언을 늘려 나갔다. 그리고 1442년(세종 24)에 이르러 세자를 보좌하는 기관을 따로 설치하여 세자가 국왕의 여러 업무를 결정하는 것을 보좌하도록 했다. 그동안 6년이라는 시간이 지났다. 점점 나이가 들어가는 세자에게 업무를 맡기려는 이도의 뜻도 충분히 이해가 가능하다.

2. 무인년의 정변을 재구성하다

이상한 기록 ___ 《세종실록》 1438년(세종 20) 9월 25일 자에 이상한 기록이 있다. 신개가 올린 상소와 여기에 대한 이도의 대응을 기록한 것이다. 기사를 요약하면, "1438년의 어느 날인가 신개가 무인정변의 기록에 문제가 있다는 건의를 했고, 이도가 이것을 가지고 혼자서 몇 개월을 고민하다가, 결국 9월 25일에 이르러서 몇 명의 대신들과 비밀리에 논의를 진행하였고, 이후 관련된 기록들을 수정하는 작업을 진행했다"라는 이야기이다. 이 기록은 기록한 사관이 비밀리에 이루어진 이 사건의 전말을 모두 파악하고 있었거나, 누군가가 기사 자체를 구성해서 의도적으로 실록 안에 배치했다고 생각하게 만든다. 실록 편찬자들은 전지적 시점에서 몇 개월 동안 일어난 이 사건을 한 날짜의 기사에 모아 기록해 두었다.

무인정변이란 1398년(태조 7) 8월 26일에 정안군 이방원이 왕세자 이방석과 무안군 이방번 그리고 태조를 보필했던 정도전, 남은 등의 신하들을 제거한 쿠데타를 말한다. 흔히 '1차 왕자의 난'으로도 불리는 사건이다. 정변 이후 이방원은 정변의 이름을 '무인정사戊寅定社', 즉 '무인년에 조선의 사직을 안정시킨 사건'으로 부르며 정당화를 시도했다. 이후 무인정변을 정당화하는 수사는 점차 정교하게 변화해 간다. 신개는 1438년에 이르러 무인정변의 기록에 대한 상소를 올렸고, 이도는 이것을 가지고 고민하다가 관련 기록을 수정해 나갔다. 이 작업은 결국 1447년(세종 29)의 《용비어천가》의 편찬으로 이어졌다.

이 기사는 무인정변과 관련된 기록을 수정하게 된 계기를 제시했다는 점에서 중요하다. 현재 우리는 《태조실록》 1398년 8월 26일 자 기록을 통해 무인정변의 이야기를 확인할 수 있다. 이 기록은 이도가 신하들에게 지시해 수정한 것이다. 이도는 재위 후반기에 무인정변과 관련된 기록들을 수정했고, 이렇게 수정된 기록이 《용비어천가》의 편찬 과정에도 반영되었다.

신개의 건의 ___ 1438년 어느 날 신개가 국왕에게 상소를 올렸다. 태종의 무덤인 헌릉의 비석에 새겨진 무인정변 관련 서술에서 "병기炳幾(기미를 밝히다)"라는 표현이 잘못되었다는 것이다.

　신이 삼가 헌릉의 비문을 보니, 무인년의 일을 기록하여 말하기를, '태종께서 기미를 밝혀[병기炳幾] 섬멸 제거하셨다[섬제殲除]'라고 하였습니다. 신의 생각으로는, 이 말은 실상의 자취를 인멸시키는 데 그치지 않고, 태종의 심정과 크게 어긋납니다. '기幾'라는 것은 기미가 태동하고 있음을 말하는 것입니다. 어떤 일이 형태로 나타나기에 앞서서 이를 행하는 것을 '병기炳幾'라고 이르고, 혹은 뿌리도 내리지 않고 싹도 트지 않은 일을 감행하고서 이를 교묘하게 꾸며 대는 것도 역시 '병기'라고 할 수도 있습니다. 우리 태종대왕의 마음가짐은 광명하고 정대하기가 저 하늘의 밝은 태양과 같으셨습니다. 이 말이 혹시 후세에 의혹을 일으키거나, 그 밝은 태양과 같으신 마음을 밝게 나타내지 못하여 하늘에 계신 영혼이 혹시 불쾌하게 여기시지나 않으실까요.

　신개의 말에 따르면, '병기'라는 말은 두 가지로 해석될 수 있다. 일의 기미가 태동하고 있는데 그것이 현실에 구체적인 형태로 나타나기에 앞서 이것을 밝히는 것을 나타내는 표현이기도 하고, 일이 일어날 기미가 없는데도 선제적으로 일을 벌이고서 이를 교묘하게 꾸미는 표현이기도 하다는 것이다. 태종이 일으킨 무인정변의 경우, 당연히 전자이다. 태종은 이른바 '현무문의 변'의 주인공, 즉 자신의 형인 황태자 이건성과 막내 이원길을 죽이고 황제의 자리에 오른 당 태종 이세민(598~649)과는 격이 다른 군왕이라는 것이 신개의 주장이다.

　그런데 1438년 9월 25일 자 기사에 기록된 신개의 건의는 이날 한 것이 아니다. "당초에 찬성 신개가 상언하였다"라는 표현이 그것을 말해 준다. 그렇다면 신개는 언제 이런 상소를 이도에게 올린 것일까. "상이 상소를 가지고 수개월을 고민하였다"라는 뒤의 기록을 볼 때, 상소를 올린 시점은 재위 19년 후반에서 20년 초반의 시점으로 생각된다. 게다가 "상이 이 글을 보여 주면서 도승지 김돈에게 부탁하였다"라는 내용이 나오는데, 김돈이 도승지가 된 시점은 재위 20년 6월경이다. 따라서 정리하자면, 재위 19년 후반에서 20년 초반에 신개가 상소를 했고, 이도가 이것을 가지고 고민하다가 재위 20년 6월 이후 어느 시점에서 김돈에게 발언을 했고, 최종적으로는 20년 9월 25일에 이 문제를 공식화했다고 해석할 수 있을 것이다.

신개는 건의를 다음과 같은 말로 맺고 있다.

비석에 새기는 것은 후대에 영원히 전하여 보이기 위한 것입니다. 그런데 이렇게 허망한 말을 영원한 후세에 전해서 보여 준다면 괜찮겠습니까. 신이 거듭해서 생각해 보아도, 태종의 이 거사는 다시 왕업을 안정시킨 행위입니다. 일이 중요하고 의리가 크므로 대서특필해야만 할 것이지, 그 말을 미미하거나 완곡하게 해서는 안 될 것으로 생각합니다.

신개는 무인정변을 조선의 건국을 이어 "다시 왕업을 안정시킨 행위 [再安王業]"로 평가하고 있다. 이 때문에 오해의 소지가 있는 표현을 없애고, 보다 세심하게 기록을 수정해야 한다는 것이 그의 주장이었다.

민감한 정변의 기록 ___ 이도는 이 일을 중요하게 여겨 신개의 상소를 개인 집무실에 수개월 동안 보관했다. 어느 날 이 글을 도승지 김돈에게 보여 주며 말했다. "너 혼자만 보고 다른 사람들이 알지 못하게 하라. 뒷날에 내가 직접 전교할 것이다." 9월 25일에 이르러 정사를 마치고 여러 신하가 다 물러가는데, 김돈을 오라고 하고 말을 꺼냈다. "내가 직접 태종의 말씀을 들으니 ……." 잠깐! 실록 편찬자들은 이러한 정황을 어떻게 파악해서 기사로 정리해 놓은 것일까?

이도는 왜 이렇게 오랫동안 고민한 것일까. 무인정변이 매우 민감한 사안이기에 그렇다. 신개는 무인정변의 기록이 사람들에게 오해를 살 수 있다고 건의했다. 지금의 기록은 보는 사람에 따라 이방원이 "뿌리도 내리지 않고 싹도 트지 않은 일을 감행하고서 이를 교묘하게 기록으로 꾸며 댄" 것으로 오해를 받을 수 있었다. 여기서 더 나아가면 "정도전, 남은 등이 과연 정말로 왕자들을 제거하려 했을까"라는 의문을 충분히 품을 수 있다.

무인정변은 자칫하면 국왕의 자식 중 힘센 자가 선제적으로 왕위계승권자를 제거하고 권력을 탈취하는 선례가 될 수 있다. 그렇게 되면 왕실 내에 무한한 권력투쟁이 반복될 것이다. 이도 개인의 입장에서도 자신이 왕위에 오르게 된 것은 태종의 정변 덕분이었다. 해석하기에 따라 왕위의 정당성에 금이 갈 수도 있는 표현이 헌릉의 비문에 적혀 있다는 사실은 공론화하기 어려웠다.

신개가 언급하고 있는 헌릉의 비문은 대학자 변계량(1369~1430)이 태종의 일생과 업적에 대해 작성한 비문이다. 현재 헌릉의 구신도비가 그것이다. 이도는 1422년(세종 4)에 태종을 기리기 위해 변계량의 글을 비문으로 새겼다. 구리에 있는 태조 건원릉에 신도비가 제일 먼저 세워 졌고, 다음에 서울 헌릉에 태종의 신도비가 세워졌다. 이 두 개의 신도 비 말고도 태조의 첫째 부인 한씨의 묘인 제릉에도 비석이 있고, 또 서 울 세종 영릉에도 신도비가 있다. 이 같은 조선 초기의 왕릉과 비문에 대해 《조선왕조실록》에는 다음의 기사가 전하고 있다.

> 승지 이은상이 아뢰었다. "늙은이들이 전하는 말로는 '건원릉과 헌릉 에만 비석이 있었고, 다른 능에는 없다. 이는 아마도 헌릉에 대해 뒷날 의 어떤 논의가 있어 비석을 세워 찬양하는 것이 편치 않다고 여겼기 때문에 중지하고 세우지 않은 것일 것이다'라고 하였습니다."

"헌릉에 대한 뒷날의 어떤 논의"라는 언급은 바로 신개의 상소로 비 롯된 논의를 말한다. 서울 세종 영릉의 신도비 이후 더 이상의 신도비 는 세워지지 않았다. 이것은 태종처럼 정변을 통해 왕위에 올랐던 이도 의 둘째 아들 세조의 결정이었을지도 모른다. 애초에 무인정변에 대한 기록은 공개하기 어려운 민감한 성질의 것이었다.

이숙번을 소환하다 ___ 이도는 도승지 김돈에게 태종이 일으 킨 정변을 변호했다. 태종이 무인정변 당시 이복동생 이방번을 죽이지 않으려 했고, 또 2차 왕자의 난에서도 마지못해 동복형제와 권력을 다 퉜다는 것을 태종 본인과 다른 사람에게 들었다는 것이다. 유교국가의 국왕으로서 유학과 신유학의 정치 이데올로기와 배치되는 태종의 행위 는 어떤 방식으로든 변호가 필요했다.

이후 태조와 정종의 실록이 궁중으로 들어왔다. 이도는 도승지 김돈에게 무인년[1398]과 경진년[1400]에 관한 기사들을 발췌해서 올리라고 지시했다. 올라온 기록을 보고 이도가 말했다. "실록의 기록이 너무 간략하여, 내가 들은 것조차 기록되어 있지 않다." 이도가 당시에 보았던 《태조실록》은 우리가 현재 보고 있는 것과는 달리 간략했다는 사실을 확인할 수 있다. 임금이 결정을 내렸다. "실록은 어쩔 수 없지만, 비문만이라도 상세하게 고쳐 써야 할 것이다." 이후 그는 김돈에게 헌릉의 비문을 수정할 방법을 두 의정인 황희와 허조에게 가서 의논하라고 지시했다.

비밀스러운 논의가 이어졌고, 결국 사건에 대한 기록을 보충하기 위해 태종을 최측근에서 보좌했던 이숙번(1373~1440)을 소환하기로 결정했다. 그는 태종이 일으킨 두 차례 정변에 크게 기여했고, 1402년에 조사의의 난도 진압한 공신이었다. 그는 태종에 의해 1417년(태종 17)부터 경상도 함양에 유배되어 있었다. 이숙번이 한양으로 올라오자, 이도가 김돈에게 지시한다.

무인(1398), 경진(1400) 연간의 일을 아는 자가 이숙번 같은 사람이 없다. 그때의 공신이 다 죽지 않았다고 하더라도 당연히 이숙번에 미치지 못할 것인데, 이미 다 죽어 버린 상황이니 어떻겠는가. 하루 이틀 동안에 다 물을 수는 없을 것이다. 내가 직접 묻고자 하였으나, 짧은 시간에 다 말하지는 못할 것으로 생각한다. 경이 공관에서 여러 날 동안 대좌하고 자세하게 물어서, 즉시 받아쓰는 것이 좋을 것이다.

이도는 그를 수도와 가까운 곳에 살게 하고 정변의 실상을 조사했다. 이렇게 해서 1438년에 불거졌던 헌릉 비문에 대한 논의가 마무리된다. 이로부터 몇 년 후 무인정변과 관련된 기록들이 속속들이 수정되었다.

정변의 완결 ___ 신개는 상소에서 무인정변의 이야기를 다음과 같이 제시했다.

1. 정도전, 남은과 같은 간신들이 음모를 꾸미는 정황이 드러남.
2. 화가 실제로 임박하자, 이방원이 일신의 안전보다 국가의 대의를 생각하게 됨.
3. 실제로 정도전 등이 왕자들을 제거하려고 기도함.
4. 이방원은 부득이한 상황 속에서 대응하여 군사를 일으킴.
5. 무인정변에 대한 총체적 평가: 인력이 아닌 천명임.

첫 번째, 정도전이 실재했던 악의 축으로 설정되었다. 정도전, 남은, 이제 등의 간신들이 세자인 이복동생 이방석을 내세워 권력을 마음대로 휘두르고자 음모를 꾸몄다는 것이 정변을 일으킨 이유로 제시되었다. 두 번째로 이러한 상황 속에서 이방원이 공익을 위해 정변을 일으켰다는 것이 강조되었다[병기丙幾]. 이방원과 이방원의 주위 신하들 사이에 국가의 안전을 염려해야 한다는 분위기가 조성되었고, 이방원은 개인의 안전을 도모하기보다 조선이라는 종묘사직의 신하로서 대의를 생각하게 되었다는 것이다. 세 번째로 사건이 본격적으로 진행되어, 정도전 등 간신들이 음모가 현실화했다. 아무 일도 일어나지 않았는데,

이방원이 선제공격을 한 것이 아니라는 점을 해명하는 부분이다. 네 번째로 이방원이 정변에 응하여, 주모자들을 모두 제거하는 부분이다[섬제殲除]. 저들의 기도가 실제로 발생하여, 이러한 정변에 어쩔 수 없이 이방원이 대응할 수밖에 없었다는 점이 강조된다. 다섯 번째로 무인정변에 대한 총체적인 평가이다. 신개는 무인정변을 "인력이 미칠 수 없는 하늘의 명[천명天命]"이라고 정당화했다. 후일 《용비어천가》의 주제이다.

현재 《태조실록》 1398년(태조 7) 8월 26일 자 기사를 통해 무인정변의 이야기를 확인할 수 있다. 그 속의 이야기는 신개가 구성한 무인정변의 이야기이다. 이도는 신개가 제시한 무인정변의 이야기로 《태조실록》의 기록을 수정했다. 이후 무인정변을 기록한 《용비어천가》의 98장은 이러한 《태조실록》의 수정된 기사를 그대로 발췌하여 작성되었다.

1438년에 상소를 올릴 당시 신개는 의정부 찬성이었다. 이도는 이듬해 6월 12일에 신개를 우의정에 임명했다. 영의정 황희는 연로한 나이로 조정에 출근하지 않는 것을 허락받은 상태였고, 좌의정 허조는 이즈음 사망했다. 그는 이도의 재위 후반기에 실질적으로 수상의 역할을 담당하게 된다. 그는 이후 역사서를 수정하는 작업과 함께, 소금의 전매, 사민, 공법, 장성 축조 등 주요 개혁안들을 주도적으로 추진해 나갔다. 이 공로로 그는 사후에 배향공신의 지위에 오르게 된다.

3. 사그라드는 의욕

경연을 중단하다 ___ 경연은 이도에게 상징적인 것이었다. 그는 즉위한 이래 꾸준히 경연을 열고 성학을 익혀 왔다. 그러나 1434년(세종 16)에 이르러 경연에 대한 태도가 달라진다. 그는 이 해 9월에 《자치통감훈의》라는 책의 편찬 작업에 돌입했다. 경연을 중단하고 대신 책의 편찬에 힘을 쏟았다. 이후 경연이 거의 3년 동안 중단되었다. 1437년(세종 19) 3월 8일에 와서 경연이 다시 열렸다. 그러나 너무 오래 쉬었던 탓인지 이후 4개월이 넘도록 경연이 열리지 않았다. 그리고 이 해 7월 27일에 경연이 재개된다. 이때부터 이도는 드문드문 경연을 열고 《시경집전》,《춘추좌씨전》,《자치통감》 등을 읽었다.

1438년(세종 20) 들어 건강을 이유로 다시 경연이 중단된다. 몇 개월 동안 경연이 열리지 않자 사간원에서 상소했다. "법을 세운 것은 실행하기 위한 목적이지, 한갓 문구로 두기 위한 것은 아닐 것입니다. 오늘부터 《육전》에 기재된 것처럼 날마다 경연에 나아가셔서, 도와 의리를 밝히시기를 청합니다." 사간원의 지적이 날카롭다. 몸이 아픈 것을 이유로 경연이 열리지 않은 지 8개월째다. 상소를 직설로 바꿔 보자. "당신은 천성이 총명하고 성학이 이미 밝으니 경연을 하지 않아도 된다고 생각할 것이다. 그러나 경연의 법을 만들어 놓고도 그것을 지키지 않는다면 후세의 군주들에게 본보기가 될 수 있겠는가." 준엄한 질책이다.

이도는 간관의 상소를 옳다고 평가하면서 다시 경연에 나갔다. 임금의 자리라는 것이 참으로 책임이 무겁다. 그리고 다음 해 윤2월 16일까지 경연이 이어졌다. 그러나 이후 경연은 다시 열리지 않았다. 건강 악화 때문으로 보인다.

경연을 중단한 것이 바로 어떠한 문제로 연결된 것은 아니다. 그동안 구축해 놓은 제도와 관행이 있었고, 의정부 대신들이 6조의 사무를 서사하고 있었기 때문이다. 임금은 의정부의 보고를 듣고 중요한 일만을 결정하여 지시하면 된다. 그러나 경연에서 만나던 신하들, 특히 경연을 담당하던 관료들인 집현전의 학사들과 대화가 끊겼다는 것은 중요한 문제였다. 경연은 꼭 학문을 익히는 것만이 목적이 아니다. 임금이 정기적으로 다양한 인재들의 생각을 듣고 관계를 맺는 자리다.

2년 반이 지나 집현전 부제학 최만리를 대표로 집현전의 학사들이 상소를 올렸다. 흥천사의 사리각을 수리하고 경찬회를 연다는 소식을 듣고 비판하는 상소였다. "전하께서 일찍이 경연에 납시어 '내가 불교에는 절대로 뜻이 없다'라고 말씀하신 바 있습니다." 경연을 열지 않는 것이 불만이었기 때문에, 일부러 경연을 가지고 말했다. 이들은 이도를 부처를 섬기는 임금으로 지목했다. 임금이 변명했다. "역대의 제왕들도 숭상하지 않는 사람이 없었다. 그러나 나는 홀딱 빠지지는 않았다."

이도는 학사들의 불만을 잘 알고 있었다. "너희들의 말을 들으니 말의 뜻이 곡진하다. 비록 이처럼 조목조목 진술하지 않을지라도 내가 어찌 알지 못하겠는가." 이도가 학사들을 타이른다. 경연을 중단하고 대화가 끊기자 갈등이 가시화되었다. 이후로도 집현전의 학사들은 이도가 추진하는 안건마다 비판적인 태도를 보였다.

"나 이제 늙고 병들었다" ___ 경연의 중단은 건강 때문이었다. 한창의 나이에도 몸과 마음이 병든 노인과 다름이 없다. 국왕으로서의 혹독한 일과가 그를 그렇게 만들었다. 1439년(세종 21) 임금의 나이는 마흔셋이었다. 그가 말하는 몸 상태에 귀를 기울여 보자.

내가 젊어서부터 한쪽 다리가 아팠는데 10여 년이 지나면서 조금 나았다. 그러나 또 등에 부종이 생겨 아픈 지 오래되었다. 아플 때가 되면, 마음대로 돌아눕지도 못할 정도로 고통을 참을 수 없다. 지난 계축년(1433) 봄에 온천에서 목욕하였더니, 과연 효험이 있어 아픈 것이 예전보다 덜했다. 또 소갈이 있어 열 서너 해가 지났으나 이제 역시 조금 나았다. 지난해 여름에 또 임질을 앓아 오랫동안 정사를 보지 못하다가, 가을과 겨울에 이르러 조금 나았다. 올해 봄에 강무를 다녀온 후에는 왼쪽 눈이 아파 안막을 가리는 데 이르렀고, 오른쪽 눈도 어두워서 한 걸음 앞에 사람이 있어도 누구인지를 알지 못하겠다. 한 가지 병이 겨우 나으면 또 한 가지 병이 생긴다. 내가 참 많이도 늙었다.

이도는 근면한 통치자였다. 이른 아침부터 늦은 밤까지 국왕으로서의 업무를 보고, 나머지 시간은 업무와 관련된 문서를 보거나 좋아하는 책을 읽었다. 몸에 무리가 가는 일과였다. 더구나 그는 운동을 거의 하지 않았고 육식을 좋아했다. 몸에 이상이 생기지 않을 수 없었다. 평생 수많은 질병을 달고 살았다.

젊은 시절부터 한쪽 다리가 불편했다. 이미 1425년(세종 7)에 크게 아팠던 적이 있다. 이후 풍질을 얻어 묵은 병이 되어 버렸다. 등에 부종도 생겼다. 당뇨로 추정되는 소갈증도 있어서 하루에 한 동이가 넘는 물을 마셨다. 1438년(세종 20) 무렵부터는 임질을 앓기 시작했다. 임질은 비 뇨기계 질환인 요로결석으로 추정된다. 1439년(세종 21)에 이르러서는 시력까지 나빠졌다. 당뇨로 인한 합병증일 것이다.

무엇보다 가장 큰 문제는 시력이었다. 시력에 대해 처음 언급한 것은 1439년 무렵이다. 그러나 2년 뒤의 언급을 보면, 꽤 오랫동안 진행된 일이었다. "안질을 앓은 지 이제 10년이 되었다"라는 그의 말로 볼 때, 1432년(세종 14)을 전후로 시력에 문제가 생겼던 것을 알 수 있다. 시력 의 감퇴는 통치 의욕에 크게 영향을 주었을 것이다. 1442년(세종 24) 무 렵 이도가 말한다. "눈병이 날로 심해지니, 세자가 정사를 보았으면 한 다."

여러 번의 온천행 ___ 1441년(세종 23) 2월 이도는 자신이 맡은 업무를 축소하라고 지시를 내렸다. 매월의 대조회, 5일마다 정사를 보 는 날에 열리는 조참, 야인들의 숙배를 제외하고는 모두 다 없애도록 지시했다. 병이 심각하다고 느꼈던 모양이다. 제사를 지낼 때 향과 축 문을 전하던 일도 자신이 직접 하지 않았다. 승지들은 눈병에 효험이 있다는 이유로 온천욕을 권유했다. 이도는 농사철이라는 이유를 들어 거절했지만, 거듭되는 승지들의 요청에 온천으로 향하기로 했다.

그는 여러 가지 질병, 특히 눈병을 치료하기 위해 온천욕을 떠나기 시작했다. 야인 정벌을 감행했던 1433년(세종 15)에 이미 왕비와 함께 충청도 온수현을 다녀온 적이 있다. 이때의 온천욕은 증세를 상당히 호 전시켰던 것 같다. 1440년(세종 22)에는 왕비의 풍질이 심해서 혼자 온수현의 온천에 다녀왔는데 효과가 있었다. 이도는 1441년(세종 23)부터 왕비와 함께 온천욕을 떠났다.

3월 20일 온수현에 도착해 5월 2일까지 온천욕을 즐겼다. 제법 효과가 있었던 모양이다. 다녀온 후 기분이 좋았다. "올해 2월에는 왼쪽 눈이 거의 실명하다시피 했다. 그런데 목욕한 뒤부터는 매우 신묘한 효과가 있어 실명하는 데는 이르지 않았다." 다음 해인 1442년(세종 24) 봄에도 강원도 이천으로 온천욕을 떠났다. 이 해의 3월 3일부터 철원에서 강무가 있었는데, 강무와 함께 온천욕을 병행했다.

온천욕은 근본적인 대책이 아니었다. 이도의 눈이 점점 더 나빠졌다. 1443년(세종 25)에 이르러서 임금이 말했다. "눈병이 점점 심해진다. 대신들이 나에게 온천욕을 가라고 청하는 것은 왕년에 조금 효험을 봤기 때문이다. 그러나 온천욕을 세 번이나 했어도 별로 신통한 효과가 없다." 그는 강무도 정지하고 온천욕도 가지 않겠다고 선언했다. 그러나 그는 이 해에도 온수현으로 떠났다. 3월 1일 한양을 떠나 한 달간 온천욕을 했다. 이 해 여름 시력이 더 나빠졌다. "다시는 목욕하기를 원하지 않는다"며 임금이 절망했다. 이듬해에 그는 청주의 초수리로 두 번 온천욕을 떠났다. 이것이 그의 마지막 온천욕이었다.

1. 다시 개혁을 모색하다

선봉에 선 정인지 ___ 1436년(세종 18) 2월 22일 충청도 관찰사 정인지의 건의가 올라왔다. 지난날 논의하다가 중지한 공법의 조세제도를 다시 시험해 보자는 것이었다. 손실에 대한 답험 업무를 맡는 관리들이 일을 제대로 수행하지 못하고 있다는 이유였다. 그는 이도에게 충청도의 한두 고을에서 먼저 공법을 시험하기를 청했다. 개혁의 선봉장이 되겠다는 것이다. 어쩌면 임금과 신하 사이에 은밀한 합의가 있었을 수도 있다.

연이은 흉년으로 열악하게 재정을 꾸려 가고 있는 상황이었다. 솔깃한 제안이었다. 다음 날 임금이 정사를 보면서 공법에 대한 이야기를 꺼냈다. "국가에서 해마다 손실을 파악하는 업무가 매우 중요하다. 그러나 근래에 답험이 알맞음을 잃었다. 많이 받으면 걸왕처럼 되고 적게

15___
조세제도를
개혁하다

받으면 오랑캐처럼 되니, 내가 매우 염려스럽다." 걸왕은 세금을 혹독하게 거둔 폭군의 대명사이고, 오랑캐는 국가가 없어 세금도 없다. 이도는 해마다 답험을 통해 조세를 감면해 주는 것이 문제가 있다며, 답험이 필요 없는 공법의 조세제도를 이제는 시도해 보는 것이 어떨지 신하들에게 의견을 물었다.

대사헌 이숙치와 찬성 신개 등이 이도를 지원했다. "성상의 하교가 옳습니다. 근래에 손실을 답험하는 법이 더욱 심하게 맞지 않으니, 공법을 시행하는 편이 나은 것 같습니다." 이도가 논의를 진전시켰다. "조종의 법을 경솔하게 고칠 수 없었기 때문에, 공법을 지금까지 시행하지 못했다. 그러나 지금 폐단이 이와 같으니, 1~2년 동안 이것을 시험하는 것이 어떻겠는가." 더불어 새 제도에 대한 백성들의 저항을 줄이기 위해, 1결당 거두는 전세를 20말에서 15말로 낮추는 방안까지 제시했다. 이상하다. 저번에 있었던 공법 개혁의 논의에서는 10말이었는데 오히려 올라 버렸다.

6년 전의 공법 개혁은 황희를 비롯해 신하들 절반 이상이 반대 의사를 표했었다. 이날은 반대가 있기는 했지만, 극소수에 불과했다. 왜 이렇게까지 분위기가 전환되었을까? 두 가지 이유로 추정된다. 하나는 관료들 역시 국가 재정이 열악하다는 것을 파악하고 있었기 때문이다. 2년 동안 가뭄과 흉년이 계속되어 세수가 부족해졌고, 벌여 놓은 사업이 많아 경비가 많이 필요했다. 사정을 아니 차마 반대할 수 없었을 것이다. 다른 하나는 매년 답험 업무를 통해 조세를 감면하는 작업이 비용과 부패의 측면에서 문제를 나타내고 있었기 때문이다. "답험이 적절하지 않다"라는 것은 이즈음의 공통된 인식이었다.

5월 21일 공법을 시험할 구체적인 방안에 대한 논의가 이어졌다. 영의정 황희, 찬성 안순, 찬성 신개, 형조판서 하연, 호조판서 심도원 등이 논의 끝에 조세를 상등·중등·하등, 3등급으로 나누는 방안을 건의했다. 전해의 곡식 수확량에 따라 등급을 나눠 세금을 부여하는 방안이다. 다음 날 논의에서는 각 도를 3등급으로 분류했다. 경상도, 전라도, 충청도를 상등, 경기도, 강원도, 황해도를 중등, 평안도, 함길도를 하등으로 나눴다. 여기에 토지 등급을 셋으로 나누어, 각각 3등급의 고정된 세금을 시험하기로 결정이 되었다. 각 등급의 구체적인 전세는 작년에 거둔 조세와 사용한 경비를 따져서 정하기로 했다.

공법상정소를 설치하다 ___ 윤6월 15일 공법상정소貢法詳定所를 설치했다. 공법을 본격적으로 추진하기 위한 임시기구였다. 10월 5일 의정부에서 공법의 시험 방안에 대해 보고했다.

[표] 1436년 10월 5일 의정부에서 보고한 1결당 수세액

구분	상등전	중등전	하등전
경상, 전라, 충청	18말	15말	13말
경기, 강원, 황해	15말	14말	13말
함길, 평안	14말	13말	10말
제주	-	-	10말

이도는 공법 논의를 재개하면서 15말의 조세를 언급했다. 위 표의 평균을 따져 보면, 이 수치가 반영되어 있다. 보고를 받은 임금이 이대

로 1~2년간 시험해 볼 것을 지시했다. 그러나 이미 해가 저물고 있었기 때문에 공법 시험은 다음 해로 연기되었다.

해를 넘기자 공법의 수세액이 변경되었다. 이도는 분명 공법의 설계 단계에서 증세를 기획하고 있었다. 1436년에 지독한 가뭄이 들었다는 것은 이미 살펴보았다. 재정의 확충이라는 과제를 해결해야 하는데 수세액이 너무 가볍다는 지적이 나온다. 이듬해 1437년(세종 19) 7월 9일 호조에서 보고하고 있는 공법의 시행 방안은 다음 표와 같다.

[표] 1437년 7월 9일 호조에서 보고한 1결당 수세액

구분	상등전	중등전	하등전
경상, 전라, 충청	논 조미 20말 밭 황두 20말	논 조미 18말 밭 황두 18말	논 조미 16말 밭 황두 16말
경기, 강원, 황해	논 조미 18말 밭 황두 18말	논 조미 16말 밭 황두 16말	논 조미 14말 밭 황두 14말
함길, 평안	논 조미 16말 밭 황두 16말	논 조미 14말 밭 황두 14말	논 조미 12말 밭 황두 12말
제주	-	-	10말

전체적인 수세액이 2~3말씩 증가했다. 세금을 일정하게 고정하고 증가시킨 공법 시행안이 전국에 발표되었다. 그러나 이 해에 공법은 시행되지 않았다. 최악의 가뭄을 겪었던 1436년에 이어 다시 가뭄이 이어졌기 때문이다.

공법의 포기를 선언하다 ___ 8월 27일 조회가 끝났다. 이도가 돌아가려는 공법상정소의 대신들을 다시 불렀다. 가뭄이 심해 공법을

시험하기가 어려울 것 같다고 판단하고, 대신들의 의견을 구하기 위해서였다.

> 지금 정한 공법을 '8도에서 시행하자'라고 하기에, 나 역시 올해 6월 이전에는 비가 적당히 와서 혹시나 풍년이 되어 이 법을 시행할 수 있다고 생각해서 시행하도록 지시했었다. 그러나 7월 이후 장마와 가뭄에 여러 도가 농사를 망쳤고, 바람과 해충의 피해도 있어 백성이 곤궁해질 것 같다. 그러므로 이 법을 갑자기 시행하기는 어려울 것 같다. 그러나 당초에 대신들과 더불어 논의해서 정한 일이라, 나 혼자 마음대로는 할 수 없다. 공법상정소의 대신들에게 의논하라.

공론정치라고 불리는 이도의 정책 결정 과정이 잘 드러난다. 이도는 자신이 주도해서 진행하는 일이라고 해도 꼭 대신들과 의논하는 과정을 거쳤다. 이즈음에 이르러 이도는 독단적인 결정을 피하고, 논의를 통해 정책 결정의 책임을 분산시키려 했다. 부정적인 관점으로 본다면, 자신이 주도한 공법 개혁에서 결과가 좋지 않을 때를 대비해 책임을 회피할 거리를 미리 확보하는 전략일 수도 있다. 그러나 연이은 가뭄에 노출된 민생을 임금이 걱정하고 있었던 사실만은 분명해 보인다.

공법의 시험을 중지하자는 이도의 제안에 대신들이 의견을 내놓았다. 황희와 하연은 중지하자는 의견이었다. "진실로 전하의 말씀이 옳습니다"라며 예전처럼 손실답험법을 시행할 것을 건의했다. 신개와 안순은 강행하자는 의견이다. 손실된 논밭의 조세는 줄여 주고, 그대로 공법의 시험을 강행하자는 의견이었다. 찬반이 팽팽했다. 이도는 다음 날 의정부, 6조의 신하들과 함께 의논해서 보고하라고 지시했다. 그러나 다음 날 논의도 찬반이 팽팽했다. 드디어 이도가 결단을 내렸다.

공법은 옛일을 상고하고 현재를 참작해서 대신들과 더불어 의논하여 정한 것이다. 그 의도는 백성들을 편리하게 하고자 한 것이다. 내가 부덕하여 20여 년을 왕위에 있으면서 지금까지 한 해도 풍년이 없었다. 해마다 흉년이 들었고 후일의 풍년도 기필할 수 없으니, 이 법은 결단코 시행할 수 없겠다. 그러나 이 법을 이미 정해서 전국에 반포했기 때문에, 뒷날의 자손이 반드시 시행할 때가 있을 것이다. 이제 황희 등의 의논을 따르라.

아쉬움을 표시하며 예전대로 손실답험법을 시행하도록 지시하고 공법의 시험을 포기했다. 이제 그는 자신의 재위 중에 공법을 시험할 일은 없을 것이라 판단한 듯하다. 그러나 다음 해에 다시 공법 개혁을 주도한 것을 보면, 이러한 언급은 진심이 아니었던 것으로 보인다.

2. 개혁을 강행하다

마침내 공법을 시험하다 ___ 공법의 개혁을 포기한다고 선언한 다음 해에 가뭄이 가라앉았다. 이도는 다시 공법의 도입을 주장하고 나섰다. 백성들이 이미 제정한 공법을 잘 알고 있고, 개혁을 여러 해 미루다 보면 다시 진행하기가 힘들 것이라는 것이 이유였다. 1438년(세종 20) 7월 10일 임금이 "다시 여론을 조사해서 개혁을 강행하고자 한다" 라고 신하들에게 말했다. 어떻게 해서든 개혁을 강행하고자 하는 의지가 엿보인다.

의중이 한결같다. 어떻게 보면 고집불통이다. 임금은 다시 여론을 무기로 꺼내 들었다. 경상도와 전라도 백성들의 여론을 조사해서 3분 2가 찬성한다면, 해당 지역에 공법을 시행하겠다는 것이다. 그러고는 관료들에게 의견을 구하면서 덧붙인다. "내가 반드시 이 법을 시행하려는 것은 아니다."

개혁을 간절히 원하고 있는 임금의 마음을 관료들은 너무나 잘 알고 있었다. 그러나 각자가 냉정하게 자신의 의견을 제시했다. 먼저 황희가 나섰다. "경상도와 전라도의 백성들은 당연히 공법에 찬성할 것이니, 이전에 반대했던 지역인 강원도와 황해도 백성들의 의견을 들어보아야 합니다." 그는 6년 전에도 공법이 가난한 백성들에게 불리한 제도라면서 반대했었다. 사실상 같은 주장이었다. 허조, 권제, 최사강, 정연 등이 황희의 의견에 찬성하며 말했다. "다른 도의 백성들은 개혁을 원하지 않는 자가 많아 공법을 시행할 수 없습니다. 손실답험법을 그대로 시행해야 합니다." 반면 신개를 비롯해 조계생, 황보인, 성억, 유계문 등과 재정을 담당하는 대신들인 안순, 심도원, 우승범 등이 나서서 임금의 말에 찬성의 뜻을 표했다. 굳이 여론을 조사할 필요까지 있느냐는 주장까지 나왔다.

이도는 논의가 분분하니 내일 다시 논의해서 의견을 통일하자고 했다. 그런데 다음 날 임금이 호출한 사람들은 주로 찬성한 사람들이었다. 신개, 안순, 조계생, 하연, 심도원, 황보인, 유계문, 우승범, 안숭선 등이 와서 공법의 시행에 대해 논의했다. 당연히 경상도와 전라도에서 시험하자는 결론이 나왔다. 과연 공론을 따르는 정치였다.

경상도와 전라도에서 공법을 시험하기로 했다. 그러나 기존의 손실답험법을 공법으로 대체하는 일은 쉽지 않았다. 두 가지 이유였다. 먼저 그동안의 관행을 깨기가 힘들었다. 백성들은 답험을 통해 조세를 감면받는 것에 익숙해져 있다. 또 다른 이유는 공법을 시행하더라도 재해를 입은 논밭의 경우 여전히 답험이 필요했기 때문이다. 대신들이 답험이 필요하다고 보고하자 이도가 말했다. "공법의 시행은 답험의 폐단을 없애려는 목적이다. 이제 공법을 시험하면서, 또다시 가서 살펴 조세를 면제한다면 무엇 때문에 공법을 시행하는가." 그러나 개혁에 대한 백성들의 불만을 잠재우기 위해서라도, 답험을 통해 세금을 감면할 수밖에 없었다.

시행착오를 겪으면서도 시험은 계속되었다. 다음 해에 다시 흉년으로 시험을 중지했지만, 1440년(세종 22)에는 기어코 경상도와 전라도 전 지역에서 공법을 시험했다.

세액을 고정하고 답험을 배제하다   경상도와 전라도에서 공법을 시험한 결과를 놓고 검토가 이루어졌다. 하나의 도 안에서도 고을마다 토지의 품질이 현격히 다르다는 지적이 나왔다. 1440년(세종 22) 7월 5일 이도가 의정부에 지시를 내렸다. "하나의 도내에도 땅의 기름지고 메마름이 같지 않은데 세금을 거두는 것은 똑같아서 백성들이 문제로 여긴다. 다시 자세하게 논의해 보고하도록 하라."

7월 13일 의정부의 논의 결과가 올라왔다. 개혁의 진통을 확인하기 위해 대신들의 의견을 살펴보자. 이들의 의견은 세 가지로 나뉘었다. 먼저 조건부 찬성의 신개의 의견이다.

신개: 경차관들이 수령과 함께 순찰하여 문서를 만들어서 공법을 시행해 조세를 거둬야 합니다. 그렇다면 간혹 사소하게 적당하지 못한 사례는 있을 지라도 지금처럼 등급도 논의도 없이 일률적으로 조세를 거두는 것과는 크게 달라져서, 여러 도의 사람들도 모두 공법이 시행되기를 원할 것입니다.

공법을 시행하려는 국왕의 의지를 잘 알고 있는 신개다. 그러나 그마저도 답험을 배제하려는 이도의 생각에 동의하지 않았다. 오히려 개혁을 추진하기 위해서 답험이 필요하다는 것이 신개의 주장이었다. 현재의 공법으로는 백성들을 설득하기가 쉽지 않다. 이들을 설득할 수 있을 만큼 대대적으로 현재의 공법을 개선해야 한다는 것이다. 등급을 더 세분화해야 하고, 그러려면 결국 답험을 진행해야 한다는 것이 신개의 주장이었다.

하연: 만약 해의 풍흉에 따라 9등급으로 나눈다면 일이 간편하면서 폐단도 없을 것입니다. 이것은 소신이 별도로 좋은 계책을 낸 것이 아니라, 이미 예전의 선비들이 논한 것이니 결단하여 시행하기를 바랍니다.

하연은 토지의 품질과 함께 해의 풍흉이라는 또 다른 기준을 들여와서 조세 등급을 세분화해야 한다고 주장했다. 신개처럼 개혁에 대한 백성들의 동의를 확보하기 위해서 대대적인 개선이 필요하다는 주장이었다. 해마다 풍흉 역시 지역마다 다를 것이고, 이것 역시 답험을 필요로 할 것이다.

> **황희:** 저는 이 법을 결국 시행하기가 어려울 것으로 생각합니다. 일을 맡은 관리가 손실을 정확하게 조사하도록 제도를 엄격하게 정비해서, 선조들께서 마련해 놓은 손실답험의 예전 법을 그대로 시행하는 것이 어떻겠습니까.

마지막으로 황희는 개혁에 대한 반대 입장으로 되돌아갔다. 어떻게 개선한다고 해도 공정함을 확보하기는 어렵다는 주장이었다. 공법을 시험해서 많은 문제가 나왔으나 해결할 수 없으니, 지금까지 사용해 온 손실답험법을 잘 정비해서 시행하자는 견해였다. 답험이 어쩔 수 없이 필요하다면, 손실답험법과 공법의 차이는 세수의 증가뿐이다. 반대로 돌아선 이유를 충분히 확인할 수 있다.

8월 30일에 호조에서 공법의 개정안을 보고했다. 그러나 근본적인 개선을 요구한 대신들의 의견은 거의 반영되지 않았다.

충청도가 중급의 도로, 강원도가 하급의 도로 이동했다. 가장 중요한 변화는 도별로 토질에 따른 3등급의 분류가 추가로 이루어졌다는 사실이다. 기존 3등급의 수세안이 9등급으로 세분화되었다. 여기에 재해를 입은 토지는 관리를 보내 세금을 감면한다는 조건이 덧붙여졌다. 이제 이도는 새로 정해진 공법을 전라도와 경상도에 시험했다.

[표] 1440년 7월 9일 호조에서 보고한 1결당 수세액

구분		상전	중전	하전	피해 상황
경상, 전라	상등 고을	20말	20말	20말	20말
	중등 고을	19말	19말	19말	16말
	하등 고을	18말	18말	18말	15말
경기, 충청, 황해	상등 고을	18말	18말	18말	15말
	중등 고을	17말	17말	17말	14말
	하등 고을	16말	16말	16말	13말
강원, 함길, 평안	상등 고을	17말	17말	17말	14말
	중등 고을	16말	16말	16말	13말
	하등 고을	15말	15말	15말	12말

더 많은 세금을 위한 개혁 ___ 공법은 더 많은 조세를 거두기 위해 의도적으로 설계된 법이다. 1430년, 1436년, 1437년에 설정한 조세 액수를 비교하면 이 사실을 확인할 수 있다. 공법의 핵심은 품질이 좋지 않은 토지를 가진 가난한 백성들을 대상으로 기존에 세금을 면제해 주던 것을 없애고 더 많은 세금을 부과한 것에 있다. 좋지 않은 토지는 애초에 수확량이 얼마 되지 않고 재해에도 쉽게 피해를 본다. 그러나 가난한 농민들은 빚을 내서라도 정해진 세금을 낼 수밖에 없다. 개혁에 대한 반대의 목소리가 점점 강해지기 시작했다.

1441년(세종 23) 7월 5일 신개가 다시 상소를 올려 공법의 개선을 요구한다. "낮은 등급의 토지는 홍수와 가뭄의 재해가 없다고 해도 손실이 나는 경우가 많습니다. 수확이 아주 적거나 아예 없는 경우가 대부분입니다." 상등과 중등의 토지는 지금의 공법을 그대로 시행하고, 하등의 토지를 수령들에게 심사하게 하여 다시 세 개의 등급으로 나누어

조세를 낮추자는 의견이었다. 신개는 자신의 주장을 증명하기 위해 공법이 시행될 경우의 수세량을 다음과 같이 제시했다.

[표] 1441년 7월 5일 신개가 예상한 공법의 수세량

지역	손실답험법		공법	
	최대 수세량	거둔 해	예상 수세량	증가량
경상도	169,811석	1434년	257,728석	87,917석
전라도	158,184석	1434년	268,986석	110,802석
충청도	90,451석	1440년	187,839석	97,388석
황해도	41,573석	1440년	143,330석	101,757석
강원도	20,099석	1440년	31,407석	11,308석
경기도	37,390석	1434년	50,200석	12,810석
함길도	29,244석	1440년	56,232석	26,988석
평안도	54,746석	1440년	147,593석	87,593석

기존 손실답험법에서 거뒀던 최대의 수세량과 공법을 시행할 경우 예상되는 수세량을 비교한 것이다. 공법을 시행할 경우 1.5배에서 2배까지 수세량이 증가한다는 사실을 확인할 수 있다. 이것은 공법이 더 많은 세금을 확보하기 위해 설계되었다는 사실을 명확하게 보여 준다. 공법은 손실답험법에서 조세를 감면받았던 낮은 등급의 토지에 더 많은 세금을 거둬들이는 제도였다. 대신들 모두가 이것을 알고 있었고, 이도 역시 이것을 모르지 않았을 것이다. 그러나 이도는 불합리한 답험을 제거해 고정된 세금을 부과하는 것이 백성들에게 편리하다는 정치적 수사만을 반복했다.

실제로 공법을 시행해 보니, 상급과 중급의 토지는 기존 조세의 10분

의 1에서 30~40분의 1, 어떤 것은 80~90분의 1을 세금으로 냈다. 그러나 하급의 토지는 수확량이 애초에 적어 세금으로 10분의 8~9를 바치는 경우도 있었다. 백성들이 다시 손실답험법으로 돌아가기를 원하는 이유가 여기에 있었다. 공법은 설계 단계에서 하등전의 세금을 과도하게 책정했다. 기존 손실답험 때보다 세금이 2~5배로 증가해 버렸다.

이 해에 집현전의 학사들은 공법이 추진된 목적을 다음과 같이 지적했다.

계축년(1433)에 군사를 쓴 이후로 서북 쪽의 국경이 시끄럽습니다. 더구나 성을 쌓는 일로 백성을 옮겨가서 사망한 자가 매우 많으니, 자신의 팔을 분질러 도피하는 자까지 있습니다. 이와 함께 홍수와 가뭄으로 흉년이 와서 창고가 비었으니, 비록 공법을 써서 채울지라도 저 백성들의 생활이 안쓰럽기만 합니다.

사리각 경찬회를 중지해야 한다고 건의하면서 공법에 대해 언급한 상소였다. 이들은 공법을 추진한 목적이 재정 확충이라는 사실을 간파하고 있었다. 재정 악화의 원인으로 야인 정벌, 사민정책, 북방의 축성 작업, 연이은 흉년 등이 지적된다. 임금은 속이 뜨끔해 학사들의 직언에 오히려 화를 냈다.

너희가 '계축년에 군사를 쓴 이후로 창고가 비어서, 공법을 세워 채우려 한다'라고 말하니, 내가 백성에게 많이 받아서 국가의 경비를 풍족하게 했다고 여기는 것인가. 나는 손실법이 적중하지 못해서 백성의 원망이 많았기 때문에 공법을 시험하여 손실법의 폐해를 없애고 민생을 편리하게 하고자 했을 뿐이다. 너희는 가까운 신하들인데도 아직도 나의 뜻을 모르니, 저 무지한 백성들이야 어떻겠는가. 이 두 가지는 모두 사실도 아니고, 또 불교를 배척하는 것과 관련도 없는데, 어째서 함께 말하는가.

3. 부국과 안민

취렴의 군주 ___ 1442년이 저물 무렵, 임금이 신하들을 접견하는 자리에서 말했다. "공법의 법은 백성들을 편리하게 하고자 한 것이었다. 그러나 백성들은 내가 가혹하게 세금을 거둔다고 여길 것이다." 공법을 전국에 시험했고, 신개의 예상대로 예전보다 두 배가 넘는 세금이 걷혔다. 이제 이도는 백성들에게 가혹한 세금을 거두는 '취렴聚斂'의 군주가 되었다. 신유학에서 가장 중요한 경전이라 할 수 있는 《대학》은 다음과 같이 경계하고 있다. "백성의 재물을 무자비하게 긁어모으는 신하[취렴지신聚斂之臣]를 두느니, 차라리 도둑질하는 신하를 두겠다." 부국을 위해 안민의 가치를 해쳐서는 안 된다는 경고이다.

이제 그는 결과를 수습해야 했다. 1443년(세종 25) 7월 10일 이도가 좌우의 승지들에게 공법에 대해 말했다.

내가 명철하지 않아 일의 시비를 꿰뚫어보지 못하고 비웃음을 받기에 이르렀다. 지난번에 공법을 세우자고 의논할 때는 신개가 그 의논을 실제로 주도했었다. 지금은 그가 또 말을 바꾸어 조세를 줄이자고 청하니, 공법이 불편한 것임을 알 수 있다. 지금 거둔 조세를 보면, 예전보다 배가 되니 백성들의 원망 역시 확인할 수 있다. 나는 공법으로 많이 거둬서 국가를 부유하게 하려 한 것이 아니었고, 다만 손실법의 폐해를 염려하여 이 법을 세운 것이다. 이제 이 지경에 이르렀으니 가혹하게 거둔다는 비판을 면하기 어려울 것이다. 그러나 법은 하루아침에 고칠 수 없다. 공법을 그대로 시행하면서 백성들이 편리할 수 있는 사항들을 대신들과 의논하여 보고하라.

공법을 시행한 책임에서 벗어나기 위해, 그는 변명과 함께 개선을 시도했다. 먼저 신개가 공법의 시행을 실제로 주도했다고 말하면서 책임을 떠넘겼다. 물론 신개가 이도의 의중을 따라 공법의 시행을 주도한 것은 사실이다. 그러나 그는 오히려 공법이 과도한 조세를 거둘 것이라며 줄곧 임금을 경계해 왔다. 그는 대책으로 하등전의 세금을 세분화해야만 한다고 주장했었다. 그 경고를 받아들이지 않았던 것은 자신이었다.

공법 시행의 의도가 답험의 폐단을 없애려는 것이었다는 변명 역시 이어진다. 그러나 그는 분명 공법의 설계 단계부터 세수의 증가를 노리고 있었다. 후일 이도는 다음과 같이 말했다.

고려의 세법이 어떤 것은 3, 4분의 1을 취하고, 어떤 것은 5, 6분의 1을 취하여 백성을 매우 괴롭혔다. 그러나 최근에는 관리들이 손실을 다룰 때 너무 가볍게 해서 수십 분의 1을 세금으로 매기기에 이르렀다. 이것이 사람들의 마음에 습관이 되었다. 지금의 이 새 법을 선왕先王의 10분의 1을 거두는 세법으로 바꾼다고 하더라도, 어리석은 백성들이 어찌 다 알겠는가.

손실답험의 세금이 너무 가볍다는 주장이다. 국가를 운영하기 위해서는 재정이 필요하고, 잘 운영하기 위해서는 더 많은 세금이 필요하다. 그러나 건국과 정변의 시기에 그동안 너무 많은 세금을 감면해 왔다는 것이 이도의 판단이었다. 자신이 취렴의 군주가 되더라도, 국가의 운영을 정상화하기 위해서는 반드시 공법을 강행해야 했다.

개혁의 마지막 진통 ___ 개혁은 결코 쉬운 일이 아니다. 개혁이 가시화되자 많은 이들이 개혁을 반대하고 나섰다. 1444년(세종 26)에는 극심한 흉년도 찾아왔다. 개혁의 마지막 진통이었다. 윤7월 23일에 이르러 이도가 가까운 신하들에게 말했다.

내가 여러 가지 사안에 있어서 여러 사람의 의논을 따르지 않고 대의를 내세워 강행할 때가 자못 많다. 최근에는 공법을 시행하고자 하니, 모든 신하와 백성들이 다시 모두 불가하다고 한다. 내가 자세하고 명확하게 타일렀으나, 아직도 오히려 깨닫지 못한다. 그러므로 내가 공법의 시행을 정지하고자 한다.

드디어 자신이 주도적으로 나서 공법을 강행하고 있다는 것을 자백했다. 통치자의 판단은 신하나 백성과는 다를 수도 있다. 1427년(세종 9)부터 17년 동안 다른 사람들을 설득해서 공법을 시행하고자 했다. 그러나 시험까지 마쳤는데, 반대 여론에 포위되어 있었다. 국왕이라고 해서 통치를 독단적으로 할 수는 없다. 이도는 통치의 정당성이 구성원들의 동의를 확보하는 데 있다는 사실을 잘 알고 있는 군왕이었다. 이도는 자신의 설득이 실패했고, 공법의 시행을 정지하려 한다고 말했다.

이제 이도의 마음을 아는 동지들이 나선다. 예조판서 김종서, 병조판서 한확 그리고 여러 승지가 나서 임금을 격려했다. 개혁을 천천히 진행하자는 방안도 나왔다. 10년 정도 토지의 품질을 자세히 판정해 가면서 개혁을 추진하자는 의견이었다. 축성, 사민에 집중하고 잠깐 개혁을 정지하자는 의견도 나왔다. 그러자 임금이 더 이상의 논의를 중지시키며 말했다. "올해는 가뭄으로 흉년이 들어 모든 곳에 공법을 시행할 수는 없으니, 우선 한두 주현에만 시험해 보는 것이 어떻겠는가." 이야기가 다른 곳으로 가서는 안 된다. 지금까지 개혁을 위해 쏟은 노력이 얼마인가. 중지하자는 말은 그냥 자신이 그 정도로 심각하게 고민하고 있음을 표현한 것이었다.

며칠 뒤 이도는 관리들에게 농사를 권면하라는 장문의 교서를 발표했다. 이 교서는 공법의 시행에 대해 언급하지는 않았다. 그러나 모든 이들의 반대를 뚫고 공법을 강행하려는 이도의 속마음이 잘 나타나 있다.

국가는 백성을 근본으로 삼고, 백성은 먹는 것을 하늘로 삼는다. 농사는 의식주의 근원으로서 왕자王者의 정치에서 먼저 힘써야 할 것이다. …… 너희 관료들은 자신의 마음을 다해 백성들이 근본에 힘쓰도록 인도하라. 백성들이 밭에서 일하여 농사에 힘써서 우러러 어버이를 섬기고 굽어서 자녀를 기른다면, 나의 백성이 장수하게 되고 우리나라의 근본이 견고하게 될 것이다. 그러면 집마다 넉넉하고 사람마다 풍족하며, 예의를 지켜 서로 겸양하는 풍속이 일어나서, 시대는 평화롭고 해마다 풍년이 들어 함께 태평의 즐거움을 누릴 수 있을 것이다.

이도의 위민정신이 잘 드러난 기록으로 흔히 언급되는 교서다. 그러나 시점이 문제다. 한창 공법의 시행 여부를 두고 논란이 벌어지고 있을 때, 이도는 이 교서를 발표했다. 아마도 자신의 이러한 속마음을 표현한 것이리라. "당장 공법의 시행은 백성들에게 부담이 될 수 있다. 그러나 산적한 현안들을 해결하고 국가를 정상적으로 운영하기 위해 지금 공법을 시행하지 않을 수가 없다. 결단코 나 한몸의 안위를 위해 공법을 시행하려는 것은 아니다. 나의 이러한 마음을 잘 알아서 백성들이 농사에 힘쓰는 것이 나의 바람이다." 교서는 공법의 시행에 대한 통치자 이도의 변론이었다.

개혁을 완수하다 ___ 다음 날 이도는 공법을 개정하겠다고 선언했다. "내가 공법을 시행하고자 하나 대소 신민들이 입법의 뜻을 알지 못하여 의논이 각각 다르다. 그러므로 장차 하삼도의 한두 주군에 대신을 보내 전법을 개정하여 백성들이 모두 나의 본뜻을 알게 하려고 한다." 낮은 등급의 토지에 대한 세금의 감면이 이루어졌다. 또 토지의 질과 함께 해의 풍흉을 고려해 보다 세분화한 세율을 도입했다. 개혁을 설득하기 위한 타협책이었다. 1444년(세종 26) 11월 13일 전제상정소에서 공법의 최종안을 보고했다.

[표] 1444년 11월 13일에 최종적으로 정해진 공법의 세율

구분	1등급	2등급	3등급	4등급	5등급	6등급
상상년	30말	25.5말	21말	16.5말	12말	7.5말
상중년	27말	22.2말	18.9말	14.8말	10.8말	6.7말
상하년	24말	20.4말	16.8말	13.2말	9.6말	6말
중상년	21말	17.8말	14.7말	11.5말	8.4말	5.2말
중중년	18말	15.3말	12.6말	9.9말	7.2말	4.5말
중하년	15말	12.7말	10.5말	8.2말	6말	3.7말
하상년	12말	10.2말	8.4말	6.6말	4.8말	3말
하중년	9말	7.6말	6.3말	4.9말	3.6말	2.2말
하하년	6말	5.1말	4.2말	3.3말	2.4말	1.5말

최종 공법안은 기존의 전분 6등급에 연분 9등급을 추가하여 총 54개의 등급으로 확장되었다. 이 밖에도 심각한 재해를 입은 토지는 수령과 감사가 보고하면, 관리를 보내 상황을 파악하고 세금을 감면하도록 조정했다. 이제 문제는 전품의 판정, 결국 답험으로 되돌아갔다.

최종적으로 시행된 공법은 정률세제의 성격을 절충한 정액세제가 되었다. 그동안 하연이 주장해 왔던 연분 9등제를 반영한 것이었다. 답험을 거치지 않고 고정적인 조세를 받는 것이 공법의 당초 목적이었다. 그러나 최종적으로 시행된 공법은 등급 판정에 다시 비용을 들여야 하는 제도가 되어 버렸다. 작황을 확인하기 위해 관료를 파견해야 한다는 것, 즉 답험을 다시 도입할 수밖에 없었던 것이다. 최종 공법은 이도가

개혁하려고 했던 손실답험법을 다시 계승한 제도가 되었다.

17년간 논의되었던 공법은 이렇게 마무리되었다. 지난한 공법의 개혁 과정은 정책이 의도한 대로 시행되지 않고, 개혁 작업이 결코 쉽지도 않다는 사실을 보여 준다. 그러나 이도는 공법의 개혁을 완수했다. 개혁의 결과를 떠나서, 긴 시간 동안 구성원들의 견해를 절충하고 개선안을 만들어 가며 개혁을 완성했다는 점은 높은 평가를 내리기에 충분할 것이다.

6부
국왕 아닌 국왕
[집권 후반기] 2 : 1443~1450]

1. 권력을 이양하다

후계자 육성 ___ 한 인간이 통치자의 역할을 얼마나 지속할 수 있을까? 근면하게 수행한다는 전제에서 말이다. 이도의 경우는 20년을 전후로 한계를 느꼈고, 25년이 되어 세자에게 권력을 이양했다. 견습국왕으로서 업무를 익혀 갔던 시기를 제외한다면, 실질적인 통치 기간은 20년 정도라고 할 수도 있겠다. 영양, 위생, 의료와 같은 조건들이 우리가 사는 현재와 같았다면, 그 기간은 훨씬 늘어났을 것이다. 그러나 이도는 전근대의 농경사회를 산 국왕이었다.

그는 재위 18년째인 1436년부터 자신의 건강 상태가 통치자의 업무를 담당하기에 적절하지 않다고 공언했다. 그리고 재위 24년째인 1442년부터는 권력의 이양을 강행했다. 이미 훨씬 이전부터 그는 자신의 후계자를 양성하는 데 노력을 기울여 왔다. 이도는 1397년생이고, 세자

16___
일선에서
물러나다

이향은 1414년생이다. 열일곱 살밖에 차이가 나지 않는다. 1421년에 이도는 8세의 이향을 세자로 책봉했다. 이후 이도가 세자를 양성했던 과정이 조선의 왕세자 교육으로 제도화되었다.

　간단한 일화들을 통해 통치자로서 그리고 아버지로서 후계자를 양성하는 이도의 모습을 확인해 보자. 1432년(세종 14)에 세자가 스무 살이 되었다. 스물둘의 나이에 즉위한 이도이다. 세자를 보면서, 자신이 상왕 밑에서 국왕의 자격을 갖추기 위해 노력했던 일들이 떠올랐을 것이다. 이도의 세자에 대한 평가다.

　이제 세자의 나이 스물이 되었다. 천성이 본래 글 배우기를 좋아하여, 하루 동안에도 아침, 낮, 저녁으로 세 번씩이나 강학하면서 틈 나면 나와 왕비에게 문안하지만, 배움을 폐하는 때가 없다. 요사이 문안할 때는 《주역》 강론을 또 나에게 받는다. 세자가 거의 장년이 되었는데, 강용强勇한 기질이 없어 말을 타고 활을 쏘기에 적합하지는 않다는 생각이 든다.

　세자에 대한 평가는 재위 14년의 시점에서 국왕 이도가 이룬 원숙함을 보여 준다. 무력을 기반으로 권력정치를 희구했던 상왕 태종은 국왕 이도에게 항상 문과 무의 균형을 주문했었다. 세자 이향도 이도와 마찬가지로 무용의 자질은 모자랐던 것으로 보인다. 이도는 세자에게 무를 익히게 한다. "때때로 과녁을 쏘아 기력과 체력을 기르는 것이 마땅하다. 이것은 배움을 폐하는 것이 아니며, 더군다나 활 쏘고 말 달리는 것은 내 조상이 하시던 일이다."

5년 후 이도의 말을 통해 스물다섯의 세자가 이룬 성취를 확인할 수 있다.

세자가 이미 사서오경과 《통감강목》을 다 읽었다. 임금의 학문이 반드시 해박해야 하는 것은 아니다. 그러나 어찌 이 정도로 독하게 여겨서 중단할 것인가. 또 중국어의 어음語音도 몰라서는 안 된다. 김하에게 3일에 한 차례 서연에 가서, 세자에게 《직해소학》과 《충의직언》을 가르치도록 하라. 비록 책 두 권을 읽는다고 해도 한어에 통하기는 어렵겠지만, 전혀 모르는 것보다는 낫지 않겠는가.

이도는 자신이 경연에서 읽었던 책들을 세자에게도 읽게 했다. 대명 외교를 위해 당시의 중국어 역시 익힐 것을 주문하기도 한다. 스물다섯의 나이에 세자의 성취가 이미 해박해, 임금의 업무를 처리하기에 충분하다.

편법을 동원하다 ___ 1442년(세종 24)이 되었다. 내년이면 세자가 서른이 되고, 자신의 몸 상태는 점점 더 나빠져만 갔다. 이 해 봄에도 이도는 세자에게 강무를 대행하고자 했으나 실패했다.

이도는 더 이상 설득을 포기하고 권력의 이양을 강행했다. 5월 3일 영의정 황희, 우의정 신개, 좌찬성 하연, 좌참찬 황보인, 예조판서 김종서, 도승지 조서강을 불러 놓고 말했다. "나의 눈병이 날로 심해진다. 직접 중요한 업무들을 결단할 수 없으니, 세자에게 여러 업무를 처결하도록 하고자 한다." 대신들은 물론 격렬하게 반대했다. 이도가 선언한다. "경들의 말이 이와 같으니, 내 다시 말하지 않겠다." 대신들이 나가자 도승지만 불러 또 불평을 늘어놓았다. "사대부를 접견하면서 정치를 하는 방법을 익혀 알게 한다는 것이 도대체 무엇이 해로운가?"

이도는 편법을 동원하기로 한다. 7월 28일에 이르러 승정원에 지시했다.

중국의 황태자는 강관講官을 두고도 첨사부詹事府를 세워서 여러 업무를 처리하고 있다. 그런데 우리나라 동궁의 신료로는 비록 서연관이 있으나, 진강을 맡고 겸하여 여러 업무까지 맡고 있어서 옛 제도에 부합하지 않는다. 이제 사무를 처리하는 관원을 두지 않을 수 없다.

이도는 명나라 사례를 들어 첨사원詹事院이라는 보좌기구를 설립하게 했다. 사실상 임금의 업무 수행을 보좌하는 비서기관인 승정원을 세자를 위해 별도로 만든 것이다. 이후 첨사 3인을 임명하여 세자를 보좌하도록 했다.

며칠 뒤 신하들이 이 소식을 들었다. 8월 2일의 상소를 시작으로 반대하는 상소가 한 달 내내 이어졌다. 이도는 그런 상소들을 버텨 냈다. "예전에 이미 내 의사를 다 말하였으니 다시 대답할 것이 없다", "너희들의 말은 아교로 붙인 것처럼 고집불통이다", "어찌 여러 사람과 논의해야만 중요한 일을 이룰 수 있다는 말인가?" 9월 18일에 이르러 이도는 첨사원 관직에 인선까지 강행했다. 임금과 신하가 팽팽하게 맞서 평형 상태가 이어졌다.

태종의 그림자 ___ 임금과 신하 모두 태종을 언급하지는 않았다. 그러나 이들의 머릿속은 태종에 대한 생각으로 가득했다. 물론 태종이 이도를 국왕으로 임명해서 권력을 나눴던 일은 바람직하지 않았다. 원칙을 어겼기 때문에, 이도의 처가가 몰락하는 사단이 발생했다. 임금은 두 사람일 수 없고, 지존도 둘일 수 없다. 이제는 정변의 시대가 아니라 통치의 시대였다.

이도는 사실 아버지 태종을 따르고 싶었다. 그는 젊은 자신을 국왕으로 임명하고 상왕으로 물러났다. 그러나 이것은 원칙이 아니다. 태종은 경經이 아닌 권權의 삶을 살다 간 군왕이었다. 자신은 그것을 정상화하기 위해 지금까지 노력해 왔다. 세자와 업무를 분담하는 것은 분명 합리적인 정국 운영의 방안이 될 수 있지만, 좋지 못한 선례를 남길 수도 있다. 후세의 인물들이 이것을 마음대로 활용해 권력을 휘두를지도 모른다. 그래서 편법을 동원하기로 한다.

신하들의 반대가 심해 세자의 업무 대리가 이루어지지 않고 있었다. 그동안 해가 바뀌었고, 또 몇 개월이 지났다. 1443년(세종 25) 4월 17일 드디어 이도가 세자의 업무 대리를 강행했다.

나는 본래 병이 많았다. 근래에 와서 병이 더욱 심해졌고, 또 왕위에 30년 동안이나 있었기 때문에, 부지런해야 하지만 게으름을 피운 지 오래되었다. 임금이 늙고 병들면 세자가 정치를 대신하는 것이 옛날의 예법이다. 지금부터 세 차례의 대조하大朝賀와 초1일, 16일의 조참은 내가 직접 받겠다. 그러나 그 외의 다른 조참은 모두 세자를 시켜 승화당에서 남면하여 조회를 받도록 할 것이다. 1품 이하는 뜰 아래에서 세자에게 배례하고 더불어 신이라 칭하도록 하라. 사람을 임용하고 사람을 처벌하거나 군사를 움직이는 것은 내가 직접 결단하겠으나, 그 나머지 여러 안건은 모두 세자에게 결재를 받도록 하라.

세자를 임금으로 모시라는 지시였다. 이도는 중요한 일만 자신이 처리하고 나머지는 세자가 대신하도록 지시했다. 사실상 임금의 자리를 세자에게 넘긴 것이다. 다시 갈등이 점화되었다.

정치의 권력을 두 개로 나누는 것은 옛사람도 경계한 바이고, 신 등도 앞서 건의하였습니다. 세자가 정사를 듣고 결단하는 것은 말세의 일입니다. 모두 부득이한 데에서 나온 것이었고, 국가의 아름다운 법도 아니었습니다. 하물며 우리 선조들은 이런 일이 없었습니다. 어찌하여 하루아침에 대단치 않은 병환으로 정치의 권력을 두 개로 나눠 미래의 폐단을 만드시는 것입니까.

태종이 상왕으로 물러나고 이도에게 국왕을 맡겼던 일은 마치 없었던 것으로 치부되고 있었다. 이도는 별다른 반응도 보이지 않고, 그렇다고 허락하지도 않았다.

남면하여 조회를 받는 것은 국왕에게만 허용되는 것이다. 신하들은 세자에게 이것을 허용할 수 없다고 계속해서 건의했다. 문제의 초점이 서서히 옮겨갔다. 이제 세자가 업무를 대리하는 것은 기정사실이 되어버렸다. 이도는 세자가 동쪽에 앉아서 서면西面하는 것으로 타협책을 제시했다. 한 달 뒤 이도는 왕세자가 섭정하는 제도를 구체적으로 정해서 시행한다. 세자의 나이 서른이었다.

2. 이름뿐인 왕위

세자에게 국왕의 일을 맡기다 ___ 왕세자의 대리청정이 본격적으로 시작되었다. 세자가 국왕의 업무를 대행하는 가운데, 세자가 국왕 대신 조회를 시행하는 현실적인 방안이 본격적으로 검토되었다. 국왕이 조회를 시행하는 것은 사실상 중지되었다. 왕세자가 조참을 받는 의식까지 마련되었지만, 조회 의식을 시행하지는 않았다. 형식상의 국왕은 이도였기 때문이다. 왕세자는 문무의 백관을 이끌고 동지의 망궐례까지 진행했다.

이도는 여유를 얻었다. "내가 늙었기 때문에, 국가의 여러 업무를 세자에게 전부 맡겼다." 그는 점점 더 많은 권력을 이양해 갔다. 1449년 (세종 31) 즈음에는 이도가 판결하는 일은 아주 소수에 불과하게 되었다. 사대와 제향 때 별도로 의논할 일, 크고 작은 군사를 움직이는 일, 당상관을 제수하는 일, 사형수에 대한 일이 전부였다. 나머지 정무는 모두 세자가 맡아서 처리했다. 사실상의 임금은 세자였고, 이도는 이름만 국왕이었다.

깊은 궁궐에 은거하다 ___ 이도의 병이 깊어졌다. 말년의 이도는 신하들 앞에서 모습을 감췄다. 대부분의 업무는 세자가 섭정했고,

중대사가 있으면 승지나 환관을 통해 임금의 말을 전달했다. 이도가 모습을 드러내지 않자, 임금과 신하 사이의 대화가 끊겼고 점차 사이가 소원해졌다. 1446년(세종 28) 1월 22일, 예조판서 김종서가 임금에게 문서로 건의했다.

옛날에는 일찍 조회하고 늦게 조회하는 제도가 있었으므로, 임금과 신하가 서로 접촉하는 때가 잦았습니다. 지금 옮겨 거처하신 이후로 오랫동안 조참과 상참의 예를 폐지하여 대신들이 접견을 통해 성상의 말씀을 듣지 못하고 있습니다. 지금 오랫동안 정사를 보시는 것을 정지하시니, 임금과 신하 사이가 소원해진 것 같습니다.

이도가 사람을 시켜 대답했다.

내가 오래 묵은 병이 있기에, 매번 깊은 궁궐에 거처하면서 환관에게 말을 전달하게 한다. 그러므로 나의 말한 바와 아랫사람의 진술한 바가 어찌 모두 다 전해져서 빠진 것이 없을 수 있겠는가. 또 세자에게 모든 정사를 재결하게 하니, 어찌 내가 직접 하는 것과 같겠는가. 그러나 상황이 이미 이 지경에 이르렀으니, 내가 어찌 정사를 볼 수 있겠는가.

이도는 궁궐 안에 은거하고 있었다. 1446년 무렵 이미 병이 깊었다. 임금의 역할은 사실상 세자가 맡아 처리했다. 이도는 환관을 통해 필요한 말만 전달하고 대신들을 만나지 않았다. 대신들 역시 정사를 보는 날에 조정에 나오긴 했지만, 임금을 보지 못하고 근처에 모여 있다가 돌아갈 뿐이었다. 이도는 김종서의 건의를 받아들여 한 달에 한 번, 매월 1일 의정부의 관원들과 6조의 참판 이상 관원 각각 1명이 와서 문안하도록 했다. 자신을 만날 기회를 일부 대신들에게만 허용했다. 대부분의 신하는 임금을 만나기가 힘들어졌다.

날이 갈수록 건강이 악화되었고, 소통은 점점 줄어들었다. 1448년(세종 30) 9월에 이르러 이도는 의정부와 6조의 신하들이 매월 초하루에 문안하는 의례까지 없애라고 지시했다. 이에 대해 정부와 6조에서는 다음과 같이 반대했다.

전에는 매일 일을 보고, 또 육아일六衙日에 조회하여 신하를 접견하는 때가 많았습니다. 그런데 근년 이래로는 다만 초하루에 문안할 뿐이고, 그 사이에는 비록 불러서 일을 의논하는 때가 있으나 의논할 만한 일이 항상 있지는 않습니다. 1년 동안에 나아가 뵙는 때가 얼마나 됩니까. 하물며 초하루 조회는 임금께 조회하는 큰 절차이니 없앨 수 없습니다.

이도가 대답했다. "세자가 항상 조참을 받고 일을 보니, 나의 안부는 충분히 알 수 있다. 반드시 문안할 일은 없다." 이 시기는 내불당의 설치에 대해 많은 신하가 임금을 비판하던 즈음이었다. 이도는 이것을 불쾌하게 여겨 식사를 물린 것도 여러 번이었다. 임금의 마음이 이미 신하들에게서 떠나 버렸다. 이즈음의 이도는 아예 임금의 자리를 세자에게 넘겨줄 생각까지 내비쳤다. 머무는 곳조차 궁궐이 아니었다. 10월 1일에 대신들이 재차 요청했다. "만약 없애 버린다면 임금과 신하의 사이가 멀어져서, 임금에게 조현하는 예가 완전히 없어질 것입니다." 그러나 이도는 대화를 단절했다.

대군들의 집을 전전하다 ___ 이도는 조선의 어떤 임금보다 머무는 곳을 자주 바꾼 임금이었다. 특히 재위 후반기에 그는 나쁜 운을 피하기 위해 자주 거처를 옮겼다. 세자가 궁전을 지켰고, 임금은 궁전 밖에 나가서 살았다. 임금이 있는 곳을 시어소時御所라고 했다. 이러한 행동은 1436년(세종 18)의 어떤 사건에서 비롯된 것으로 보인다.

> 내가 강녕전에 나아갔더니, 밤에 한 시녀가 와서 고하기를, '뱀이 궁전 안으로 들어와 기둥을 안고 계속 오르내리더니 홀연 숨어 버렸다'라고 했다. 내가 몹시 괴상하게 여겨 내시와 시녀에게 이를 찾게 하였으나 발견하지 못했다. 내가 더욱 놀라서 일어나 궁전 문밖으로 나와 사람을 시켜 불을 밝혀 찾게 하였는데, 그 뱀이 책상 위에 숨어 있었다. 내가 이를 자세히 분석해 보건대, 올해는 가뭄이 너무 심하고 재변이 여러 차례 나타나는 것으로 보아 반드시 하늘의 견책이 있을 것으로 생각한다. 옛날 사람들이 방위를 피하여 화를 면한 일도 있었으니, 나는 진양대군(후일의 수양대군)의 집으로 옮겨가고자 한다.

국왕의 침전인 강녕전에 뱀이 들어왔다. 한창 크게 가뭄이 찾아온 시기였다. 이도는 이것을 하늘의 견책으로 생각했다. 풍수를 따라 거처를 옮겨 재앙을 피하고자 했다. 경복궁이 불길한 장소가 되었다.

재위 후반기의 이도는 신병, 가뭄, 전염병 등 여러 가지 재액을 막기

위해 머무는 곳을 자주 옮겼다. 다음 표는 1436년 이후 이도가 거처를
옮긴 것을 정리한 것이다.

[표] 1436년(세종 18) 이후 이도가 머문 곳과 옮겨간 날짜

이어한 날	이어한 곳	이어한 날	이어한 곳
세종 18/07/02	진양대군	세종 27/10/08	수양대군
세종 19/03/10	동궁	세종 28/01/29	연희궁
세종 19/08/18	동궁	세종 28/03/09	수양대군
세종 20/09/27	임영대군	세종 28/03/24	효령대군
세종 21/06/24	광평대군	세종 28/04/09	양녕대군
세종 22/09/06	동궁	세종 28/12/15	평양군 조대림
세종 23/09/06	부마 안맹담	세종 28/12/20	부지돈령 김중렴
세종 24/01/09	금성대군	세종 28/12/27	부마 이백강
세종 24/08/27	금성대군	세종 29/01/13	안평대군
세종 24/09/15	동궁	세종 30/08/04	임영대군
세종 26/07/15	금성대군	세종 31/07/01	임영대군
세종 26/11/07	금성대군	세종 31/09/24	금성대군
세종 26/12/07	부마 안맹담	세종 31/11/19	영응대군
세종 26/12/08	동궁	세종 32/01/22	효령대군
세종 26/12/16	금성대군	세종 32/윤1/07	전첨 이서
세종 27/01/01	부마 안맹담	세종 32/윤1/24	안숭선
세종 27/01/02	연희궁	세종 32/02/04	영응대군
세종 27/02/13	희우정		

세자가 섭정을 시작한 1443년(세종 25)을 전후로 이도가 거처를 옮긴
횟수가 급격하게 증가했다. 이후 정사를 보는 방식은 상왕 태종 아래에

서 견습국왕 이도가 업무를 익혔던 시기와 비슷하게 진행되었다. 세자가 시어소에 와서 조회를 하기도 했고, 이도가 사람을 시켜 중요한 일을 세자에게 전달해서 처리하기도 했다. 또 중대사의 경우에는 대신들이 이도가 있는 시어소를 방문하기도 했다. 그러나 태종이 상왕으로 있을 때와는 결정적인 차이가 있었다. 여러 가지 병환에 시달리고 있던 이도가 공식 석상에 모습을 드러내지 않았다는 것이다.

1. 새로운 문자를 만들다

25년 통치의 결과물 ___ 1443년(세종 25) 겨울, 이도는 새로운 문자를 만들었다. 바로 한글의 모태가 된 훈민정음이다. 훈민정음訓民正音은 백성을 가르치는 바른 소리라는 뜻이다. 여기서 훈민訓民은 교민教民과 통한다. 뜻으로 본다면, 문자의 창제는 통치의 편의성이 목적이다. 특히 25년간의 통치를 마친 통치자가 새로운 문자를 만들었다는 사실이 그것을 말해 준다. 이도는 편민便民, 즉 백성의 편리함을 내세우기도 했지만, 그것은 수사에 가깝다.

이도는 그동안의 통치를 통해 문자의 필요성을 절감했다. 그의 통치를 돌아보자. 1430년에 편찬한 농서 《농사직설》, 1432년에 편찬한 교육서 《삼강행실도》, 1433년에 편찬한 법전 《신찬경제속육전》 등은 모두 한자로 되어 있다. 책의 대상은 한자를 읽을 수 있는 관료들이다. 임

17___
영원한 왕국을
꿈꾸다

금이 농사를 권면하는 교서를 내려도 그 대상은 백성이 아니라 관료다. 관료들이 그것을 읽고 백성들에게 임금의 지시를 알려 줘야 한다. 문자가 통치의 효율을 저해한다. 훈민정음은 이도가 25년간의 통치를 결산한 결과물이었다.

이즈음 이도는 세자에게 임금의 여러 업무를 넘기고 혼자만의 시간을 확보했다. 그는 이제 자신의 후계자들이 통치에 활용할 수 있는 도구들을 제작하기로 한다. 문자의 창제는 그가 가장 먼저 힘을 쏟은 과제였다.

1443년의 《세종실록》에는 마지막 기사로 다음과 같은 기록이 덧붙여져 있다.

이달에 임금이 직접 언문諺文 28자를 만들었다. 그 글자는 옛날의 전자篆字를 모방했는데, 초성, 중성, 종성으로 나눠서 그것들을 합한 이후에 완전한 글자가 되었다. 문자文字(당대의 중국어)와 우리나라의 이어俚語에 관한 것을 모두 쓸 수 있으니, 글자는 간결하나 전환이 무궁하다. 이것을 훈민정음訓民正音이라고 불렀다.

훈민정음에 대한 첫 번째 기록이다. 실록의 편찬자가 삽입한 것이다. 《세종실록》은 1452년(문종 2)부터 1454년(단종 2)에 걸쳐 편찬되었다. 편찬 과정에서 훈민정음의 창제에 대해 알고 있던 편찬자들이 이러한 기록을 추가한 것으로 추정된다. 아마도 정인지와 연관이 있을 것이다. 그는 《세종실록》의 편찬 과정에서 책임자인 총재관을 맡아 실록을 감수했다. 위의 기록은 그가 덧붙였거나, 실록 편찬의 실무자들이 정인지가 쓴 《훈민정음》 해례본의 서문을 참조하여 덧붙인 것 같다.

정인지는 해례본의 서문에서 훈민정음의 창제에 대해 다음과 같이 말하고 있다.

계해년(1443) 겨울에 우리 전하께서 정음正音 28자를 처음으로 만들어 예시와 뜻을 간략히 들어 보이고, '훈민정음訓民正音'으로 이름을 정했다. 물건의 형상을 본뜨되 글자는 옛날의 전자篆字를 모방하였고, 소리의 음音은 칠조七調(궁, 상, 각, 치, 우, 변치, 변궁의 일곱 음계)에 합하였으니, 천, 지, 인 삼극三極의 뜻과 음양 이기二氣의 정묘함을 모두 갖췄다. 28자를 가지고 전환함이 무궁하니, 간단하면서도 요점이 있고 정밀하면서도 두루 통할 수 있다.

그는 최측근으로서 임금의 의중을 누구보다 잘 알고 있는 인물이었다. 훈민정음이 임금의 독창적인 발명품이라는 사실을 확인할 수 있다.

중화에서 이적으로 ___ 이듬해에 임금이 새로운 문자를 만든다는 소식이 퍼졌다. 1444년(세종 26) 2월 20일 집현전 학사들이 문자 창제를 반대하는 상소를 올렸다. 이들은 여섯 가지 이유를 제시했다.

1. 조선은 명나라의 제후국으로서 중화의 제도를 따르고 있다. 대국이 사용하는 한자를 쓰지 않고 독자적으로 글자를 만들어 사용해서는 안 된다.
2. 별도의 문자를 만든 사례는 몽골, 서하, 여진, 일본, 서번과 같은 이

적이狄밖에 없다.

3. 신라 설총의 이두는 중국에서 통용하는 글자를 빌려서 쓰고 있기에
   허용할 수 있었다. 그러나 언문처럼 한자를 전혀 사용하지 않는 글
   자를 사용하게 된다면, 신유학의 학문과 정치의 교화가 전부 사라
   지고 말 것이다.

4. 형옥刑獄의 공평하고 공평하지 못함은 담당 관리에 달려 있지, 말과
   문자에 달려 있지 않다.

5. 최근 정책들을 모두 빠르게 시행하는 데 힘쓰고 있다. 언문 창제 역
   시 서두르지 말고 신민들과 의견을 수렴해 충분한 시간을 가지고
   진행해야 한다.

6. 언문은 문사의 육예六藝에 불과하다. 세자가 언문으로 운서를 번역
   하는 작업에 힘을 쏟고 있는데, 아직은 성학에 힘을 쏟아 실력을 쌓
   을 시기이다.

당시 새로운 글자를 언문諺文이라고 불렀다. 훈민정음은 나중에 임
금이 문자의 창제를 발표할 때 붙인 이름이다. 집현전 학사들의 이러한
여러 지적에 대해 이도는 제대로 된 반박을 하지 못했다. 특히 1번과 2
번의 '중화와 이적'에 대한 비판에 대해서는 아무런 대응을 하지 못했
다. 이도는 다음과 같이 대답했다.

3. 이두와 마찬가지로 언문은 백성들의 편리를 위한 것이다. 너희들이
   설총은 옳다고 하면서 임금이 하는 일은 그르다 하는 이유는 무엇
   인가.

4. 새로운 문자로 《삼강행실도》를 만들어 백성들에게 보급하면, 효자와 열녀가 쏟아져 나올 것이다.

5. 너희들은 운서韻書를 아느냐. 사성칠음四聲七音에 자모字母가 몇 개나 있느냐. 만일 내가 그 운서를 바로잡지 않으면 누가 이를 바로잡을 것인가.

6-1. 언문을 '새롭고 기이한 하나의 기예'라고 비판하지만, 매로 사냥하는 것과 같은 종류의 유희는 아니다. 내가 늙어서 날을 보내기 어려워서 책을 벗으로 삼을 뿐인데, 너희들의 비판이 너무 지나치다.

6-2. 내가 늙어서 국가의 여러 업무를 세자에게 맡겼다. 비록 하찮은 일이라도 그가 듣고 판단하고 있으니, 하물며 언문의 경우는 더욱 알아야 한다.

감정적인 대응에 가까운 말들이다. 이후 신하들과의 문답이 이어지면서 이도는 더욱 감정이 격해졌다. 임금은 결국 사리에 맞지 않은 말을 함부로 했다는 이유로 상소에 참가한 집현전 학사들을 모두 의금부에 가둬 버렸다. 얼마 후에 풀어 주기는 했지만 말이다.

이도가 대답하지 못한 집현전 학사들의 비판이 훈민정음 창제의 의미를 말해 준다. 문자의 창제는 천자만의 특권이다. 이도는 그동안 천자의 제후를 표방해 왔다. 훈민정음의 창제는 그런 관계를 사실상 부정하는 것이었다. 이도는 북방 민족들이 중원의 한족에 대항하여 문자를 창제했던 전통을 계승하고 있다. 학사들이 "몽골, 서하, 여진, 일본, 서번과 같은 이적夷狄"을 언급한 것은 정곡을 찌른 비판이었다.

표준의 수용과 동국의 탄생 ___ 13세기 초엽 몽골인들은 유라시아에 걸쳐 역사상 가장 큰 세계 제국을 건설했다. 몽골제국은 이후 약 150년 동안 패권을 유지하다가 붕괴했다. 제국은 그동안 정치제도, 세계적인 무역망, 그리고 통치에 대한 개념 등 다양한 측면에서 복잡하고도 거대한 유산을 남겼다. 유라시아 각 지역의 통치자들이 활용할 수 있는 정치적 표준들이었다. 제국을 멸망시키고 동아시아의 새로운 패자가 된 명나라 역시 국가 건설 과정에서 몽골제국으로부터 많은 유산을 계승했다.

훈민정음의 창제에는 다양한 정치적 표준이 수용되어 있다. 먼저 몽골제국의 한 부분인 원나라의 유산이다. 이도는 새로운 문자를 시험하는 과정에서 집현전 학사들에게 언문으로 《운회》를 번역하도록 지시를 내린다. 《운회》는 《고금운회거요古今韻會擧要》라는 책으로, 원나라 성종 연간인 1297년에 편찬된 운서韻書였다. 이 책은 당시 북경 지방에서 사용하는 한자의 표준 발음을 일정한 순서대로 배열한 일종의 사전이다. 또한 원나라에서 제정했던 파스파 문자 역시 이도에게 문자의 창제에 영감을 주었으리라 짐작된다. 원 세조 쿠빌라이 칸은 티베트 승려 파스파에게 제국의 문자를 만들게 한 바 있다.

훈민정음에는 당대 동아시아 음성학의 성과와 고려의 유산도 반영되어 있다. 고대 인도에서 발달한 음성학이 불교의 전래와 함께 한반도에 유입되었다. 팔만대장경은 그것을 잘 보여 주는 사례다. 이도는 훈민정음을 시험하는 과정에서 불가의 학승들을 동원했다. 이 과정에서 《석보상절》, 《월인천강지곡》, 《월인석보》와 같이 불가와 관계있는 책들이 편찬되었다.

마지막으로 훈민정음에는 당대의 패권국 명나라의 성취가 반영되어 있다. 이도는 1447년 9월에 《동국정운東國正韻》을 편찬했다. 훈민정음으로 한자의 표준음을 설정한 책이다. 이것은 명나라의 홍무제가 1375년에 편찬한 《홍무정운洪武正韻》을 염두에 두고 만든 책이었다.

신숙주가 임금의 교지를 받들어 《동국정운》의 서문을 지었다. 여기에는 중국과는 다른 동국으로서의 정체성이 잘 나타나 있다.

> 우리 동방은 산과 강이 따로 한 구역을 이루어서 풍습과 기질이 중국과 다르다. 호흡이 어찌 중국의 음과 서로 합하겠는가. 그러므로 중국과 말소리가 다른 것이 이치상 당연하다. 한자의 발음 역시 중국인의 발음과 서로 다르다. 호흡이 돌고 구르는 사이에 가볍고 무거움과 열리고 닫힘의 동작이 반드시 말소리에 저절로 끌린다. 이것이 글자의 음도 따라서 중국과 다르게 변화하게 된 이유이다.

우리라는 정체성은 이렇게 세계적인 표준들의 수용을 통해 형성되었다.

훈민과 편민 ___ 1446년(세종 28) 9월 29일 새로운 글자의 원리와 활용 예시를 설명하는 《훈민정음》이 완성된다. 이도는 책의 서문을 직접 지었다. 그는 새로운 문자의 반포를 선언하며, 문자의 창제 목적을 다음과 같이 말하고 있다.

> 나라말이 중국과 달라 문자가 서로 통하지 않는다. 그러므로 어리석은

백성들이 말하고 싶은 것이 있어도 자기의 생각을 제대로 표현하지 못하는 경우가 많았다. 내가 이것을 딱하게 여겨서 새로 28글자를 만들었다. 사람들이 쉽게 익혀서 일상생활에 편리하게 사용하기를 원할 따름이다.

이도는 새로운 문자를 창제하는 목적으로 "백성들의 편리함(편민便民)"을 내세웠다. 그는 민본民本과 안민安民이라는 유가적 가치를 글자를 창제한 목적으로 언급했다. 과연 이러한 수사는 문자를 창제한 목적을 제대로 말하고 있는 것일까? 백성들이 일상생활에서 사용하는 것이라면 우리말만으로도 충분하지 않은가?

또 다른 서문을 쓴 정인지는 훈민정음 창제의 목적을 조금 더 분명히 이야기하고 있다.

외국의 말은 소리는 있어도 글자는 없으므로, 중국의 글자를 빌려 와서 사용했다. 이것은 둥근 장부가 네모난 구멍에 들어가 서로 어긋나는 것과 같으니, 어찌 통하여 막힘이 없을 수 있겠는가? …… 우리 동방의 예악문물이 중국과 견줄 만하지만, 우리의 말만은 그렇지가 않았다. 그러므로 글을 배우는 사람이 중국말의 뜻과 의도를 이해하기 어려워 근심하였고, 옥사獄事를 다스리는 사람은 그것의 자세한 내용을 이해하기 어려워 괴로워했다.

정인지는 학자와 관료의 입장에서 문자 창제의 필요성을 언급하고 있다. 이것은 새로운 문자가 통치의 편리함을 위한 것이었다는 사실을 잘 보여 준다. 교육을 통한 유가 이념의 보급,《효행록》과《삼강행실도》와 같은 윤리적 서적의 보급, 그리고 일련의 법전 편찬은 훈민정음의 창제가 통치자 이도가 도달한 종착역임을 보여 준다. 훈민정음의 창제를 반대했다가 파직당한 정창손은 언문 제작의 목적을 다음과 같이 이야기하고 있다.

《삼강행실도》를 반포한 후에 충신, 효자, 열녀의 무리가 쏟아져 나오지는 않았습니다. 이것은 어떤 사람이 선을 행하고 행하지 않는 여부가 그 사람의 자질에 달려 있기 때문입니다. 어찌하여 꼭 언문으로 한문을 번역한 후에야만 사람들이 모두 선을 본받겠습니까.

2. 건국과 정변의 정당화

실록을 수정하다 ___ 춘추관은 당대의 국정을 기록하고 역사를 편찬하는 역할을 담당하는 관서다. 1442년(세종 24) 9월 4일 우의정으로서 춘추관의 책임자를 겸임하고 있는 신개가 이도에게 건의한다. "태조 강헌대왕, 공정대왕(정종), 태종 공정대왕의 실록은 빠진 것이 많습니다. 고쳐서 편찬하기를 청합니다." 임금이 허락했다.

무엇이 빠져 있기에 수정한다는 것일까? 책임자인 신개에 주목하면 실록을 수정한 이유를 알 수 있다. 그는 1438년(세종 20)에 헌릉의 비석에 새긴 무인정변에 대한 기록이 문제가 있다고 건의했던 적이 있다.

이도는 이해 9월 25일에 신개의 상소를 가지고 비밀스러운 논의를 진행했었다.

이도는 비문은 몰라도 실록의 기록은 고칠 수 없다고 말했다. 그러나 신개의 반응은 달랐다. "사관의 본초本草(실록을 편찬하는 데 바탕이 되는 본래의 기록) 기사는 꽤 상세하게 되어 있는데, 실록을 편수하던 자들이 간략하게 만들었다고 합니다. 그러므로 실록도 역시 고쳐 써야 할 것입니다." 며칠 뒤 신개가 본초에서 관련된 기록을 뽑아 왔다. 그러나 신개의 말과는 달리 역시 상세하지 않았다.

사실 임금과 신개 모두 실록을 고치고 싶었다. 멀리 귀양 가 있던 이숙번이 한양 근처로 소환된 것은 바로 이러한 이유에서였다. 이들은 사초에 없는 무인정변의 이야기를 이숙번에게서 듣고자 했다. 이숙번은 1440년(세종 22) 3월 15일에 죽는다. 1년 반이 넘는 기간 동안 이도는 그를 대상으로 무인정변의 진실을 조사했다. 사건으로부터 40년 넘게 지난 이후다. 과연 그것은 사건의 진실이었을까?

실록의 수정 작업은 태종이 일으켰던 무인정변의 정당화에 국한되지 않았다. 이도는 수정을 준비하는 과정에서 태조의 조선 건국을 정당화하는 작업도 수정의 범위에 포함시켰다. 이 해 3월 1일 임금은 태조가 왜구를 소탕한 사적을 조사하여 보고하도록 경상도와 전라도의 관찰사에게 지시한다. 이 기사에는 "임금이 바야흐로 《용비어천가》를 짓고자 하여 이러한 전지를 내린 것이었다"라는 사관의 기록이 덧붙여 있다. 그러나 《용비어천가》의 편찬은 뒷날의 일이다. 임금의 지시는 《태조실록》의 수정을 위한 의도로 보아야 한다. 다음 날 이도가 말한다. "태조께서는 임금이 되시기 전부터 신성하고 용무勇武한 행적이 한두 가지가 아니었다. 지금 실록을 보니 어찌 이다지도 간략한가." 이러한 문제의식으로 실록을 수정한 결과물이 《태조실록》의 머리말인 〈총서〉 부분으로 짐작된다. 여기에서 고려 말기 이성계의 영웅적인 행적을 확인할 수 있다.

1442년(세종 24) 9월 4일에 시작된 실록 수정 작업은 3년이 넘게 걸려서 완료되었다. 1445년(세종 27) 11월 21일 춘추관에서 완성된 《태조실록》, 《정종실록》, 《태종실록》을 각각 네 부씩 찍었다. 이도는 이것을 실록청 및 충주, 전주, 성주 3곳의 사고에 나누어 간직하도록 지시했다.

이로써 태조의 건국과 태종의 정변을 정당화하는 기록들이 실록에 실리게 되었다. 이러한 작업의 의미는 무엇일까. 《태조실록》 〈총서〉에서 이방원은 정몽주의 살해를 지시하며 다음과 같이 말하고 있다. 이즈음에 수정된 기록으로 짐작된다.

지금 소인[정몽주]의 모함을 당했다. 만약 스스로 변명하지 못하고 손을 묶인 채 살육을 당한다면, 저 소인들은 반드시 우리 일가에 나쁜 평판[악명惡名]을 뒤집어씌울 것이다. 훗날 누가 이 사실을 알 수 있겠는가?

역사는 '승자의 기록'이라는 편찬자들의 자백이다.

공덕과 천명으로 건국을 정당화하다 ___ 실록의 수정은 1445년에 끝나지 않았다. 1446년(세종 28)에도 추가적인 수정이 이어졌다. 이 해 11월 8일 이도는 수정한 《태조실록》을 가지고 와서 《용비어천가》

에 실린 시들을 추가로 기재하도록 지시했다. 이러한 기록은 실록의 수정 작업과 《용비어천가》의 편찬 작업이 긴밀하게 연관되어 있다는 사실을 보여 준다. 이도는 실록을 수정하는 과정에서 《용비어천가》의 편찬을 기획하고 실행했다.

"하늘을 나는 용들의 노래", 《용비어천가》는 총 125장으로 된 악장, 서사시이다. 이도는 이 책에서 6인의 선조들, 즉 목조, 익조, 도조, 환조, 태조 이성계, 태종 이방원을 여섯 마리 용으로 비유하고, 이들에 의해 이루어진 조선의 건국을 찬송했다. 이 책은 1445년(세종 27) 4월 5일에 1차로 완성되었고, 추가적인 보완을 거쳐 1447년(세종 29) 2월에 최종적으로 완성되었다. 이도는 완성된 《용비어천가》를 노래로 만들어 연주하고, 550부를 인쇄해 신하들에게 배포했다.

《용비어천가》는 조선의 건국을 정당화하려는 의도에서 편찬된 책이다. 여기서 건국은 단순하게 태조 이성계가 조선을 창업한 사실만을 의미하지는 않는다. 그것은 태종 이방원이 일으킨 두 차례의 정변을 포함한다. 태조 이성계는 무력으로 고려를 멸망시키고 새로운 왕조를 열었다. 그러나 태종 이방원은 그러한 아버지의 왕위를 다시 찬탈했다. 이대로라면 힘을 가진 자가 왕위를 찬탈하는 사건이 앞으로도 반복될 것이다. 정변이 다시 반복되지 않기 위해서는 무언가 다른 차원의 설명이 필요했다. 이것이 《용비어천가》의 기획으로 나타난 것이다.

신개는 1438년에 무인정변의 기록을 수정해야 한다는 상소를 통해 이미 《용비어천가》의 모티브를 제공했다. 그는 "인력이 미칠 수 없는 하늘의 명[천명天命]"으로 무인정변을 정당화했다. 이후 실록을 수정하는 과정에서 무인정변은 실재했던 위협을 국가의 안정이라는 대의의 관점에서 어쩔 수 없이 대응해야 했던 이방원의 이야기로 각색되었다. 이도는 이러한 무인정변의 이야기를 《용비어천가》에서 여섯 선조들의 이야기로 확장했다.

정인지가 권제, 안지 등과 함께 쓴 《용비어천가》의 서문은 태조와 태종에 대해 다음과 같이 서술하고 있다.

> 태조께서는 드높은 성인의 자질로 천년만의 운수에 응하셨습니다. 신성한 창을 휘둘러 무위를 떨쳐 오랑캐를 순식간에 소탕하시고, 보록寶籙(왕위)을 받아 관대함과 어짊으로 모든 백성을 화목하고 편하게 하셨습니다. 태종께서도 영명하심이 빼어나시고 용기와 지혜가 절륜하셨습니다. 기미를 앞서 밝히시고 나라를 세우니[炳幾先而建邦家] 공이 억만년에 높으시고, 화란을 평정하고 사직을 편안히 하니[戡禍亂而定社稷] 덕이 모든 통치자 중에서 으뜸입니다.

《용비어천가》의 주인공은 태종 이방원이다. 그의 공적은 조선의 건국으로까지 확장되었다. 위 인용문에서 "기미를 앞서 밝히시고 나라를 세우니"라는 대목은 이방원이 정몽주를 격살하는 계책을 실행해 태조 이성계의 조선 건국을 도운 것을, "화란을 평정해 사직을 편안히 하니"라는 서술은 1, 2차 왕자의 난을 일으킨 것을 말한다. 《용비어천가》 편찬자들은 천명과 공덕이라는 주제를 사용해 이방원의 정변을 태조의 건국과 부딪치지 않는 것으로 정당화했다.

망국의 역사를 완성하다 ___ 건국의 이야기가 있다면, 망국의 이야기도 빠질 수 없다. 이도는 실록을 수정하고 《용비어천가》를 편찬하는 과정에서 고려의 역사를 기록한 《고려사》도 수정했다. 1446년(세종 28) 10월 11일 이도가 《고려사》에 빠진 부분들을 추가하는 작업을 집현전 학사들에게 지시한다.

환조께서 만호의 직책으로 삭방朔方에 간 것에 대하여 대간臺諫이 그치기를 청했던 일과 《용비어천가》에 추가로 기록한 태조께서 승천부昇天府에서 접전하던 상황 같은 것은 민간에서는 전해지나 역사책에는 기재되지 않았다. 이 일로 미루어 본다면 반드시 빠진 것이 있을 것이다. 그대들은 여러 사관과 함께 사초史草를 자세히 살펴보고, 도조, 환조로부터 태조에 이르기까지 역사의 자취를 찾아서 보고하도록 하라.

이도는 재위 초부터 고려의 역사를 편찬하는 데 관심을 보였다. 이미 몇 차례 수정 끝에, 1442년(세종 24) 신개의 통솔 아래 《고려사》를 완성한 바 있다. 이즈음의 이도는 건국과 정변에 대한 다채롭고 정교한 정치적 기록들을 고려의 역사, 특히 고려 말의 역사에 추가로 반영하는 작업을 진행했다.

본래 이도는 역사 편찬의 원칙으로 사실을 그대로 기록하는 '직서直書'를 강조했다. "역사의 기록은 사실대로 쓰는 방법이 가장 좋다[史記莫若直書]"라는 그의 말에 이러한 원칙이 잘 나타나 있다. 그러나 역사 편찬에 대한 그의 생각은 점차 태조와 태종을 계승한 임금으로서의 자의식 속에서 변화하기 시작한다.

1429년(세종 11) 4월 9일 자《세종실록》기사에 나와 있는 설순偰循이라는 신하와의 문답은 이도의 생각이 바뀌고 있는 과정을 잘 보여 준다. 이날 경연에서는《춘추좌씨전》을 읽었다. "실행하고 기록하지 않는 것은 성대한 덕이 아니다"라는 구절에 이르러, 임금이 말했다. "사관은 한 시대의 시행된 일의 자취를 모두 기록하여 후세에 보여야 할 뿐이다. 임금이 된 사람이 어찌 사관에게 착한 것은 기록하게 하고, 착하지 못한 것은 기록하지 못하게 하겠는가." 이에 대해 설순이《좌전》에 기록된 또 다른 말을 가지고 반론을 펼친다. "'기록하여 모범이 되지 않으면 후손들이 무엇을 보겠는가'라는 말과 같아야만, 경계하는 말이 되어 후세의 임금을 깨닫게 할 것입니다. '옳고 그른 것을 구분하지 않고 다 기록해야만 한다'라고 사신이 말한 것은 자못 실언한 것입니다." 이도는 여기에 "그렇다"라고 반응했다.

재위 후반기 이도가 완성한 망국의 역사가 현재 전해지는《고려사》와《고려사절요》다. 먼저 기전체 형식의《고려사》가 1451년(문종 1) 8월 25일에 편찬 완료되었다. 그리고 그 직후에 보기에 편하도록 시간 순의 편년체로 된 역사서《고려사절요》가 편찬되었다. 두 책의 편찬 목적은 "하늘이 진짜 주인을 낳아 우리 백성들을 편안하게 한 것은 진실로 인력으로는 될 수 없는 것"이라는《고려사절요》의 서문에서 고스란히 드러난다.

3. 통치의 표준을 남기다

통치자를 위한 다이제스트 ___ 문자의 창제, 역사서의 편찬 작업과 함께 이도가 수행한 마지막 과업 중 하나는 후계자들을 위해 통치 지침서를 편찬하는 작업이었다. 그중에서 가장 심혈을 기울인 책이 《치평요람治平要覽》이다.

1441년(세종 23) 6월 28일 이도가 정인지에게 말한다. "좋은 정치를 하려면 반드시 앞 시대에 잘 다스리거나 제대로 다스리지 못한 역사의 사례를 보아야 한다. 그러나 사람이 학문을 넓게 하기가 어려운데, 하물며 임금이 만기를 살피는 여가에 넓게 할 수가 있겠는가." 자신은 통치에 활용하기 위해 방대한 서적을 읽어 가며 힘겹게 학문적 성취를 이뤘다. 전례 없는 성취였다. 그러나 그러한 성취를 얻기 위해 그의 몸은 만신창이가 되었다. 이도는 자신과 같은 후계자가 나오기를 바라지 않았다. 그는 정인지에게 지시했다. "경이 역사의 기록 중에서 선과 악이 모범이 될 만한 사례들을 뽑아 하나의 서적으로 편찬하라. 보기에 편리하게 하여 후세 자손들의 영원한 거울이 되게 하라."

정인지는 집현전 학사들을 동원해 적합한 기록을 선별하는 작업에 매진했다. 거의 4년 동안 이러한 작업이 이어졌다. 1445년(세종 27) 3월 30일에 이르러 정인지는 완성된 책을 임금에게 바쳤다. 모두 150권의 장편으로 책의 구성은 다음과 같다.

[표] 《치평요람》의 구성

권	왕조	권	왕조
권 1~14	주	권 70~95	수, 당
권 14~15	주, 진秦	권 95~97	당, 후량
권 15~40	진, 한	권 97~99	후량, 후당
권 40~52	한, 진晉	권 99~100	후당, 후진
권 52~56	진, 송	권 100~101	후진, 후한
권 56~59	송, 제	권 101~102	후한, 후주
권 59~64	제, 양	권 102~142	후주, 송
권 64~67	양, 진	권 142~147	송, 원
권 67~70	진, 수	권 147~150	원, 국조

　태조 이성계의 참모 정도전은 1395년과 1397년에 관료론과 군주론을 다룬 《경제문감》, 《경제문감별집》을 편찬한 바 있다. 통치자를 위한 통치 요약본이다. 《치평요람》은 정도전의 이러한 기획을 확장한 것으로 평가할 수 있다. 역대 왕조의 흥망성쇠, 옳고 그른 임금과 신하의 사례, 각 시대의 풍속과 윤리 등 다양한 방면에서 정치와 교화[치화治化]에 모범과 경계가 될 만한 사항들을 가려서 뽑았다.

　책의 구성을 보면, 중국의 사례가 대부분이다. 한반도의 사례는 150권 중에서 4권뿐이다. 오늘날의 눈으로 보면 주체적이지 않은 것으로 보일 수도 있다. 그러나 평가는 당대의 맥락에서 해야 한다. 13세기 중반 몽골제국의 등장 이후 비로소 한반도가 세계화되었다. 이 책은 세계적인 표준을 수용하기 위한 하나의 시도였다. 보다 보편적인 문명을 실현하기 위한 이도와 그의 신하들의 기획을 잘 보여 준다.

후계자들을 위한 감계 ___ 《치평요람》 말고도 이도는 후계자들을 위해 다양한 지침서를 준비했다. 넓게 보면 문자의 창제나 역사서의 편찬도 이러한 지침에 속한다. 이도는 사실 재위 전 시기에 걸쳐 후계 국왕들에게 도움이 될 만한 서적을 편찬해 왔다. 다음 표(368쪽)는 그것을 정리한 것이다.

다양한 통치의 표준들을 확인할 수 있다. 이 표만으로도 이도라는 국왕을 평가하기에 충분할 것이다. 통치 전반에 대한 서적들이 이도의 재위기에 편찬되었다. 경전과 역사서뿐만 아니라 정치, 법률, 언어, 의약, 천문, 문학, 지리, 국가의례, 병법, 농업기술 등 다양한 분야의 서적들이 눈에 띈다. 이러한 지침서들은 모두 통치의 토대와 기준을 마련하기 위한 이도의 노력이었다.

통치에는 기준이 있어야 한다. 그렇지 않다면 통치자는 개별적인 사안의 판단은 물론 개선과 개혁의 방향을 알기 어렵다. 통치 기준이 있다 하더라도, 사람들이 이해하지 못하면 역시 통치가 잘 이루어질 수 없다. 이도는 신하들을 시켜 분야별로 역사 속의 거울과 경계[감계鑑戒]를 여러 서적을 통해 남겨 놓았다.

왕조의 영원을 노래하다 ___ 1447년(세종 29) 6월, 이도는 새로운 음악을 만들어 반포했다. 이른바 '신악新樂'의 창제이다. 훈민정음과 《용비어천가》가 완성된 지 얼마 되지 않은 시점이었다. 의정부에서 신악의 사용을 건의했다. 이도가 이미 예조에 지시한 사항들이었다.

《용비어천가》는 선조들의 융성한 덕과 거룩한 공을 노래하고 기리기

[표] 세종 대의 주요 서적 편찬

재위	책 이름	분류
세종 4년(1422)	《자치통감강목》	역사서
세종 5년(1423)	《통감속편》	역사서
세종 6년(1424)	《수교 고려사》	역사서
세종 7년(1425)	《사기》	역사서
세종 9년(1427)	《강목통감》	역사서
세종 11년(1429)	《농사직설》	농서
세종 12년(1430)	《상서》	역사서
세종 13년(1431)	《태종실록》	역사서
세종 14년(1432)	《삼강행실도》	유교 윤리와 의례
	《신찬팔도지리지》	지리서
세종 15년(1433)	《경제속육전》, 《등록》	법전
	《향약집성방》	의약서
세종 16년(1434)	《자치통감훈의》	역사서
세종 19년(1437)	《장감박의》 요약본	병서
세종 20년(1438)	《한유문주석》	문학서
세종 23년(1441)	《명황계감》	정치 귀감서
세종 24년(1442)	《사륜전집》	법률서
세종 25년(1443)	《두시제가주석》	문학서
세종 26년(1444)	《운회》	운서(언문 번역)
	《칠정산내외편》	천문서
세종 27년(1445)	《치평요람》	정치 귀감서
	《제가역상집》	역서
	《의방유취》	의서
세종 28년(1446)	《훈민정음》	훈민정음
세종 29년(1447)	《동국정운》	운서
	《용비어천가》	조선 개국 찬가
세종 30년(1448)	《사서언해》	경전(언문 번역)
문종 1년(1451)	《역대병요》	병서
	《고려사》	역사서
	《세종실록》 오례의	국가의례서
문종 2년(1552)	《고려사절요》	역사서

위하여 지은 노래입니다. 모든 곳에 써서 칭송하고 찬양하는 뜻을 극진히 해야 할 것입니다. 여민락與民樂, 치화평致和平, 취풍형醉豊亨 등의 음악을 종묘에서만 쓰지 말고, 공사의 연향燕享에 모두 사용하기를 청합니다.

임금이 직접 《용비어천가》 가사를 가지고 치화평, 취풍형, 여민락 등의 음악을 제작했다. 그는 음악에도 재능이 있던 임금이었다. 그가 지은 노래를 가사를 통해 몇 개만 감상해 보자. 왕조의 영원을 비는 노래들이다.

아! 고려가 혼탁하여 정치가 엉망일세. 난리가 언제 진정될꼬. 화재와 연기뿐이로다. 그 누가 하늘을 받들어서 우리의 창생을 구제할꼬. 아름답도다, 거룩하신 태조께서 왕래하심이 힘차시도다. 천진한 아이들이 좋은 말을 퍼뜨려, 노래하고 읊조리니 하늘의 뜻이 나타나도다(신계神啓[신의 계시]).

아름답도다. 거룩하신 아버님[태종]께서 잠저潛邸에 있을 적에, 신령하신 덕이 하늘에 비치니, 하늘의 밝은 명이 굽어살피도다. 신령한 동물이 나타나서 아름다운 상서를 보이니, 신기한 광채가 방에 비쳐 찬란한 무늬가 빛나도다. 상제의 명령이 크게 나타나니 우리의 복이 실로 도탑도다. 마침내 거룩한 자리에 오르시어 널리 은혜의 덕택을 베푸시도다(가서嘉瑞[아름다운 상서]).

아름답도다. 여러 성군이여! 대대로 덕화가 창성하기에 하늘의 마음을 받들어 누리시고, 길이 상서를 피워 내시도다. 아름다운 경사가 나타나니 여러 가지 좋은 일이 또한 많도다. 큰 경사를 선전하고자, 이에 춤추고 노래한다. 이제 풍악이 끝을 고하니 기쁘고 즐거움을 어쩔 줄 모르겠도다(화성和成).

이도는 이러한 음악들을 종묘, 조회, 연회에 사용하도록 지시했다. 그리고 1449년(세종 31) 12월 10일 처음으로 신악을 시연했다. 이도가 선언했다. "이제 그대들에게 신악을 내리니 마땅히 마음껏 즐기도록 하라." 종친은 임금이 있는 곳에서, 문관과 무관의 2품 이상은 의정부에서, 3품의 당상관은 예조에서, 기로耆老와 재추宰樞는 기로소耆老所에 잔치를 내렸다. 노래하는 기생과 악공을 내보내 취풍형, 여민락, 치화평 등의 악곡을 연주했다.

조금 뒤에 임금이 수양대군 등에게 지시하여 신하들에게 술을 권하게 하며 말했다.

옛날 우리 태조께서는 의안군에게 명하여 여러 승지에게 술을 권하셨고, 태종께서는 효령과 나에게 지시하여 여러 대언에게 술을 권하게 하셨다. 오늘의 경사가 너무나도 기뻐, 왕자들에게 명하여 그대들에게 가서 술을 권하는 것이다. 그대들은 마음껏 즐기도록 하라.

영원한 조선을 노래한 특별한 잔치는 밤을 새워서야 끝이 났다.

1. 고뇌와 신앙

두 아들의 죽음 ___ 이도는 공인으로서 정치적 영광을 이루었다. 그러나 그 대신 자신의 개인적인 삶을 희생했다. 이제 그의 개인적인 삶에 초점을 맞춰 보자.

1444년(세종 26) 12월 7일 이도는 광평대군의 집에서 연창군 안맹담의 집으로 거처를 옮긴다. 《세종실록》은 그 이유를 "광평대군의 창진瘡疹이 심해졌기 때문"이라고 기록하고 있다. 창진은 천연두 혹은 마마라고 하는 바이러스성 전염병이었다. 조선 초기에는 천연두가 상당히 유행했다. 태종과 원경왕후의 막내아들이었던 성녕대군(1405~1418)이 열네 살이라는 어린 나이에 생을 마감한 것도 천연두 때문이었다.

광평대군의 병이 위독할 때 임금은 걱정하며 밤을 새웠고, 가능한 모든 수단을 동원하여 치료하고자 했다. 둘째 아들인 수양대군은 천연두

먹구름이
드리우다

에 걸렸지만 치료하는 데 성공한 적이 있었다. 그러나 이 해 12월 8일 광평대군은 겨우 스무 살의 나이로 죽음을 맞이한다. 그는 이도의 다섯 번째 아들로, 신유학, 문학, 역사, 음률, 산수, 무예 등에 이르기까지 다재다능하여 이도와 왕비의 총애를 받고 있던 인물이었다. 아들이 죽자 이도는 하루 종일 식사를 하지 않았고, 다음 날 아침도 먹지 않았다. 날이 저물어서야 죽을 조금 들었을 뿐이다. 모두가 평소대로 식사할 것을 청했지만, 임금은 허락하지 않았다. 그만큼 이도의 슬픔은 컸다.

광평대군이 죽은 지 얼마 지나지 않아, 승정원과 사헌부에서 왕자의 병환을 제대로 치료하지 못한 의원을 처벌하기를 청했다. 그러나 이도가 거부하며 말했다.

이것은 죽은 자의 운명이다. 옛날 성녕대군이 죽어 의원을 죄 주었더니, 그때의 사람들이 비웃었다. 그러나 그 의원은 병의 증세를 알지 못하고 치료를 옳게 하지 못했다. 그 때문에 내가 죄를 다스리기를 청하였던 것이지, 태종의 판단으로 벌을 내린 것은 아니었다. 지금은 이와 다르다. 예로부터 통치자가 부인이나 아들이 죽은 것으로 의원을 죄 주는 일이 많았다. 나는 참으로 그것을 잘못으로 생각한다.

사랑하는 자식의 운명을 받아들이는 임금의 모습이 보인다. 그러나 비극은 여기서 끝나지 않았다. 광평대군이 죽은 지 한 달이 채 되지도 않아 일곱 번째 아들 평원대군의 병이 위독해졌다. 이번에도 천연두였다. 이도는 세자에게 지시해 평원대군을 간호하도록 했지만, 열흘이 되지 않아 세상을 떠나고 만다. 겨우 열아홉 살의 어린 나이였다.

이도는 7명의 부인에게서 18남 4녀를 보았다. 그중에서 왕비 심씨와의 사이에서 태어난 자식은 8남 2녀였다. 이도는 1424년(세종 6)에 겨우 열세 살이었던 맏딸을 잃었다. 광평대군과 평원대군 그 이후에 얻은 자식들이었는데 한 달을 사이에 두고 차례로 세상을 등진 것이다.

[표] 이도와 심씨 소생의 자식들

작호 및 이름	출생과 사망	작호 및 이름	출생과 사망
정소공주貞昭公主	1412~1424	임영대군 이구李璆	1420~1469
문종대왕 이향李珦	1414~1452	광평대군 이여李璵	1425~1444
정의공주貞懿公主	1415~1477	금성대군 이유李瑜	1426~1457
수양대군 이유李瑈	1417~1468	평원대군 이임李琳	1427~1445
안평대군 이용李瑢	1418~1453	영응대군 이염李琰	1434~1467

이도는 신하들에게 위문하지 말라는 전지를 내렸다. "내가 술을 마시고 죽도 먹으며, 몸에도 탈이 없다. 경들은 걱정하지 말라." 그러나 말과는 다르게 충격이 컸다. 1445년 1월 18일 이도는 수양대군을 시켜 신개, 하연, 권제, 김종서에게 세자에게 양위할 뜻을 전하게 했다. 이도는 자신의 의지를 강행하려 했지만 신개 등이 계속 불가하다는 것을 말하여 밤중까지 이르렀다. 이도가 양위 의사를 철회했다. "앞으로의 일은 비록 성인이라도 미리 알기 어려운 것이니, 후일은 알 수 없다. 오늘은 일단 경들의 청을 그대로 따르겠다." 이틀 뒤인 1월 20일, 임금은 지체된 옥사를 묵히지 말고 빨리 보고할 것을 지시했다.

왕비가 먼저 떠나다 ___ 1444년(세종 26) 11월 24일 왕비의 어머니인 안씨安氏가 죽었다. 이도는 평생 그녀에게 죄책감을 느끼며 살아 왔다. 국왕이 된 자신 때문에 장인이 대역죄로 죽었고, 안씨 역시 연좌되어 구차한 삶을 살았다. 그러나 이도는 자신의 재위 기간에 처가를 복권하지 않았다.

사는 사이고, 공은 공이다. 그는 태종을 이은 후계자로서 행동했다. 그는 안씨의 집에 임금으로서 치전致奠(부의와 제물을 준비하여 문상하는 일)하는 것을 거절했다. 예조판서 김종서가 "상감과 중궁과 동궁께서 모두 대부인 안씨에게 치전하시는 것이 어떠합니까"라고 건의했지만, 이도는 "중궁과 동궁은 괜찮지만, 나는 치전하는 것이 옳지 않다"라며 아버지 태종의 뜻을 뒤집지 않았다. 다만 묘비에는 중궁의 모친이라는 이유를 들어 '삼한국대부인三韓國大夫人'이라는 호칭을 사용하게 했다. 그것 역시 자신이 주도하지 않았고, 신하들의 의논을 따른 것이었다.

한 많은 삶을 살았던 어머니가 세상을 떠났다. 왕비의 슬픔은 더욱 컸을 것이다. 더군다나 이로부터 보름이 안 되어 친아들 광평대군이 죽었고, 또 한 달이 지나지 않아 평원대군도 죽었다. 그로부터 약 1년이 지난 1446년 3월 10일 중궁이 몸이 불편해졌다. 세자가 여러 대군과 함께 산과 강, 사당, 사원에서 기도를 시작했다. 13일에 이르러 이도는 반역과 계획살인 이외의 모든 죄수에 대한 사면령을 내렸다. 왕비가 회복되기를 빈 것이다. 그러나 중궁의 병환은 더 심해져 갔다. 3월 24일, 왕비가 수양대군의 집에서 세상을 떠났다. 향년 52세, 그녀는 이도보다 두 살이 많았다.

왕비의 장례 절차가 시작되었다. 임금이 대군들을 핑계로 불교식으로 장례를 진행했다. 먼저 이도는 왕비의 명복을 빌기 위해 불경을 판각할 뜻을 밝혔다. 임금을 옆에서 모시는 승지들과 집현전 신하들이 나서서 강력하게 반대했지만, 그는 자신의 의중을 굽히지 않았다. 불경을 편찬하는 작업을 훈민정음의 창제와 병행했다. 그 결과물이 훈민정음으로 판각된 《석보상절》과 《월인천강지곡》이다. 《석보상절》은 석가의 일대기를 다룬 책이고, 《월인천강지곡》은 《석보상절》을 읽고 이도가 직접 지은 악장 모음집이다. 3월 29일 장의사藏義寺에서 초재初齋가 열렸다. 이후 이도는 대상재大祥齋에 이르기까지 매번 재를 지낼 때마다 8,000~9,000명에 이르는 승려들을 동원했다.

　4월 20일에 이르러 예조와 의정부에서 왕비의 시호 몇 가지를 올렸다. 이도는 소헌昭憲, 효순孝順, 효선孝宣 세 가지 시호 중에서 소헌을 골랐다. 견문이 있어 두루 통달하고[聖聞周達], 기록할 만한 선을 행했다고[行善有記] 왕비의 삶을 평가한 것이었다. 1446년 6월 6일 정인지가 왕비가 묻힐 영릉의 지문을 지어 바쳤다. 정인지의 왕비에 대한 평가는 크게 네 가지로 요약할 수 있다. 다른 후궁들을 질투하지 않고 잘 보살폈다는 것, 자기 자식과 후궁들의 자식을 차별하지 않고 정성껏 길렀다는 것, 일신의 사사로움을 구하지 않고 임금을 잘 보좌했다는 것, 많은 자식을 잘 길러 왕가를 번창하게 했다는 것이다. 이러한 정인지의 평가에는 이도의 평가 역시 반영되어 있다. 이도는 정인지가 쓴 지문을 보고 다음과 같이 말했다. "지문誌文은 후세에 모두가 함께 보는 것이다. 지금의 왕비는 간청하고 알현하는 사사私事가 없었고, 아랫사람에게 미치는 은혜가 있어 의심하고 꺼리는 것이 없었다. 이 뜻을 정인지에게 일러 함께 기록하게 하라."

7월 16일 소헌왕후의 재궁이 발인했다. 한강을 건너기 위해 살곶이 천에 이르니 빗물이 넘쳤다. 재궁을 유주維舟(배와 배를 이어 만든 배)에 태워 건너는 작업이 진행되었다. 17일에 재궁이 삼전도三田渡를 건넜고, 마침내 태종의 무덤인 헌릉 부근에 안장했다. 이도가 앞으로 함께 묻힐 곳이었다.

불사를 벌이다 ___ 이도는 재위 초부터 자신이 불교를 믿지 않는다고 공언해 왔다. 스물다섯의 임금이 신하들에게 말했다. "불교가 인간의 화복에 아무런 보탬이 되지 않는다는 것은 분명한 사실이다. 부왕께서도 믿지 않으셨는데, 만약 내가 믿는다면 이번 모후께서 승하하셨는데 슬퍼하고 추모하는 때를 당하여 어찌 크게 불공드리는 일을 베풀어서 명복을 빌지 않았겠는가." 재위 중반에는 문소전에 있던 내불당도 헐어 버릴 것을 지시하고, 불상과 잡물을 흥천사로 옮겼다. 공인으로서의 행동이었다.

그는 1435년(세종 17) 즈음부터 불교에 대한 개인적인 믿음을 실천하기 시작했다. 흥천사興天寺는 태조 이성계가 1397년(태조 6)에 창건한 절이었다. 그는 흥천사의 사리각을 헐고 수리할 것을 지시했다. "선조들께서 중요하게 여기던 사찰을 차마 갑자기 헐어 버릴 수 없다"라는 이유를 내세웠다. 1438년(세종 20) 2월에 이르러 이도는 다시 대대적으로 승려들을 모아 흥천사 사리각을 중수하게 했고, 안거회에 이어 경찬회를 대대적으로 베풀었다. 집현전, 사헌부, 사간원을 비롯한 모든 신하의 강력한 반대를 뚫고 이러한 일을 강행했다.

이도는 불교 신자였던 것으로 보인다. 1446년(세종 28) 소헌왕후가 죽자 이도는 불경을 편찬할 것을 선언했다. 그럼에도 자신이 불교를 믿지 않는다고 주장했다. 임금이 반대하는 신하들에게 대답했다.

그대들은 고금의 사리를 통달하여 불교를 배척하니 현명한 신하[현신賢臣]라 할 수 있겠고, 나는 의리는 알지 못하고 불법을 숭상하여 믿으니 무지한 임금[無知之君]이라 할 수 있겠다. 그대들이 비록 번거롭게 굳이 청하지만, 현명한 신하의 말이 무지한 임금에게 반드시 합하지는 않을 것이고, 또 무지한 임금의 말도 현명한 신하의 귀에는 들리지 않을 것이다.

거의 모든 사안을 신하들과 논의를 거쳐 결정하는 방식을 취했던 이도가 대화의 단절을 선언했다. 임금이라는 공인으로서의 짐을 내려놓았으니, 앞으로 개인의 삶을 살겠다는 말일 것이다. 반대를 개의치 않고 훈민정음으로 불경을 번역해 발간했다.

1448년(세종 30)에 이르러서는 철거했던 내불당을 다시 원묘 옆에 설치할 것을 지시했다. 그는 문소전文昭殿 서북쪽의 빈 땅에 불당을 짓고 일곱 명의 승려를 두어 관리하게 했다. "철폐하여 걷어치우고 돌아보지 않으니, 과연 마음이 편안하겠는가. 인인仁人 효자의 마음으로 한번 생각해 보면 알 수 있을 것이다"라는 것이 이도의 변이었다. 궁궐에 다시 불당을 설치한다는 말에, 신하들의 격렬한 반대 상소가 이어졌다. 집현전 학사들이 사직을 청하고, 성균관 학생들이 학업을 그만두고 떠나 버렸다. 그러자 이도가 한탄했다. "지금 집현전의 모든 관원들이 그만두고 떠나가고 유생들도 흩어져 떠났으니, 간관들도 역시 이것을 좇을 것이다. 나는 이제 이미 독부獨夫가 되었구나. 임금이 허물이 있으면 신하가 된 이가 버리고 갈 수 있는 것인가."

사관은 당시 임금의 불교에 대한 태도를 다음과 같이 기록하고 있다.

대간이 불당의 역사를 정지하기를 두세 번이나 청하였으나, 임금은 결국 회답하지 않았다. 임금이 만년에 병으로 대신과 접견하지 못하였는데, 광평과 평원 두 대군이 연이어 죽고 소헌왕후가 또 승하하니, 임금은 마음을 의지할 데가 없었다. 이에 수양대군과 안평대군이 사악한 학설에 빠져 먼저 뜻을 두었고, 임금을 인도하여 궁전 옆에 불당을 두었다. 이에 온나라의 신하가 격렬하게 간하지 않는 사람이 없었다. 그러나 결국 임금의 마음을 돌이키지 못하여 성덕聖德에 흠이 생겼다. 실로 두 대군이 인도한 허물이었다.

이 해 12월에 이르러 내불당이 완공되었고, 5일 동안 크게 경찬회가 벌어졌다. 궁궐 안에 종, 경磬, 범패 소리가 울리게 되었다. 임금의 불교에 대한 믿음이 깊어져 갔다. 1450년(세종 32) 1월의 기록에서 사관이 말한다. "임금이 그만 불교를 숭상하게 되어[上乃崇尚釋敎], 불당을 세우도록 지시했다. 시종, 대간, 유신儒臣들이 옳지 않음을 강력히 호소하니, 임금이 몹시 미워하면서 번번이 사람들을 물리쳤다."

두 아들과 왕비의 죽음으로 이도는 만년에 불교에 귀의했다. 그러나 이도가 죽은 후, 실록 편찬자들은 행장에서 그의 불교에 대한 태도를 다음과 같이 기록했다.

만년에 불사佛事를 가지고 문제를 제기하는 사람이 간간이 있었다. 그러나 한 번도 직접 향을 올리거나 부처에게 절한 적은 없었고, 처음부터 끝까지 올바르게만 했다.

2. 수양이 부상하다

혼란한 국제정세 ___ 이도의 치세 말년은 동아시아 세계에 다시 전운이 감돌던 때였다. 오이라트 부족의 야선也先(에센)이 몽골의 부족들을 통일하고 세력을 점차 확장했다. 명나라의 동아시아 패권이 흔들릴 정도였다. 1447년(세종 29) 무렵부터 이도는 야선의 침입에 대비해 북방의 경계를 강화했다. "지금 야선이 요동을 내버려두고 멀리 있는 우리나라를 치는 일은 없을 것이다. 그러나 우리나라에서 지난번에 그 나라에서 보낸 조서를 받지 않았으니, 이것으로 인하여 부끄러움을 씻으려 하거나 혹은 항복을 받으려 하여 군사를 가할 염려가 없지도 않다. 양 북방의 경계에 대한 방비를 늦출 수 없다." 이도의 국제적인 시야를 확인할 수 있다.

1449년(세종 31) 야선이 명을 공격했다. 이들이 만리장성을 넘어 광녕에서 요동까지의 역참을 습격하고 요동성에 이르렀다는 첩보를 입수했다. 이날 밤 이경(밤 9~11시)에 보고를 받은 이도가 긴급회의를 열었다. 즉시 의정부, 병조 및 고위 무신들을 불러 북방 경계의 방비에 대한 일을 의논했다. 소집할 수 있는 병력의 수를 점검하고 증원하기로 결정했다. 다음 날 의정부에서 각 도에서 동원할 수 있는 병력의 수를 추가하기를 건의했다.

[표] 1449년 8월 2일 6개의 도에서 동원할 수 있었던 병력의 수(단위: 명)

구분	경기도	충청도	전라도	경상도	강원도	황해도
병력	11,217	20,295	35,630	43,327	6,576	14,659
추가	2,240	4,050	7,120	8,660	1,130	2,830

당시 여섯 개 도에서 약 13만 1,700명의 병력을 동원할 수 있었고, 2만 6,000명의 병력을 추가했음을 확인할 수 있다. 이 숫자는 양계 지역인 평안도와 함길도의 병력을 제외한 것이다. 당시 인구가 1,000만 명이라고 가정한다면, 적지 않은 숫자다. 무엇보다 정확한 병력 숫자가 파악되고, 여러 행정 조치가 빠르게 이루어지고 있다는 사실이 눈에 띈다. 그동안의 통치 성과를 잘 보여 주는 사례다.

8월 18일 또다시 첩보를 입수했다. "'7월 17일에 황제가 군병 8만을 거느리고 직접 정벌하러 출발하여 행차가 장안령에 이르렀고, 도독 양홍楊弘 3부자가 산속에 복병했다가 적을 습격하여 4만여 명을 죽이고 사로잡았다'라고 합니다. 그러나 이 사실은 전해들었을 뿐 문서로 전달되어 확인할 수는 없으며, 요동 등의 지방은 조용하여 아무 일도 없습니다." 황제가 친정을 나갔다는 소식이었다. 다행히 요동 쪽으로 야선이 군사를 움직였다는 소식은 없었다. 이도가 지시했다. "군대의 준비를 시의에 맞게 하라. 또 총통을 만들고, 염초를 굽고, 군수품을 점검하고, 병선을 사열하며, 군사를 훈련하고, 무기를 수선하는 등의 일들을 우선시해야 할 것이다."

9월 9일 명나라에서 파병을 요청해 왔다. "국왕은 정예 병력 10여 만을 골라 대장이 통솔하게 하여 요동으로 오라. 요동의 여러 장수와 함께 모여 협공하여 이 적을 박멸하는 데 힘쓰도록 하라." 임금은 칙서를 받고서는 기밀로 하고 발표하지 않았다. 이도의 판단은 거절이었다. 9월 19일 그는 북쪽의 야인과 남쪽의 왜인에 둘러싸여 있는 조선의 국방 사정을 호소하며 징병을 면제할 것을 요청하는 사신을 명으로 보냈다. 국가이익에 근거한 현실적인 판단이었다.

이 해 8월 친정을 나갔던 명의 정통제가 도리어 포로로 사로잡히는 사단이 발생했다. 이후 명의 수도를 침입했던 적이 격퇴되었고, 새로운 황제로 경태제(재위 1449~1457)가 즉위했다. 새 황제는 파병 요청은 없었던 일로 하고 말 2~3만 필을 요청해 왔다. 이도는 말 5,000필만을 보내는 것으로 매듭지었다.

세자가 쓰러지다 ___ 1449년(세종 31) 후반기에 들어 세자의 건강이 좋지 않았다. 10월 25일에는 세자의 등에 종기가 생겼다. 당시 종기는 죽음으로 이어질 수 있는 병이었다. 이도는 경기도의 명산, 대천과 사당, 사찰에 여러 신하를 나누어 보내 세자의 쾌유를 빌었다. 하지만 차도가 없었다. 11월 14일 이도는 세자에게 넘긴 업무를 다시 자신이 처리할 것이라며 지체하지 말고 보고하라고 지시했다.

12월에 이르러 이도의 묵은 병들이 약간 호전되었던 것 같다. 그러나 그는 죽음을 앞둔 노인이었다. 임금의 자신의 몸 상태를 다음과 같이 진단했다.

나의 눈병이 조금 나았고, 말이 잘 나오지 않던 것도 조금 가벼워졌으며, 오른쪽 다리의 병도 차도가 있음은 경들이 아는 바이다. 그러나 최근에는 왼쪽 다리마저 아파져서 평상시에 반드시 사람이 곁에서 부축해야 하고, 마음에 생각하는 것이 있어도 반드시 놀라고 두려워서 마음이 몹시 두근거린다. 예전에 공정왕恭靖王(정종)께서 광주에 있는 기생의 이름을 생각하려 해도 떠오르지 않아서, 사람을 시켜 알아 와 보고하게 한 뒤에야 마음속이 시원하신 듯했다. 또 연회 때에 얼굴색이 이상하시더니, 얼마 지나고 나서야 안정을 취하시고는 사람들에게 말씀하셨다. '마침 생각하는 것이 있었으나 뜻을 이루지 못하여, 얼굴빛이 변함에 이르렀노라.' 그때 내가 매우 이상하게 여겼는데, 이제 그일을 때때로 생각하고는 한다. 왼쪽 다리가 아파 기운이 다함을 깨닫지 못하다가 오래 지나고 나서야 평상으로 회복되고는 한다. 예전에 괴이하게 여기던 일이 내 몸에 이른 것이다.

말을 더듬었고, 남은 왼쪽 다리마저 마비가 왔다. 때때로 마음먹은 대로 몸을 움직이지도 못하게 되었다. 그는 박연과 하위지가 온천욕으로 차도를 보았다는 말을 듣고, 온천에 갈 준비를 하도록 지시한다. 그러나 온천 여행은 중단되었다. 이듬해 1월에 몸을 제대로 움직이지 못할 정도로 불편해졌기 때문이다.

문제는 세자의 건강 역시 위태로웠다는 사실이다. 세자는 등에 난 종기 때문에 제대로 걷지도 못했다. 이런 상황에서 명나라 황제의 등극 사신이 조선으로 오고 있었다. 사신을 맞이한 것은 둘째 아들 수양대군이었다.

수양이 사신을 맞이하다 ___ 1450년(세종 32) 1월 18일 누가 명나라의 사신을 맞이할 것인가에 대한 논의가 있었다. 이도는 자신과 세자가 모두 병이 있고 장손도 어리기 때문에 잘 의논하여 결정하라고 지시했다. 당시 관료들은 원칙을 따라 나이 어린 세손이 맞이하면 된다고 결정하여 건의를 올렸다. 그러자 이도는 이들을 "더벅머리 선비[儒竪], 오활한 선비[迂儒]"로 힐난했다. 새로운 황제가 들어섰고, 파병 여부나 말의 진헌 숫자를 논의하는 중요한 자리였다. 조금이라도 대응을 잘 못한다면 막대한 국익을 해칠 수 있었다. 결국 임금의 뜻대로 둘째 아들 수양대군이 사신을 맞이하는 것으로 결정되었다.

윤1월 1일 명나라의 사신 예겸倪謙과 사마순司馬恂이 왔다. 수양이 백관을 거느리고 모화관에서 이들을 맞이하고, 광화문 밖에 채붕綵棚[나무를 엮어 비단 장막을 덮은 무대 장식]을 맺고 연회를 베풀었다. 세자도 아픈 몸을 이끌고 경복궁 근정전의 뜰에 나아가서 조서를 맞이했다. 세자는 사신이 조서를 읽기를 마치고 나서 의례를 행하고, 사신에게 수양이 황제의 칙서를 대신 맞이하게 된 이유를 설명했다.

이제 아픈 세자는 빠지고 수양이 전면에 나선다. 여행길의 노고를 풀어 주는 하마연下馬宴을 행하고, 다음 날의 연회도 수양이 대행했다. 계속해서 수양이 사신들을 대접했다. 윤1월 18일에는 사신을 전송하는 연회인 전별연도 대행했다. 윤1월 20일에 북경으로 돌아가는 그들을 모화관에서 전송한 것도 수양이었다. 예겸 등은 세자의 병을 의심했다. 사신들은 자신들이 머무는 동안 세자가 한 차례도 모습을 보이지 않는 것이 교만하고 오만한 태도라고 불평했다. 수양은 세자의 상태를 자세히 변론함으로써 오해를 풀도록 했다.

수양은 이도의 치세 후반기에 국정의 주요 행위자로 부상했다. 이도는 자신이 주도한 여러 국가 사업에 수양을 참여시켰다. 예를 들어 공법 개혁의 중추기관인 전제상정소의 책임을 그에게 맡겼다. 임금이 말했다. "이러한 큰일은 네가 주재해야 할 것이다." 훈민정음의 창제에도 기여했다. 수양은 형인 세자와 동생 안평과 함께 그 일을 관장했다. 수양은 재위 후반부에 임금의 뜻을 승정원에 전하는 역할을 맡아 아버지 곁을 지켰다.

물론 이도는 수양의 정변을 꿈에도 의심하지 않았을 것이다. 소헌왕후가 세상을 떠난 지 얼마 되지 않은 가을 무렵, 이도가 두 아들을 불러 말한다.

어젯밤 꿈속에서 내가 지은 시다.

비가 들에 넉넉히 내리니 백성들의 마음은 즐겁고雨饒郊野民心樂
햇살이 수도에 비추니 기뻐하는 기색이 새롭도다日映京都喜氣新
많은 경사는 착한 일을 쌓는 데에서 온다고 하지만多慶雖云由積累
다만 우리 님을 위해 그 몸을 조심하여 주구려只爲吾君愼厥身

이 시의 뜻이 좋으니, 너희들이 보면 반드시 유익할 것이다.

세자와 수양이 서로 축하를 하고 방문을 나왔다. 수양이 형인 세자에게 말했다. "성상의 마음이 맑은 물과 같으시니, 길한 징조가 먼저 나타날 것입니다."

죽음을 대비하다 ___ 이도는 본래 신하들에게 자신의 감정을 잘 드러내지 않는 성격이었다. 그러나 말년에 이르러 그는 신하들에게 자주 화를 냈다. 이도 자신도 그것을 알고 있었다. 1449년(세종 31) 1월 이도는 자신의 몸 상태를 다음과 같이 진단하고 있다.

내가 여러 번 슬픈 일을 겪고 병이 몸에 얽혀서, 부녀에게나 환관에게 간혹 기뻐하고 노여워하는 것이 대중이 없다. 그러나 공적인 일에는 함부로 감정을 나타내지 않았는데, 최근에는 공적인 일에도 감정을 쏟아 내는 것이 시도 때도 없다. 또 작년 10월에 악심구역惡心嘔逆(음식을 보면 토할 듯이 메스꺼운 증세)을 얻어서 12월에 이르러 조금 나았었는데, 올해 들어 다시 발작하다가 요사이는 다시 나았다. 지금 기뻐하고 노여워함이 일정하지 못한 것을 그래도 내가 아는 것은 정신이 아주 어둡지는 않기 때문이다. 한두 해가 지나면 정신이 어두워져서 전혀 모를 것으로 생각한다. 경들은 알고 있으라.

자신의 감정 기복이 점차 심해짐을 느끼고 있었던 모양이다. 이 무렵에는 속이 메스꺼워서 음식을 제대로 먹지도 못했다. 그는 1, 2년 안에 자신에게 치매가 올지도 모른다고 신하들에게 당부했다.

이듬해인 1450년(세종 32) 1월의 어느 때인가 이도는 세자와 수양을 불러 유언을 전했다. 몸 상태가 좋지 않음을 느꼈던 것 같다.

내 이제 너희 둘에게 말한다. 신하들이란 임금이 죽는 그날로 즉시 형제들의 허물을 공격하는 법이다. 내가 죽는 날에는 너희 형제의 허물을 말하는 자가 반드시 많을 것이다. 너희는 모름지기 내 말을 잊지 말고 항상 친애하는 마음을 가지면, 밖의 사람들이 이간질하지 못할 것이다.

1450년(세종 32) 2월 4일 이도는 몸이 불편해져서 막내아들 영응대군의 집으로 거처를 옮겼다. 2월 14일에 이르러 다행히 병세가 호전되었고, 세자 역시 등에 난 종기가 빠져나왔다. 이날 이도는 왜인과 야인을 접대하는 일을 조금도 허술하지 않게 처리하라고 지시하고, 지체된 모든 사무를 보고하도록 하여 물 흐르듯이 처리했다. 그러나 이날 밤 2경에 이르러 다시 병세가 위독해졌다.

2월 17일 임금이 영응대군의 집 동별궁에서 세상을 떠났다. 54세의 나이였고, 32년의 통치였다. 이로써 기나긴 통치가 끝이 났다. 3월 19일 그의 후계자 문종이 이도의 시호와 묘호를 올렸다. 시호는 '영문예무인성명효대왕英文睿武仁聖明孝大王'이라 하고, 묘호는 '세종世宗'이라 했다. 실록 편찬자들은 세종의 행장에서 그의 정치적 삶을 이렇게 평가했다.

"[전반부] 매일 사야四夜(사경으로 1~3시를 말한다)면 옷을 입고, 날이 환하게 밝으면 조회를 받고, 다음에 정사를 보고, 다음에는 윤대를 행하고, 다음에 경연에 나아가기를 한 번도 조금도 게으르지 않았다. 또 처음으로 집현전을 두고 글 잘하는 선비를 뽑아 고문으로 삼았고, 경서와 역사를 열람할 때는 즐거워하여 싫어할 줄을 몰랐다. 희귀한 문적이나 옛사람이 남기고 간 글을 한 번 보면 잊지 않았으며, 증빙證憑과 원용援用을 살펴 조사하여 힘써 정신을 차려 다스리기를 도모하였으니, 처음과 나중이 한결같았다. 문과 무의 정치가 빠짐없이 잘 되었고, 예악의 문을 모두 일으켰다. 종률鐘律(음악)과 역상曆象(천문)의 법 같은 것은 우리나라에서는 옛날에는 알지도 못하던 것인데, 모두 임금이 발명한 것이다. 구족과 도탑게 화목하였으며, 두 형에게 우애하니, 다른 사람들이 이간질하는 말을 하지 못했다. 신하를 부리기를 예도로써 하고 간하는 말을 어기지 않았으며, 대국을 섬기기를 정성으로 하였고 이웃나라와 사귀기를 신의로 했다. 인륜에 밝았고 모든 사물에 자상하니, 남쪽 왜인과 북쪽의 야인이 복종하여 나라 안이 편안했다. [후반부] 백성들이 즐겁게 살아간 기간이 모두 30여

년이다. 거룩한 덕이 아주 높으니, 사람들이 이름을 짓지
못하여 당시에 해동의 요순이라 불렀다. 비록 만년에 불사
佛事를 가지고 간간이 말하는 사람은 있었지만, 한 번도 직
접 향을 올리거나 부처에게 절한 적은 없고, 처음부터 끝
까지 올바르게만 했다.

당대 최고의 학자들이 글자 하나하나에 정성을 기울여
만든 행장이다. 그런대로 진실을 반영한 서술이라고 할 수
있을 것이다. 특히 세종의 근면한 통치 방식이나 여러 업적
의 서술은 역사적 사실을 반영하고 있다고 보아도 좋을 것
이다. 그러나 후반부의 평가 부분만은 진실과는 거리가 있
어 보인다. 실록 편찬자들은 세종을 '해동의 요순'으로, 세
종 대를 '백성들이 즐겁게 살아 간 시대'로 묘사하고 있다.
그러나 과연 세종의 백성들이 태평성대라고, 자신의 삶이
즐겁고 편안하다고 느꼈을까? 그렇지는 않았을 것이다.
　세종은 부국강병을 이루려 했던 임금이었다. 화폐 개혁,
영토 개척, 공법 개혁, 축성, 사민 등은 그것을 위한 대표적
인 정책들이다. 부국강병은 안민과는 배치된다. 물론 세종
이 이뤄 낸 부국강병은 후일 안민의 초석이 되었다. 조선은
이후 450년 이상 유지되면서 공동체 구성원들의 삶을 보장
했다.

세종은 항상 유가적 군주를 표방했고, '안민安民', '위민
爲民', '편민便民'의 수사를 즐겨 사용했다. 그리고 그러한
모습으로 역사에 남기를 바랐다. 세종이 묻힌 영릉의 〈신도
비문〉은 임금을 다음과 같이 서술하고 있다.

임금의 자리에 오른 후로는
총명과 예지[聰明睿知]가 가장 뛰어났으며,
너그러움과 부드러움[寬裕溫柔]이 백성을 용납하고 대중을
기르는 덕이 있었다.
물건을 제작할 때는 홀로 지혜를 내어 강함과 굳셈[發强剛
毅]을 발휘하였으니,
두려워할 만하고 본받을 만하였으며 엄숙하고 중정하여
[齊莊中正] 공경심을 갖게 했다.
통찰은 입신의 경지에 올라 사물의 이치에 조리와 변별력
[文理密察]이 있었다.
及即大位 聰明睿智則首出庶物之聖 寬裕溫柔則容民畜衆之德 制物
獨運而有發强剛毅之執 可畏可象而有齊莊中正之敬 精義入神而有
文理密察之別.

오늘날 우리가 알고 있는 세종의 모습이 여기에 기술되어
있다. 이것은 실록 편찬자들이 《중용장구》의 한 구절을 빌

려 와서 서술한 것이다. 《중용장구》 31장은 지극한 성인[至
聖], 즉 위대한 정치가에 대해 다음과 같이 서술하고 있다.

오직 천하에 지극한 성인만이 총명과 예지[聰明睿知]로 통
치에 임할 수 있다.
너그러움과 부드러움[寬裕溫柔]은 모든 사람을 포용할 수
있으며,
강함과 굳셈[發强剛毅]은 도리를 지킬 수 있으며,
엄숙과 중정[齊莊中正]은 매사에 신중할 수 있으며,
조리와 분별력[文理密察]은 사리를 변별할 수 있다.

唯天下至聖 爲能聰明睿知 足以有臨也

寬裕溫柔 足以有容也 發强剛毅 足以有執也

齊莊中正 足以有敬也 文理密察 足以有別也

참고문헌

이 책의 집필을 위해 다수의 기존 연구들을 참조했다. 그중에서 중요하다고 생각하는 것을 아래에 적어둔다.

1. 세종 전기 및 전문서적

박현모. 2012. 《세종처럼: 소통과 헌신의 리더십》. 서울: 미다스북스.
_____. 2014. 《세종이라면: 오래된 미래의 리더십》. 서울: 미다스북스.
이한우. 2006. 《세종, 조선의 표준을 세우다》. 서울: 해냄.
한영우. 2020. 《세종 평전》. 파주: 경세원.
홍이섭. 2011. 《세종대왕》(수정판). 서울: 세종대왕기념사업회.

2. 복수의 장에서 참고한 자료

강제훈. 2005. 〈조선 세종조의 조회〉. 《한국사연구》 128.
김승우. 2012. 《용비어천가의 성립과 수용》. 파주: 보고사.
박현모 외. 2017. 《세종의 서재: 세종이 만든 책, 세종을 만든 책》. 파주: 서해문집.
박홍규. 2021. 《태종처럼 승부하라: 권력의 화신에서 공론정치가로》. 서울: 푸른역사.
국사편찬위원회 조선왕조실록 (https://sillok.history.go.kr/)
한국사데이터베이스 조선 시대 법령자료 (https://db.history.go.kr/law/)

3. 각 장의 참고문헌

• 1장

박희용·이익주. 2012. 〈조선 초기 경복궁 서쪽 지역의 장소성과 세종 탄생지〉.《서울학
   연구》 47.

• 2장

윤정. 2013. 〈세종 3년 상왕 태종의 한양도성 개축의 정치적 의미〉.《향토서울》 83.

• 3장

이규철. 2009. 〈1419년 대마도 정벌의 의도와 성과〉.《역사와 현실》 74.

• 4장

이상호. 2014. 〈세종 즉위기 3년간(즉위년~세종 2년)의 기상기후 현상과 세종의 대처〉.
   《한국학논집》 157.

이정철. 2016. 〈조선왕조실록 가뭄 기록과 그 실제: 세종대(1418~1450)를 중심으로〉.
   《국학연구》 29.

장준혁. 2019. 〈조선 세종기 1·2차 통신사와 대일정책의 기조〉.《역사와 실학》 69.

• 5장

이현수. 2002. 〈조선 초기 강무 시행사례와 군사적 기능〉.《군사》 45.

소순규. 2019. 〈조선 태종 대 저화 발행 배경에 대한 재검토-'화폐정책'이 아닌 '재정정
   책'의 맥락에서〉.《역사와 담론》 92.

박평식. 2012. 〈조선 초기의 화폐정책과 포화유통〉.《동방학지》 158.

• 6장

김중권. 2004. 〈조선 태조, 태종 연간 경연에서의 독서토론 고찰〉.《서지학연구》27.

김학재·신창호. 2017. 〈조선 초기 태종의 호학과 세자 교육〉.《율곡학연구》35.

남지대. 1980. 〈조선 초기의 경연제도〉.《한국사론》6.

박홍규. 2021. 〈세종의 정치리더십: 적폐해소와 정치공간의 변화〉.《한국정치연구》30(3).

• 7장

강동국. 2018. 〈조선 전기의 교린 개념〉.《개념과 소통》21.

손승철. 2003. 〈조선 시대 통신사 개념의 재검토〉.《조선시대사학보》27.

윤승희. 2014. 〈조선 초 대일빈례의 정비와 '수린국서폐의'〉.《조선시대사학보》70.

정동훈. 2019. 〈선덕제의 말과 글: 서울과 북경에서 바라본 황제의 두 얼굴〉.《한국문화》87.

• 8장

김순남. 2019. 〈조선 세종대 강상 윤리 강조의 실상〉.《역사와 실학》69.

박영도. 2006. 〈세종의 유교적 법치〉.《세종의 국가 경영》. 서울: 지식산업사.

소순규. 2021. 〈사회경제사로 윤색된 뉴라이트 '유교망국론'―이영훈,《세종은 과연 성군인가》의 노비제론 비판〉.《역사비평》136.

이영훈. 2018.《세종은 과연 성군인가》. 파주: 백년동안.

• 9장

강제훈. 2002.《조선 초기 전세제도 연구: 답험법에서 공법 세제로의 전환》. 서울: 고려대학교 민족문화연구원.

강제훈. 2004. 〈조선 초기의 조회 의식〉.《조선시대사학보》28.

구만옥. 2016.《세종 시대의 과학기술》. 파주: 들녘.

소순규. 2020. 〈세종대 공법 도입과 재정적 맥락 ― 원인, 결과, 영향 ―〉.《역사와 현실》118.

소순규. 2020. 《〈세종실록〉지리지 황해도 전결 수에 대한 분석: 양전 방식의 변화와 전결 수 변동을 중심으로〉.《한국문화》92.

설석규·이욱. 2007. 〈이천의 시대와 과제〉.《조선의 테크노라이트 이천》. 안동: 한국국학진흥원.

소진형. 2018. 〈세종 시대 공법 논쟁에서 나타난 조세개혁과 인정의 관계, 그리고 그 범주 및 의미〉.《정치사상연구》24(2).

전용훈. 2016. 〈《칠정산내편》: 동아시아 전통 역법의 결정판〉.《세종의 서재: 세종이 만든 책, 세종을 만든 책》. 파주: 서해문집.

- 10장

정다함. 2013. 〈정벌이라는 전쟁, 정벌이라는 제사 – 세종대 기해년 동정과 파저강 야인 정벌을 중심으로〉.《한국사학보》52.

- 11장

박정민. 2013. 〈조선 세종대 여진인 통교체제의 정비〉.《한국사연구》163.

송병기. 1964. 〈세종조의 양계행성 축조에 대하여〉.《사학연구》18.

정동훈. 2020. 〈정통제의 등극과 조명 관계의 큰 변화 – 조선 세종대 양국 관계 안정화의 한 배경〉.《한국문화》90.

- 13장

유재리. 2016. 〈세종 대 의정부 서사제 실시와 의정부 운영〉.《전북사학》48.

소순규. 2019. 〈조선 세종조 배향 공신 신개의 정치적 역할과 종묘 배향의 배경〉.《민족문화연구》82.

소종. 2015. 〈조선 태종대 방촌 황희의 정치적 활동〉.《역사와 세계》47.

송재혁. 2019. 〈헌장의 수호자: 세종 시대 황희의 정치적 역할〉.《정치사상연구》25(2).

송재혁. 2022. 〈세종, 역사를 고치다: 세종 20년 신개의 상소와 무인정변의 재구성〉.《한국정치연구》31(1).

신채식. 1993. 〈송 이후의 황제권〉 동양사학회 편. 《동아사상의 왕권》. 서울: 한울아카데미.

정두희. 1989. 〈조선건국 초기 통치체제의 성립과정과 그 역사적 의미〉. 《한국사연구》 67.

• 14장

이선복. 2003. 〈뇌부와 세종의 임질에 대하여〉. 《역사학보》 178.

• 15장

강제훈. 2001. 〈조선 초기 전세제 개혁과 그 성격〉. 《조선시대사연구》 19.

• 16장

김순남. 2020. 〈조선 초기 세종의 별궁 이거〉. 《역사와 담론》 96.

• 17장

김순희. 2006. 〈치평요람에 대한 연구〉. 《서지학연구》 33.

정광. 2015. 《한글의 발명》. 파주: 김영사.

정다함. 2017. 〈"뿌리깊은 나무"와 "샘이 깊은 물"이라는 계보 – 《용비어천가》에 담긴 역성혁명 서사와 태종 이방원의 역할〉. 《한국사학보》 69.

정해은. 2016. 《《역대병요》: 세종이 직접 고른 역대 전쟁 사례〉. 《세종의 서재: 세종이 만든 책, 세종을 만든 책》. 파주: 서해문집.

최상천 외. 1991. 〈용비어천가 찬술의 역사사회적 의미에 관한 연구〉. 《한국전통문화연구》 7.

David M. Robinson. 2008. "The Ming Court and the Legacy of the Yuan Mongols". David M. Robinson ed.. *Culture, Courtiers, and Competition: The Ming Court*(1368~ 1644). Cambridge & London: Harvard University Press.

• 18장

김성수. 2010. 〈조선 전기 두창 유행과 《창진집》〉. 《한국한의학연구원논문집》 16(1).

찾아보기

【ㅊ】

【ㅋ~ㅌ】

이 저서는 2016년 대한민국 교육부와 한국학중앙연구원(한국학진흥사업단)의
한국학총서사업의 지원을 받아 수행된 연구임(AKS-2016-KSS-1230003)

군주 평전 시리즈 04

세종의 고백, 임금 노릇 제대로 하기 힘들었습니다

2022년 12월 29일 초판 1쇄 발행
2023년 11월 27일 초판 3쇄 발행

글쓴이	송재혁
펴낸이	박혜숙
디자인	이보용
펴낸곳	도서출판 푸른역사

　우) 03044 서울시 종로구 자하문로8길 13

　전화: 02)720-8921(편집부) 02)720-8920(영업부)

　팩스: 02)720-9887

　전자우편: 2013history@naver.com

　등록: 1997년 2월 14일 제13-483호

ⓒ 송재혁, 2023

ISBN 979-11-5612-241-8 04900
ISBN 979-11-5612-205-0 04900 (세트)

· 잘못 만들어진 책은 교환해드립니다.